LOST GAMES

大败局

Ⅰ

吴晓波 著

ZHEJIANG UNIVERSITY PRESS

浙江大学出版社

十周年纪念版
代序

十年

都已经过去了。贝壳凝结为岩石
如同，无数
不足轻重的细节
构成为历史

海的水平面，欲望仍在燃烧
用金币引渡阳光
把阴谋藏在灰烬里
理想是蓄势待发的海浪

所有的神话都怀着敌意
塞住耳朵的渔人死于诱惑
谁穿着老式的比基尼
像一个戛纳归来的王后

都已经过去了吗？每一个故事都还活着
它们赤脚 快速而行
从每一块沙滩
到每一座广场

吴晓波
2010年10月于泰国普吉岛

注：这首小诗写于泰国普吉岛度假期间。前日出海，看到一座偌大的海岛，其临水部分竟由无数贝壳化石生成，无比骇然。遂写此诗，并决定将它当成《大败局》十周年纪念版的序言。

2007 年修订版
序言

在《大败局》初版 6 年之后，我决意修订是基于两个方面的考虑：

第一，尽管本书已经被重印了 28 次，不过，它似乎还在被一再地提及。对于今日的中国商业界而言，这些发生于 20 世纪 90 年代末期的败局所蕴含的"失败基因"仍然在时时发酵。

第二，我在 2007 年初完成了《大败局Ⅱ》的写作。这两部作品放在一起阅读，大抵可以研习过去十多年所发生的最著名的中国企业失败案例。

此次修订，让我有机会能重新认真阅读旧作。一个令人欣慰的事情是，我没有发现任何重大的事实失真和数据偏差，而我对一些现象所作出的判断和预言，似乎也没有更正的必要。我仅仅增删了部分附件，并将部分企业家在 2001 年之后的命运做了后续的补充记录。

中国的商业历史仍在一条演进的轨迹上快速前行着，对于今日的企业家而言，过去那些人的历史恰好可能就是他们的今天，所有商业上的兴衰都如出一辙。正如欧洲历史学家奥古斯特·孔德所言："知识不是预见，但预见是知识的一部分。"所有前人的失误或许不会完全重演，但是所有即将发生的悲剧中都无一例外地有着前人失误的痕迹。

是为记。

吴晓波

2007 年春于杭州

初版序言

从中国企业的
"失败基因"谈起

我这样理解失败

美国经济大萧条时期，很多人对前途失去了信心，更有人怀疑起美国经济制度的合理性。就在这一时刻，当时的美国总统 F. D. 罗斯福告诉人们：并非追求利润的自由企业制度已在这一代人中失败，相反，是它尚未经受考验。

我常常以这段话来考量中国企业界正在发生着的沉浮兴衰。

在我的理解中，失败是一个过程，而非仅仅是一个结果；是一个阶段，而非全部。正在经历失败的，是一个"尚未经受考验"的、活泼泼地成长中的中国新兴企业群体。

如果我们要判断一家企业是否是稳定和成熟的企业，首先要观察的是，它在过去的两到三次经济危机、行业危机中的表现如何，它是怎样应对成长期中必定会遭遇到的陷阱和危机的。

如果你面对的是一家在几年乃至十几年的经营历程中一帆风顺、从来就没有遭遇过挫折和失败的企业，那么，要么它是一个上帝格外呵护的异类，要么它根本就是一个自欺欺人的泡沫。

直到我写作这本书的时候，我所研究和涉及的这些企业绝大多数还没有完全地退出市场舞台，所以，"失败"仅仅是对它们成长过程中某一阶段或某一事件的描述。我祝福它们能够——地从这个失败的阴影中站起来。而作为局外人和旁观者的我们，则希望用我们的"解剖刀"和"显微镜"从它们各自的败局中提取宝贵的"失败基因"。从动笔之初，我就想把这本书写成一本分析性的著作，我们必须尽量地弄清楚危机是如何发生、如何蔓延的，受难者是怎样陷入危机的，唯有这样，我们才有可能在未来的岁月中尽可能地避免第二次从同一个地方掉进灾难之河……

激情年代的终结

就在我写作这本书的日日夜夜里，我常常会被一种难以言表的情绪所淹没，我似乎看到了一个谁也不愿意承认的事实正如幽灵般越飘越近：今天正在中国的经济舞台上表演的一些企业家可能将不可避免地随风而逝。

在过去的 10 年里，因为职业上的便利，我采访过 500 家以上大大小小、各行各业、知名或不知名的中国企业，本书所涉及的企业及企业家，我几乎均有接触。我还曾经或深或浅地参与到一些知名企业的新闻、行销策划中，我目睹过无数激动人心的辉煌和令人揪心的陨落。所以，现在当我静静地坐在书桌前，点上一炷清香，面对一沓沓行将泛黄的资料、文件和手稿，写下这些文字的时候，我不知道怎样来形容此刻的心情。

我隐隐感到，我正在告别一个激情的年代，正在告别一批曾经创造了历史而现在又行将被历史淘汰的英雄。他们史诗般的神话正如云烟般在世纪末的星空下消散。

在摆脱旧体制铁链束缚的改革之初，激情——一代百无禁忌的弄

潮儿的激情曾经拯救了整个中国企业界的脸面，然而很快，激情所散发出的负面气息，令中国企业陷入前所未有的迷茫与冲动之中。

在过去的将近 20 年里，中国企业已经数度经历了从神话到噩梦的轮回，无数巨型企业轰然瓦解，"泰坦尼克现象"此起彼伏。也正是在这个激情年代中，中国企业界和企业家形成了一种非理性的市场运营模式和思维，凭借涌动在激情之中的那股不可遏制的投资和扩张冲动，上演了一出令世界瞩目的中国企业崛起大戏。可也正是这种激情，又把中国的市场推向新的无序和盲动，使如今的中国市场呈现出非线性的迷乱态势。在某种意义上，这种泛滥的激情正毁坏着我们并不富足的改革积累。

1997 年，北京的经济学家魏杰曾经下过一个预言："这是一个大浪淘沙的阶段，非常痛苦，我估计再过 10 年，现在的民营企业 200 个中间有一个保留下来就不简单，垮台的垮台，成长的成长。"（摘自《南方周末》1997 年 2 月 21 日）当时，我对魏先生所持的悲观论点还有点不以为然，但现在看来，他的预言可能是对的。

随着中国市场的开放及知名跨国品牌的进入，随着市场的日趋规范及竞争台阶的提高，随着网络时代的到来及知识更新速度的加快，中国企业界终于迎来了激情年代的终结，一代草创型民营企业家也将面临被集体淘汰的命运。

共同的"失败基因"

导致中国一大批草创型企业家被"集体淘汰"的原因有很多。而通过对众多失败案例的剖析，我们发现其中最为致命的是：中国许多企业家的体内潜伏和滋生着一种共同的"失败基因"。正是这些至今不为人察觉的"失败基因"，使他们始终无法真正地超越自我。在本书所描述的 10 个败局中，我们力图捕捉到这些"基因"：

第一，普遍缺乏道德感和人文关怀意识。

草创型的中国企业家群体，在某种意义上算得上是"功利的、不择手段的理想主义者"群体，在这个特殊的群体中蔓延着一种病态的道德观。当关注史玉柱、吴炳新、姜伟这一代悲剧人物的时候，我们会发现一个很奇异的现象。

这些企业家中的绝大多数就他们个人品质和道德而言算得上是无可挑剔，甚至律己之严达到苛刻的地步。他们的生活都十分俭朴，不讲究吃穿排场，不做一般暴发户的摆阔嘴脸，为人真诚坦率，做事认真投入。同时，他们还是一些十分真诚的"理想主义者"，他们对中国社会的进步拥有自己的理想和方案，对中华民族和东方文明有着深厚的感情和责任感。他们中的一些人更算得上是狂热的民族经济捍卫者。

可是，当我们考察其市场行为的时候，我们又看到另一番景象。他们对民众智商极度蔑视，在营销和推广上无不夸大其词，随心所欲；他们对市场游戏规则十分漠然，对待竞争对手冷酷无情，兵行诡异。而我们的公众舆论和社会集体意识又有着一种根深蒂固的"成者为王，败者为寇"的考量标准，对那些取得辉煌市场业绩的企业家往往无意于追究其过程的道德性，这在很大程度上也助长了企业家们的功利意识。这一现象，几乎成为阻碍中国许多新生代企业家真正走向成熟的最致命的痼疾。

本书要解读的是，这种种的蔑视、漠然和淡薄，最终必定会伤害到企业家自身及他们的事业。

第二，普遍缺乏对规律和秩序的尊重。

1800 年左右，当法国经济学家 J. B. 萨伊杜撰出"企业家"这个名词时，他是这样下的定义：将经济资源从生产力较低的领域转移到较高的领域。20 世纪中叶，西方最重要的经济学家熊彼特简洁地描述说，企业家的工作就是"创造性的破坏"。

萨伊或熊彼特都没有从道德的范畴来规范企业家的行为。甚至在工业文明的早期，连恩格斯都认为"原始积累的每个毛孔都充满了血腥"。如果我们用书卷气的固执来坚持对一切经济行为的道德认同，那显然是不现实的。问题在于，当经济或一个企业的发展到了一个稳态的平台期后，经济宏观环境的道德秩序的建立及企业内部道德责任的培育，便成了一个无法回避的课题。一个成熟的、健康的竞争生态圈，不是简单地在政府所提供的若干条法律法规的框架内追求利益，它更应该体现为法律与道义传统、社会行为规范的整体和谐。

而我们的许多企业家则缺乏对游戏规则的遵守和对竞争对手的尊重。在捍卫市场公平这个层面上，他们的责任感相当淡薄，往往信口开河，翻云覆雨。他们是一群仅对自己、对部下、对企业负责的企业家，而对社会和整个经济秩序的均衡有序则缺少最起码的责任感，这种反差造成了他们的个人道德与职业道德的分裂症状。

他们中的相当一部分人以"不按牌理出牌的人"为榜样。在他们的潜意识中，"牌理"是为芸芸众生而设的，天才如我，岂为此限！于是天马行空，百无禁忌。岂不知，**如果人人都不按牌理出牌，那么还要牌理干什么？一个老是不按牌理出牌的人，还有谁愿意跟他玩牌？**一个不按牌理出牌的人，他所获取的超额利润，其实是以伤害大多数按牌理出牌的人的利益为前提的，是通过以破坏市场秩序为策略而乱中取胜的。于是，在很多企业家兵败落难之际，往往是冷眼旁观者多，挺身救险者少，落井下石者多，雪中送炭者少，冷嘲热讽者多，同情怜惜者少，也就不足为奇了。

第三，普遍缺乏系统的职业精神。

深圳万科董事长王石曾经概括过包括他自己企业在内的新兴民营企业的七大特征：一是企业的初期规模很小；二是短期内急速膨胀；三是创业资金很少或没有；四是毛利率较高，总是找一个利润空间较大的行业钻进去；五是初期的发展战略不清晰；六是创业者没有受过现代企业管理的训练；七是企业家的权威作用毋庸置疑。

王石描述出了几乎所有新兴民营企业和草创型企业家先天不足的原因所在。令人遗憾的是，像王石这般清醒意识到不足并努力提升自我的企业家实在是凤毛麟角，"多乎哉，不多也"。

"现代管理学之父"彼得·德鲁克在他 1995 年出版的《创新与企业家精神》一书中，第一次指出美国经济已经从"管理型经济"转变为"企业家经济"。他认为，"这是战后美国经济和社会历史中出现的最有意义、最富希望的事情"。在此之后，中国的经济学家中便也有人作出过类似的预言，高呼中国也进入了"企业家经济"的时代。

但是，这样的欢呼显然是过于乐观的。

一个真正的"企业家经济"应该具有三个基本的特征：一是该国拥有量大面广的中型现代企业，它们以蓬勃的生命力成为这个国家经济进步的孵化器和推动力；二是管理成为一门技术被广泛地应用，由此出现了一个具有职业精神的专业型经理人阶层；三是在经济生态圈中形成了一个成熟而健康的经济道德秩序。

如果用这个标尺来衡量，我们自然可以清醒地扪心自问，到底我们离"企业家经济"还有多远？这也正是本书希望表述的最重要的一个观点：**中国企业家要真正成为这个社会和时代的主流力量，那么首先必须完成的一项工作——一项比技术升级、管理创新乃至种种超前的经营理念更为关键的工作，那就是塑造中国企业家的职业精神和重建中国企业的道德秩序。**

本书不是一本阐述"为什么要塑造和重建"的书，恰恰相反，它是一本描述"如果不这样做将会发生什么灾难"的书。本书所写到的 10 家企业及其企业家的跌宕命运，是过去 10 年里发生在中国新兴企业中的最著名的 10 个悲剧。

它们之所以走向失败，或许有着各自的缘由——偶然的，必然的，内在的，外部的……可一个几乎共同的现象是：它们都是一个道德秩序混乱年代的受害者，同时，它们又曾是这种混乱的制造者。

失败是后来者的养料

今天的中国企业界已经进入了一个理性复归的年代。随着中国经济的进步和宏观环境的成熟，那些产生激情败局的土壤似乎已经不复存在了，当时的市场氛围和竞争状态也不可能复制，**任何一家企业已不可能仅仅靠一个创意或一则神话取得成功。知识、理性成了新经济年代最重要的生存法则。**在这样的时刻，研究这些以往的败局及一代被淘汰者是否还有现实的意义呢？

吴敬琏先生在论及"新经济"时曾经表达过一个很新颖的观点。他说，新经济并不仅仅是指网络公司或所谓的"高科技企业"，它指的是所有拥有新观念和新的技术手段并将之快速地转化成生产力的企业群体，在这个意义上，不论是土豆片还是硅芯片，只要能赚钱都是好片。①同样我们可以认为，绝大多数的企业危机，都是有其共性的，就某一发展阶段而言，无论是生产土豆片还是生产硅芯片的企业，它所可能面对的危机话题很可能是一样的。

同理，企业的成长经验与行业是无关的。无论你是一家传统的生产果冻的工厂，还是一家吸引风险投资的网络公司，企业在成长过程中面临的台阶，有很多是具有共性的。每一个企业、每一个新兴的产业都有自己的狂飙期，有自己的激情年代。我们现在正置身其中的数字化年代，不也处在一个激情的洪流中吗？**此起彼伏的网站公司，令人眼花缭乱的网络概念，给自己冠以 CEO、COO 等新鲜名词的新兴企业家们，谁能告诉我们，究竟要过多久，他们中的多少人以及他们的企业也将会出现在失败者的名单中呢？**

哪怕对于那些刚刚进入中国市场的跨国企业来说，中国新兴企业

---

① 摘自吴敬琏先生 2000 年 9 月在广州新经济研讨会上的书面发言。

的失败案例依然具有借鉴的价值。中国市场是一个地域差异性很大、国民特征很明显的市场，东西横跨上万里，南北温差可达 50 摄氏度，世界上很难寻找出第二个如此丰富和辽阔的市场。就在过去的十几年中，曾经创造辉煌营销奇迹的"中国台湾经验""日本模式"，均在中国市场上进行过尝试，而相当多的企业也因此陷进了所谓的"中国泥潭"，举步维艰，无法自拔。在这种意义上，研究 10 个经典的败局案例或许可以让这些企业在征战中国市场时少遭遇几个"经营陷阱"，少付出几笔数以亿元计的昂贵"学费"。

给悲剧一点掌声

最后，有一段必不可少的文字我必须写在这里。

在过去的这些年里，直到我写作本书的此刻，我始终怀着一种尊重而虔诚的心情来面对每一位在风雨中前行或跌倒的中国企业家。

我还常常会想起好几年前曾经采访过的一位温州农民企业家。他是一位 20 世纪 80 年代在温州地区非常出名的厂长，他办的塑料厂每年有上百万元的利润，他还一度被选为当地的副镇长。从 8 年前开始，他突然辞去公职，出售工厂，闭门谢客，宣称要打造出第一辆国产电动轿车。在整整 8 年的时间里，他一直狂热地沉浸在自己的誓言中并为此花掉了全部的 1000 万元家产。在他那个硕大的堆满了各类工具的院子中，我看到了他一锤一锤打造出来的汽车。那是一辆车门往上掀起的怪物，充一夜的电可以跑上一百来公里。从批量生产和商业的角度来考虑，他打造出的实在是一堆会跑的废铁。然而，他身边的人包括他的妻子和子女没有一个敢向他指出这一点。事实上，哪一天当他自己也意识到这一点的时候，他的生命便也到了尽头。

在一个有点阴冷的深秋，在令人揪心的淫雨中，中国第一个立志打造电动轿车的中年人向陌生的我喋喋不休地述说着他的梦想，一个注定了将一无所获的荒唐梦想。

一个只有小学文化程度的中国农民耗尽了他的前途、生命和金钱，无怨无悔地用原始的榔头和机床去奋力摘取现代工业的明珠。

在那个时候，我背过身去，禁不住潸然泪下。

在一个风云激荡的岁月，一代中国人在逼近现代工业文明时的种种追求和狂想，甚至他们的浮躁及幼稚，都是不应该受到嘲笑和轻视的。当马胜利马不停蹄地奔波全国收购 100 家企业组成世界上最大的造纸集团的时候，当这位温州厂长关起门来叮叮当当地打造着中国第一辆电动轿车的时候，当本书所述及的那些激情企业家——呼啸登台的时候，我认为，对他们的悲壮之举理应给予真诚的理解和掌声。

斯蒂芬·茨威格曾在《人类群星闪耀时》中写道："一个人命中最大的幸运，莫过于在他的人生中途，即在他年富力强的时候发现了自己生活的使命。"在这个意义上，那些成功或失败的中国企业家都是幸运的，因为在应当由他们承担责任的这个年代，他们发动了一场最具激荡力的企业革命，他们的使命与他们的命运，决定了一个民族的进步，他们的悲剧也成为一个国家进步史的一部分。他们全都几乎身无分文，可他们全都创造了让人惊叹的奇迹，他们全都具备成为英雄的禀质，可是最终他们全都有着一段烟花般瞬间璀璨又归于寂寞的命运。记住他们，就记住了中国改革的全部曲折和悲壮。

过了许多年后，人们还会以怎样的心情怀念起史玉柱、姜伟、吴炳新等曾经狂想过和拼搏过的前辈们？我不知道。

吴晓波
2000 年岁末

目　录

巨人 "请人民作证"

爱多 "青春期"的"错觉"

瀛海威　在大雾中领跑

三株　"帝国"为何如此脆弱

太阳神　逝水难追"太阳神"

南德　一个"堂吉诃德"的中国版本

亚细亚　激情燃尽"野太阳"

秦池

没有永远的标王

在一片本不属于自己的天地里，呼啸而起，创造奇迹，大抵算得上是「强人」；然而，能够在一鸣惊人之后，竭力地遏制其内在的非理性冲动，迅速地脱胎换骨，以一种平常的姿态和形象持续地成长，才算得上是真正的大英雄。

中国企业圈，有一种特殊的、宜于奇迹萌芽的土壤。这可能跟东方人的审美趣味有关。我们总渴望有一些超出常规和想象的事件发生，并以此为兴奋剂来刺激我们的感官。因此，我们往往乐于看到奇迹的发生，并大声地将它传播。

然而，任何一个奇迹的基因中，无非生长着这样一些特质：非理性、激情、超常规、不可思议。总而言之，它不是理性的儿子。

这里，我们需要研究的是：**作为奇迹创造者本身，在一鸣惊人之后，如何竭力地遏制其内在的非理性冲动，迅速地脱胎换骨，以一种平常的姿态和形象成为经济生态圈的一分子。**

这是一种中庸的回归，但同时更是一种活得更长久一点的生存之道。

下面讲述的故事，便是一个泣血的反例。

得"三北"者成诸侯

至今，正营级退伍军人姬长孔还清晰地记得他到山东省潍坊市临朐县秦池酒厂报到那天的情形。几间低矮的平房，一地的大瓦缸，厂里的杂草长得有一人多高，全厂500多个工人有一半想往外走。这家1990年3月正式领到工商执照的酒厂，只是山东无数个不景气的小酒厂中的一个，每年白酒产量1万吨左右，产品从来没有跑出过潍坊地区。

　　姬长孔在临朐当地算得上
是一个人才。6年前转业到地方
后，他担任临朐县食品公司经
理，半年后食品公司扭亏为盈，
不久被调任县饮食服务公司经
理，又半年，再次实现扭亏为
盈。然后，他又接到去县里最
大的亏损户秦池酒厂担任经营
厂长的任命。

　　一开始，姬长孔显然对这
样的调动十分的不乐意。"这
不是欺负老实人吗？"他不无恼

姬长孔

怒地对前来找他谈话的"组织上的人"说。可是，当县长亲自跑到他
家里"三顾茅庐"的时候，他"没有办法"了。以后的种种迹象表
明，军人出身的姬长孔仍保持着对上级绝对服从的职业传统，在这个
意义上，他大概还不是一个真正的现代企业家或职业经理人。就是在
秦池最火爆的1996年，当有记者问及"如果组织上再把你调到一个新
的岗位，你会怎样想"时，他迟疑了数秒钟后回答的还是"服从安
排吧"。

　　刚到秦池酒厂的时候，秦池一年的销售额不足2000万元，员工倒
有500多个，举目四望，企业前途一片茫然。山东历来是白酒生产和
消费大省。1993年前后，孔府家酒以其浓郁的文化背景和独特的广告
定位已在全国市场立住脚跟，其时，由冯小刚执导，姜文、王姬主演
的《北京人在纽约》红及大江南北，孔府家酒邀请到有旅美背景的王
姬担任品牌代言人。在一个爱意荡漾的黄昏中，一架空中客车翩翩飞
临，归来的王姬与亲人真情相拥，古意盎然的豪华客厅，白须飘飘的
老者写下一个酣畅淋漓的斗大的"家"字，孔府家酒及时出现，一句

画外音"孔府家酒，让人想家"，把氛围推向高潮。就是这条在当时堪称制作精美的广告片把孔府家酒带进了全国性品牌的序列。在这样的竞争对手面前，寒酸的秦池几乎找不到一点抗衡的机会。于是，姬长孔把目光移出了被孔府家酒浸泡得有点醉醺醺的山东。

天气寒冷的东三省成了姬长孔首选的市场目标。一个十分有趣的现象是，在20世纪90年代末之前的将近20年中，几乎所有在中国市场上获得成功的国产品牌，无一不是从打"三北"市场（即东北、华北、西北）起家的。大抵因为这三个市场地域广阔、人口众多，而民众收入不高、性情耿直、消费心态较不成熟，适合那些价格低廉、品质一般而需求量大的日用消费品。相对而言，处于原始积累、草创阶段的国产商品刚好适合这些地区的消费需求，更重要的是，它们在"三北"东冲西闯，不会遭遇到跨国品牌的覆盖和冲击。其实，**直至今天，"得三北者成诸侯，得京沪者得天下"，仍是一条屡试不爽的中国市场竞争法则**。秦池把第一个目标对准了天气寒冷、喝酒人口众多的东北，显然是明智的。

到秦池报到数月后，姬长孔开始了他征服中国市场的壮烈之旅。7月，他赶到吉林，在那里他有不少朋友和战友，以为可以得到帮助，那些东北汉子也自是胸脯猛拍，大包大揽。姬长孔惊喜无比，天天穿梭在新老朋友圈子里。可是，饭请过不少顿，酒也喝醉无数回，有热情而并没有商业经验的朋友和战友们并没有能够帮他卖出多少瓶白酒。悟性极高的姬长孔隐隐意识到，"在家靠父母，出门靠朋友"式的市场推广其实走不了多远，市场的决胜还有待于市场化的手段和智慧。于是，他迅速移师沈阳，从头再来。

在沈阳，他找不到一张熟悉的脸孔，可是他却随身带来了一张人人都熟悉的纸片：50万元现金承兑支票。这是秦池最后的家当。"我当时想，要么成功，要么死亡，不死不活的状态太让人难受了。"姬长孔日后回忆说："如果沈阳打不下来，我也没脸回临朐了。"

在沈阳，姬长孔完成了一次极其漂亮的攻城战役。他在当地电视台买断段位，密集投放广告，然后跑到大街上，沿街请市民免费品尝秦池白酒，又跟当地的技术监督部门搞好关系，请他们做出质量鉴定报告，并向消费者郑重推荐。最轰动的一招是，他租用了一艘大飞艇在沈阳闹市区的上空游弋，然后撒下数万张广告传单，一时间场面十分壮观混乱，引来无数是非争议。1993年的中国，处于一个"只怕想不到，没有做不到"的年代，市场经济的概念刚刚浮出水面，各种奇门八卦式的促销手段都被允许尝试。政府部门如果能够在企业的市场运动中充当推进者的角色，便被认为是支持改革的举动。在这样的游戏规则和社会角色全都十分混乱的氛围中，声音最响、胆子最大、出招最奇的人无疑会是最大的赢家。

20天不到，秦池酒在沈阳已开始为人熟知并热销。姬长孔迅速在媒体上发布"秦池白酒在沈阳脱销"的新闻，并用上了一些极富传奇色彩的字眼：两个山东大汉，怀揣50万元，19天踹开沈阳大门……很显然，姬长孔是一个十分善于造势的人，他懂得怎样利用任何现有的社会资源，他懂得怎样吸引大众的目光。

仅仅1年时间，价位较低而宣传手段大胆的秦池酒在"三北"市场上迅速走俏，销售额节节上升。这段时间，姬长孔长期转战各地，他住十来元甚至几元钱一天的地下室，每天吃的主食是面条。他还要求从临朐开出的运货车里必须带上一大袋子青菜，他和他的手下就每天炝一锅葱放几株青菜了事。这期间的节俭与日后在梅地亚中心的一掷亿金构成了鲜明的对照。

如果没有其后的"标王事件"，姬长孔和他的秦池可能会开拓出另外一番天地，他会继续在"三北"市场上勤恳耕作，为既得的那部分市场份额苦苦拼搏，企业也将以较为稳健的速度积累着它的财富。

可是，机遇偏偏选中了秦池，给了它一个灿烂的瞬间。

激情燃放梅地亚

梅地亚中心，中央电视台投资的一个综合性商务宾馆。在1994年之前，只有少数传媒界人士偶尔出差北京会落脚此处。可是，在这年之后，这里成了中国企业的激情燃放场。

其时，掌管中央电视台广告信息部的是一位叫谭希松的女强人。便是在她任内，中央电视台的年度广告收入从不足10亿元一跃而突破40亿元，并确立了中央电视台在中国电视媒体界的巨无霸地位。而谭女士使出的绝招便是，把中央电视台的黄金时段拿出来进行全国招标，并且她给投标金额最高的企业准备了一顶虚无而金光四射的桂冠：标王。

谭希松亲自出马，遍访各地豪杰，广撒招标英雄帖。她把招标会的日期定在每年的11月8日，谐音为"要要发"，而地点则在梅地亚中心。

记者出身的谭希松显然是一个十分了解国民性的人。她辟出了一块硕大的斗牛场，在旁边的一根旗杆上高高地挂起一顶桂冠，然后放进所有雄心勃勃的中国企业家为之一搏。称王夺标，历来是中国男人一生最辉煌的梦想，何况是在众目睽睽之下，以一掷千金的豪气博取举国注目的喝彩。20世纪90年代中期的中国，刚刚经历了一场疾风骤雨般的市场冲浪，在新一轮的财富创世纪中，诞生了一大批获得成功的企业和企业家。正是在这一时刻，企业家群体第一次被认为是社会奇迹的最重要的创造群落。一方面，财富的拥有膨胀了人们对荣誉的渴望；另一方面，在区域市场完成了原始积累的企业急迫地希望叩开一统天下的大门。风云际会，时势使然，谭希松及时抛出的标王桂冠，如同在一堆翘首仰望的饥渴的人群中抛下了一只绣球。于是，在通往京城的大道上，尘土飞扬，从大江南北驶来一位位志在必得的英雄豪杰。迄今，尽管谭希松已经悄然离职，尽管中央电视台一再地改变竞标的方式，可是每年11月8日在梅地亚中心举行的招标会仍然被视为中国企业界最重要的英雄会。

1994年11月8日，中央电视台第一届广告时段招标会便陡曝新闻。

会前，人们普遍以为标王之争将在当时广告曝光率最高的两家企业——山东的孔府家酒和广东的太阳神之间展开。然而，标底甫开，却令人大跌眼镜，此前还默默无闻，与孔府家酒同处一个省、同饮泗河水的孔府宴酒一举夺魁，其加冕标王的代价是创纪录的3079万元。

这几乎是一个天文般的广告投放数字，它是孔府宴酒全年利税的1/3。在中央电视台的主炒下，孔府宴酒一夜之间名扬天下。当时国内几乎所有的媒体都对此进行了津津乐道的报道，新闻效应之大，出乎所有人的预料。在这样的火爆中，所有的企业家都看到了标王背后的附加值。它似乎是一根点石成金的魔棍，可以让奇迹在一夜出现，让实力、野心与激情在一个天文数字中灿然交会。与标王新闻交相辉映的是，也就是在这一年，宁波一家企业花1700万元买下了天安门城楼上的两只退役大灯笼。

此刻，奔波在三北市场的姬长孔对发生在梅地亚中心的这场造名大运动显然并非一无所知，甚至每次读到那些热情跳跃的报道，他都能咀嚼出其中让人热血沸腾的滋味。毕竟，在此前，孔府宴酒也不过是一家跟在孔府家酒背后亦步亦趋的小酒厂，一度家酒还因为宴酒仿效侵犯其品牌而诉之于法律，弄得后者好不尴尬。然而，就是一场竞标会，一个3079万元的数字，让一切秩序在瞬间崩溃，标王如一只巨大的手掌把弱小的宴酒托升到一个前所未有的崇高平台。姬长孔突然发现，原来冷漠、理性的数字背后竟蕴含着如此炽热而疯狂的酵母。

1995年秋季，秦池的销售额已经超过1亿元，并且在北方市场小有名气。有一天，一位朋友给姬长孔打来电话："老姬，梅地亚中心去不去？"

11月8日，北京城里开始起风沙的日子，穿着一件式样陈旧的西装的姬长孔第一次出现在梅地亚中心。他可能还意识不到，这里即将成为他的幸运之地和伤心之地。1年之后，他将成为这里最耀眼的人物，而3年之后，当他又一次打算进入那道玻璃旋转门的时候，却因为没有出入证而被拒之门外。

在这里，他见到了很多名声显赫、笑傲天下的江湖大佬。饮料食品行业，真可谓群雄荟萃，有风头正健并互相较劲的宴酒、家酒兄弟，有崛起不久的饮料新贵娃哈哈、乐百氏，有最近以地毯式广告而闻名一时的沈阳飞龙、三株口服液，还有刚刚在一场官司中败下阵来的已经有点日薄西山的太阳神，如果一切如意，他也将很快成为炮制这些名品的豪杰中的一员……

11月8日的梅地亚中心，是一个造梦之地、疯狂之地，一出绝世的癫狂戏剧即将上演。所有进到这里的人，都可能在瞬间失去理智。一位多次参加竞标会的记者曾称这一天的梅地亚中心是一个有"妖氛"的地方。

姬长孔的皮包里带来了3000万元。这几乎是去年一年秦池酒厂的所有利税之和，他打算在此豪情一搏。一家影视交流公司成了秦池的广告代理商——根据中央电视台的规定，竞标广告必须由广告中介公司代理。很快，他被告知，3000万元在梅地亚中心只是一颗中型炸弹，并不足以爆出一个轰动天下的新闻。

"那大概需要多少？"

"6000万元。"

6000万元，意味着3万吨的白酒，这足以把豪华的梅地亚中心淹到半腰。此刻，金钱在梅地亚中心只是一个游戏筹码，你必须抛出连你自己都会感到兴奋的筹码，否则，怎么可能让别人多看你一眼？

姬长孔连夜与临朐方面联系，并得到了当地政府的竭力支持。经过紧急的密谋，一个新的标底终于浮出水面。

那肯定是一个无眠之夜。命运正在把一家刚刚走上兴旺之路的企业推向光耀的顶峰——从此以后，它将被照得通体透明，它将经受无法想象的拷问和逼视。秦池和姬长孔几乎没有时间来考虑一下未来的结果，一种从未有过的激

标王在此刻诞生

情冲击着这位山东大汉和年轻企业的躯体。

竞标会上，全场的目光都关注在"两孔"身上。去年铩羽而归的孔府家酒此番卷土重来，开出的标底是上届标王的两倍，达6298万元；而尝到甜头、因加冕标王而声名大振的孔府宴酒又岂肯屈后，它的标底刚好高出家酒100万元，为6398万元。谁知，两只螳螂在前争蝉，还有一只黄雀在后跃动。

唱标结束，山东秦池酒厂以6666万元竞得标王，高出第二位将近300万元!

"谁是秦池?"

"临朐县在哪里?"

从当时的一张照片可以看出，在场的姬长孔还很不习惯镁光灯的聚焦及众多记者的簇拥，在拥挤的人群中，在火一样蹿升的热情中，他还笑得不太自然。但他显然知道，他终于来到了华山之巅。

跟第一年推捧孔府宴酒一样，中央电视台对秦池给予了巨大的造势回报。秦池酒迅速成为中国白酒市场上最为显赫的新贵品牌。1996年，根据秦池对外通报的数据，当年度企业实现销售收入9.5亿元，利税2.2亿元，分别为上年的5倍、6倍。

一个天价般的电话号码

1996年11月，早已名扬天下的姬长孔再次来到梅地亚中心。此时，在他的周围已经聚拢了一批策划大师。

20世纪90年代中期的北京，是一个"智慧爆炸"的中心，在偌大的京城里四处游荡着来自全国各地的策划大师。他们的皮包和脑袋里有着层出不穷的新鲜点子，他们的履历上有着无数目眩神迷却又经不起推敲和验证的"成功"案例，他们似乎随身带着一根点金棒，能够在几分钟内看出一家企业的病症，并用一两个让人拍案叫绝的点子把你从水深火热中解救出来。他们凭借三寸不烂之舌四处演讲、召开"峰会"、论资排辈，然后拿那些奉他们为神明的企业来做自己策划的试验品。

在姬长孔和秦池周围，便出没着一群这样新潮的经济学家和策划大师。

对于这些人，美国经济学家格利高利·曼昆（Gregory Mankiw）在他著名的《经济学原理》中曾经有过生动的描述：任何人都可以自称"经济学家"，并声称发现了一些可以轻而易举地解决经济难题的办法。这些新潮经济学家往往会吸引一些政治家、企业家，他们渴望对顽固而又持久的问题找出一些容易而新奇的解决办法。一些新潮经济学家来自那些不懂装懂的人，他们用一些时髦的理论来引人注目并牟取私利。另一些则来自那些相信自己理论真正正确的怪人。

正是在这些自信而聪慧的新潮人物的诱惑下，秦池实施了它的品牌提升工程。1996年后，秦池的广告风格发生了巨大的变化。在策划大师们的指导下，秦池确定了"永远的秦池，永远的绿色"的形象宣传主题，公司投入数百万元资金，运用当时世界上最先进的三维动画技术拍摄了数条以此为诉求主题的形象广告片。这几条广告片画面不可谓不精致，气势不可谓不浩大，然而却完全缺乏个性，缺乏起码的商品营销功能，也就是说，秦池投入巨额资金予以传播的竟是一些毫无商业推广信息的美术片。

同时，秦池也开始注重公司的形象包装。为了符合"中国标王"的身份，秦池一下子购买了3辆奔驰轿车，并开始投入数千万元用于改造办公大厦。

1996年11月8日，中央电视台的"标王大会"准时召开。在当天的招待宴会上，姬长孔被安排在主座，旁边作陪的是笑容可掬的中央电视台广告中心主任谭希松。很显然，她是梅地亚中心真正的赢家。中央电视台第一年广告竞标有93家企业与会，第二年有134家，第三年来了198家，而标王的价格在3年间也涨了9倍多。

席间，在谭大姐极富煽情的发言中，秦池被作为典型案例一再地引用。

姬长孔也很懂得投桃报李，他接下去说出的一席话至今还在江湖上流传：1995年，我们每天向中央电视台开进一辆桑塔纳，开出的是一辆豪华奥迪。今年，我们每天要开进一辆豪华奔驰，争取开出一辆加长林肯。

姬长孔的发言，如酵母般在梅地亚中心发酵，让每一个与会的英雄豪杰都嗅到了一丝兴奋的血腥。随后的竞标，从一开始就如脱缰之马让人无从驾驭：

报价在先的广东爱多VCD一口气喊出8200万元，超出去年秦池1000多万元。这家不到两周岁的企业第一次在梅地亚中心亮相，就超越了前人树立的标杆，在此时它已经显露出"标王继承人"的霸者之气，日后它将演绎一出比秦池更为悲烈的大剧，并最终走上一条宿命般的不归之路。随后，生产空调器的江苏春兰报出1.6888亿元，全场顿时欢声雷动。然而，仅仅过了几分钟，广东乐百氏以1.9978亿元一冲而出。

很多人都以为，今年的11月8日将属于广东的小老虎了。然而，迟迟出场的山东好汉却让所有的人从极度的兴奋转入了极大的愕然。乐百氏之后，一家名不见经传的山东白酒金贵酒厂就如同1年前的秦池一样企图一鸣惊人，一声喊出2.0099亿元——中国广告报价自兹首度突破2亿元。接下来，又一家从未闻名的山东齐民思酒厂更上一层楼，开出2.1999999999亿元的"天王级"报价。

这时，终于轮到秦池了。当主持人念到"秦池酒厂"的时候，已如沸水般狂腾的全场顿时变得鸦雀无声。人们似乎预感到将有奇迹发生，谁也说不清此刻的心情：期待，忌妒，憎恨，渴望……猛然，主持人声嘶力竭地叫道：

"秦池酒，投标金额为3.212118亿元！"

这一刻，姬长孔肯定终生难忘。秦池和他的事业在此时达到了前所未有的巅峰，且不管其中飘浮着怎样的疑云或荒诞，毕竟那个梅地亚中心的11月8日是属于秦池的。

可是，也是在这一刻有人预感到了不祥。犹如节日一道迷人的冲天焰火，在陡然而起的万丈光芒之后，不可避免的是骤然坠地的永恒消逝。

梅地亚中心，曾经的造梦之地

有记者问："秦池的这个数字是怎么计算出来的？"

姬长孔回答："这是我的手机号码。"

"秦池的报价比第二位整整高出1亿元，在判断上是否有一点失误？"

姫长孔予以断然否定。在数月后再一次就这个问题答记者问的时候，他举出了一个刚刚发生的事例："夺标之后，美国一位记者打来越洋电话采访我，我问他是怎么知道我的电话号码的，他说是从夺标的数字上得知的。"姫长孔说，"看来这3.2亿元还是有它的作用的。"

以3.2亿元人民币的代价让一个外国记者记住一个人的电话号码。这样的对答，仿佛是一个让人哑然的黑色幽默。其实，像姫长孔这样的精明人不可能不明白，摆在他眼前的事实是：暴富的秦池太需要这个标王了。或者说，他已经无路可走了。

1996年秦池中标并在市场上获得前所未有的辉煌成绩本身就使秦池陷入一个两难境地。如果秦池不第二次中标，那么其销售量肯定会直线下降，对此，前任标王孔府宴酒已是前车之鉴。孔府宴酒在加冕标王的当年知名度大增，销量直线上升，利税增长达5倍之多，而第二年在梅地亚中心失意后，销售便陡然下滑，终至销声匿迹。对于一个富有挑战精神的企业家来说，这不仅意味着企业的死亡，实际上也意味着企业家生命的终结，这是绝对不可接受的。

秦池的标底高出第二位整整1亿元，可见秦池的紧张和志在必得。

秦池报出的3.2亿元，相当于1996年秦池全年利润的6.4倍，秦池拿不拿得出这笔天文巨款？这是一个很多人都向姫长孔提出过的问题。

每一次，姫长孔都不厌其烦地算账给大家听：这3.2亿元包括四部分，预计1997年秦池的销售额将达到15亿元，其中的13.6%将用于广告投放，企业内部挖潜将节约8000万元，1996年秦池的利润6000万元将全部用于广告宣传，以及一部分的广告代理费的返还……

然而，在姫长孔的内心却早已有着另外一笔不能对人细说的账。那两年，随着宴酒、秦池的夺标，国内大大小小的白酒企业纷纷树帜面市，各种白酒广告更是充斥媒体，可谓举国皆醉，酒气熏天，引起公众的反感。有专家撰文指出，1995年中国白酒产量达到创纪录的

790万吨，消耗粮食2100万吨，已呈畸形膨胀之势。早在这年的夏天，姬长孔已得到信息，国家有关部门即将下文限制白酒产量的增长，并对白酒企业在重要媒体上的广告密集投放作出限制。在投标前，姬长孔早已算过，根据国家的限制规定，即使中央电视台把它8个频道的所有白酒广告全部都给秦池，一年也不足2亿元。有了这样的判断，秦池无论是投标3亿元或5亿元，都是一回事。于是索性唱一出潇洒豪情戏，拿自己的电话号码来投标。

这就是最后的事实：就在所有人都在为秦池的3.2亿元揣测猜度的时候，当事的中央电视台和秦池玩的是一出心照不宣的双簧戏。前者要造势，后者要借势。在惊心动魄的梅地亚中心，一切似乎都是有预谋的。

这似乎是一场愉快的游戏，在当晚的梅地亚中心，没有一个人预感到，仅仅两个月之后，一场突如其来的噩梦便尾随而至了。

川酒滚滚入秦池

山清水秀的临朐县，位于以出产风筝而闻名的山东潍坊市的西南部，境内最出名的是32处大汶口和龙山文化遗址，全县86万人口，为齐鲁名县。《临朐县志》中，对秦池古酒有生动的记载：龙湾之阴，濯马潭西侧，修竹青翠万竿，杂树浓密蔽日，林间，磐石累罗，底部岩隙中，泉涌若沸，汇水成汪，名"神泉"，又名"神池"，亦称"秦池"。东周战国时，齐酿造巨匠田无忌在此酿酒，名泉佳酿，相得益彰，名沸古今，誉满四海。

秦池酒厂在各种广告宣传品中一再引用这段文字，以显示其酒古已有之，且系出名门。

然而，1997年初的一则关于"秦池白酒是用川酒勾兑"的系列新闻报道，则把秦池推进了无法自辩的大泥潭。

年前，就在秦池蝉联中央电视台标王的同时，北京《经济参考报》的4位记者便开始了对秦池的一次暗访调查。一个县级小酒厂，怎么能生产出15亿元销售额的白酒呢？记者们的调查从这个疑问开始。而根据有关线索提供的信息，他们赶赴的调查地点竟不是山东临朐，而是远在千里之外的四川。

在邛崃县，记者找到当地一家叫"春泉"的白酒厂。据称，秦池的散酒主要是由这家企业在当地收购后提供的。

记者描述道：1996年12月23日上午，记者看到有24辆大卡车在厂内外等着装酒，办公楼旁有一大批与这个贫困地区的群众反差很大的各地人士，他们手持大哥大，开来的都是进口高级车。

"春泉"白酒厂厂长告诉这些记者，1995年春泉给秦池供应了4000吨散酒，秦池夺标时曾向春泉拆借资金；1996年，春泉又供给秦池散酒7000多吨。当被问及，春泉是不是收购了当地一些小酒厂的散酒供给秦池时，厂长的回答是肯定的。

在邛崃，《经济参考报》记者还找到了另外几家同样向秦池供应散酒的中小酒厂。一个从未被公众知晓的事实终于尴尬地浮出了水面：秦池每年的原酒生产能力只有3000吨左右，他们从四川收购了大量的散酒，再加上本厂的原酒、酒精，勾兑成低度酒，然后以"秦池古酒""秦池特曲"等品牌销往全国市场。

在报道中，记者还细致地记述了他们在秦池酒厂采访时的所见所闻："秦池的罐装线基本是手工操作，每条线周围有10多个操作工，酒瓶的内盖是专门由一个人用木榔头敲进去的。县里的劳动力很便宜，从经济效益考虑，罐装没有必要自动化，安排就业也是县办企业的一个重要任务。"

这样的描述以及有关川酒入秦池新闻的披露，对刚刚蝉联标王的秦池来说意味着什么，几乎是不言而喻的。《经济参考报》的报道在1997年1月中上旬刊出后，像滚雷一般迅速地传播到了全国各地。几乎是在很短的时间里，这则报道被国内无数家报刊转载，还沉浸在标王喜悦之中的秦池遭遇到了最凶险、最猝不及防的一击。

令人遗憾的是，在如此巨大的危机面前，年轻的秦池竟然作不出任何有效的反应。那些围捧在秦池周围的策划大师似乎也一时间找不到北了。在过去的两年里，秦池从来没有真正体味过传媒这把双刃剑的冷酷滋味。而当考验真的到来的时候，这一剑竟是冷飕飕地封喉而至。

中国的传媒历来有非理性的一面，在它们的价值判断体系中，最容易得到宽容的是弱者，最受尊重的是思想者。因此，**最上乘的策划应该是：把被策划方包装成一个弱者或思想者的形象。因为所谓的强者，在传媒眼中是不受宠的。在它如日中天的时候，自然会有无数记者围在强者身边团团转，可是，一旦企业出现些许的危机，他们立即会反戈一击，以反思、知情、评判的角色来表现自己的职业道德。这些道理，至今不为中国的许多企业家所领悟。**

其实，事后加以分析，《经济参考报》对秦池的攻击并非是致命的。很难说记者对秦池是善意或恶意，至少他们所描述的事实并不至于让秦池无话可说：

——关于"川酒入鲁"，尽管在普通读者看来是一个新闻，然而在白酒业内却早已是个公开的秘密了，山东的葡萄酒、啤酒和酒精全国第一，但白酒却从来不敌四川。因此，数十年以来山东白酒企业便

秦池酒厂

有从四川收购散酒的传统，秦池不是第一家，也绝对不是最大的一家。

——关于"白酒勾兑"，也是行业的一个变革。与普通消费者的一般理解恰恰相反，以食用酒精为基础"勾兑"白酒，比传统的固态发酵工艺更为先进，绝不会影响白酒的质量，这一点秦池一直没有找到一个合适的机会或方式来告诉公众。

——至于秦池的生产能力问题，则更是一个经济学话题了。一家企业通过大量的广告和有力的推销，造成预期的销售空间，然后根据预期销售量来设定自己的生产能力，这样的设定可以是扩大本企业的生产能力，当然也可以通过定牌生产（OEM）、半成品外加工等不同的方式。应该说，这甚至是一种先进的产销模式，不但不应该遭到非议，反而应该成为仿效传播的典范。可是，秦池也没能够好好地把这些意思说出来。

在传媒的集体轰炸面前，秦池表现出了一家暴发型企业面对公关危机时的稚嫩。据不确切的消息称，在《经济参考报》发稿之前，记者曾传真这组报道给秦池审读，秦池派人赴京公关，表示愿意出数百万元收购这组报道，希望报社手下留情。在此举未果之后，秦池便显得不知所措了。在传媒一轮又一轮的反复报道中，秦池被击打得天旋地转，连一丝无辜的声音都来不及发出。

而那些在标王制造"运动"中稳收其利的人，此时也站到了秦池的对面，扮演起反思和评判者的角色。谭希松在接受采访谈到秦池时称，一家企业发生危机，不能仅从表面现象看，就像一个人脸上长了一个斑，有可能是内分泌失调造成的。秦池第一年夺标，效果非常好，但第二年夺标就不是这样的。她还披露了一个细节：秦池在防伪标志上使用的是劣质产品，一下子丢了60%的市场份额。

这就是1997年的秦池，它可能是全中国最不幸的企业。在它君临巅峰的时候，身边站满了弹铗高歌的人们；而当暴风雨来临的时候，甚至找不到一个哭泣时可以依靠的肩膀。如果说经济生态圈是一个很冷酷的天地，那么，这就是一个很极端的个例了。

当年度，秦池完成的销售额不是预期的15亿元，而是6.5亿元，再一年，更下滑到3亿元。从此一蹶不振，最终从公众的视野中消逝了。

标王败因费思量

在秦池无言没落之后，关于秦池败因的议论一直余音未了。

曾经充当"秦池第一谋士"并写出过《与标王共舞》的北京策划人王克历数过秦池的五大危机：

一、传媒主导秦池发展，这种发展的来势之猛，令人始料未及，所以，这种发展本身还没有进入"增长战略"的层次；二、过分急速的增长可能导致市场与企业不相适应的局面，或使企业营销失控而超出企业现实规模；三、企业的迅速增长可能激化企业管理跟不上企业发展规模的矛盾；四、短期的过快增长可能导致企业紊乱、没有效率，并因此对企业长期发展造成危害；五、发展的概念不单是市场份额的扩大，不单是产品产量的增加，而是以企业全方位进步为特征的。尽管我们曾经根据秦池的现实情况，提出了"可持续发展战略"，可惜秦池仍没有跳出"颇为突然的、无法控制的衰退和下降"的周期律。

而一手"培育"了标王现象的谭希松则谈道，企业做宣传，一定要量力而行，有多少面烙多大饼，不能盘子做得很大，资金落实很少。秦池的3.2亿元，扣除代理费，真正交给中央电视台的不足5000万元。她表示，通过这件事，想给企业一个忠告，企业广告像开路先锋，如果先锋打过去了，而后面的产品质量等后续部队跟不上，这个仗是打不赢的。①

一个是面面俱到、无懈可击，一个尚在为秦池拖欠广告费而颇有

---

① 1998年7月谭希松答《名牌时报》记者问。

微词，两位"准当事人"都从各自的角度进行了事后的反思。而在所有关于秦池的议论中，最典型的一个声音是："成也造名，败也造名。"

人们普遍认为"秦池将数亿元的资金用于造名，而忽略了调整产品结构、更新技术设备、提高产品质量"，云云。

然而，从实际的状况来看，这样的评论，或许无可挑剔，但却算不上是公允之词。

事实上，秦池1997年的广告投放远远没有达到3.2亿元的"标王"价，当年度秦池支付给中央电视台的广告费只有4800万元，还不到前一年的6666万元。

在技术设备和产品质量方面，秦池也并不是无所作为。到1996年底，秦池的灌装生产线已经从两年前的5条增加到了47条，"秦池特曲"还荣获了当时中国白酒行业唯一的"绿色食品认证"。

至于秦池人的品牌意识也并非如后来人们所诟病的那么幼稚。姬长孔在一次接受记者采访时便清晰地做过这样的表述："秦池的品牌经营将分为两个阶段，一是品牌的认知阶段，二是形成品牌的美誉度的阶段。我们前一段时间投入巨资，主要是为了让一个不知名的品牌迅速为人们所认知，下一阶段，我们就要考虑怎样大力树立品牌的美誉度了。"正是在这样的认知下，秦池曾聘用当时北京最有声望的策划人为之谋划，如果说秦池品牌策略发生了失误，那么，责任倒似乎并不在姬长孔。

至于"造名"及追求轰动，那是企业的一种本能。秦池抓住标王的契机，以数千万元的代价一举而为天下知，固然有超乎能力之嫌，可也算得上是一步妙着。

以今视之，秦池之败，在某种意义上，是其传媒整合策略的紊乱所导致的。

首先，秦池在传媒面前始终展现的是"强者"的形象，似乎唯有这样才可以与其标王身份相符。岂料，**中国传媒历来有同情弱者、钦**

佩思想者的传统，对于强者，大抵是畏而不敬。即便在鼎盛之时，也会有记者以"掏大粪"的不懈勇气来冒犯至尊，赢取新闻轰动，更何况企业自曝弱点，不被传媒穷追猛打，便是怪事了。所以，秦池在日后的新闻危机中几乎没有获得一点同情分，这自然与其一贯的传媒形象有关。

其次，在勇夺标王、掀起新闻热浪之后，秦池患上了"炒作依赖征"，以为只要通过一轮又一轮的新闻炒作，便自然能够诱发一波又一波的热销高潮。因此，企业长久处在新闻的焦点中心，最终引起了公众的反感，一旦出现舆论反弹，其新闻波便对企业自身造成了致命的杀伤。综观"倒秦运动"的全过程，没有主角，没有预谋，没有策划，只是各种小道新闻和言论如潮水般汹涌而至，一下子就把不知所措的秦池给"淹没"了，用一种形象的语言，秦池是被"目杀"的。秦池事件发生后，曾有评论人士戏言："传媒如小人，近之则逊，远之则怨。"其言虽刻薄，却并非全无道理。

其实，能够夺得标王的企业，顶多算是中国最有勇气的企业，而并非是中国最有实力的企业。在这一基本判断和自我认识上，秦池并没有保持应有的冷静。在二夺标王之后，秦池便应当一战而退，从舆论的聚焦中全身淡出，把更多的精力投入到营销网络的编织和产品的开发推广当中，唯有这样，方可能将已有的广告效益真正地转化为经济效益。如果还一味陶醉在传媒的围捧之中，企图依靠广告效应的惯性来推动产品的经销，那么势必走入歧途。秦池的没落已无可避免，无非是方式不同，时间不同而已。

"醉卧沙场君莫笑，古来征战几人回。"读这样的古诗，各人有各人的心情。有人读出了豪情，有人读出了无奈，有人读出了残酷。

姬长孔和秦池会读出什么？

1998年3月，惆怅落寞的姬长孔离开秦池，由临朐县调入北京某部委任职。他在秦池前后待了5年，在这期间，他的月收入是800元，拿的奖金是一线职工的80％，秦池始终没有实行年薪制。临离开前，他讲了两句话。一句是对秦池的评价，他说："秦池是一个瘸子。"第二句是对他在秦池5年工作经历的总结，他说："国家得大头，地方得中头，企业得小头，个人得一身病。"

在北京，姬长孔一直避讳在公开场合露面。

这一年的11月8日，梅地亚中心的广告招标会按时举行，此时谭希松亦已从广告中心主任的宝座上下来，并离开了中央电视台。应朋友的邀约，姬长孔来到梅地亚中心，在招标大厅门口，因为没有邀请函而被门卫挡在了外面。他徘徊片刻，最后一闪而过，郁郁归去。

这一次的标王是步步高。

2000年7月，已有相当一段时间不在媒体露面并几乎将被遗忘的秦池再度成为一个不大不小的新闻焦点，只是此次的聚焦只可用凄凉来形容。

据当月《法制日报》报道，不久前山东一家地区中级人民法院正式下达一个民事裁定，将对未履行还款义务的秦池酒厂所拥有的"秦池"注册商标予以拍卖。

此次引发秦池债务危机的"标的物"竟是小小的金属质地酒瓶帽。债权人为一家酒瓶帽的供应商，秦池曾向该公司进货一批酒瓶帽，拖欠391万元左右的货款，供应商在多次索讨无果的情况下，把秦池告到了法院，结果一审秦池被判决败诉。针对秦池已无钱可还的现状，地区中级人民法院才提出了这个拍卖商标的方案。

这则新闻曝光后，传媒一片唏嘘之声，想当年秦池一掷亿元何等豪放，转眼风云变幻，此番却因为区区300多万元便被逼到了要拍卖商标的绝地，世事沧桑，是何等冷酷。尽管此后秦池新任总裁胡福东出面表示秦池将不会拍卖商标，可是这最后一次的亮相竟是这般的无奈和凄凉，还是令人难免感慨万千。

秦池

大事记

1990年3月，山东省潍坊市临朐县秦池酒厂注册成立。在成立之初的3年左右时间里，它只是山东无数个不景气的小酒厂之一，每年白酒产量1万吨左右，产品从来没出过潍坊地区。

1993年，姬长孔来到秦池担任经营厂长。

1994年，秦池以沈阳为突破口，在东北、华北和西北地区实施滚动式销售，年销售额突破1亿元。

1995年11月8日，秦池以6666万元获得中央电视台新闻联播后5秒黄金标版，成为第二届标王。

1996年，秦池的销售收入猛增至9.5亿元，为上一年的5倍多，并被评为中国明星企业。同年11月8日，在中央电视台的第三届广告段位招标会上，秦池以3.2亿元的天价夺得标王，这一数字相当于1996年秦池全年利润的6.4倍，比竞标的第二位整整高出1亿元。

1996年后，秦池确定了"永远的秦池，永远的绿色"的形象宣传主题。该年底，秦池的灌装生产线从两年前的5条增加到47条，"秦池特曲"荣获当时中国白酒行业唯一的"绿色食品认证"。

1997年1月，秦池被评为"中国企业形象最佳单位"。同月，北京《经济参考报》的一则关于"秦池白酒是用川酒勾兑"的系列新闻报道被国内无数家报刊转载。当年，秦池的销售额下滑至6.5亿元。

1998年3月，姬长孔黯然离开秦池，调入北京某部委任职。当年秦池的年度销售额仅为3亿元。

2000年7月，据《法制日报》报道，一家金属酒瓶帽的供应商指控秦池酒厂拖欠300多万元货款，地区中级人民法院判决秦池败诉，并裁定拍卖"秦池"注册商标。

2004年5月，在鲁浙民企国企合作发展洽谈会上，秦池酒厂被"资产整体出售"，无人问津。一位企业家对《中国经济周刊》记者说："秦池已经是个烂摊子了，即使以低价买进，也别想再打'秦池'这个牌子的主意。说句实在话，'秦池'这两个字现在别说品牌优势，能不带来负面影响就已经不错了。"

2008年4月13日，山东《齐鲁晚报》的记者在五粮液公司的网站上找到姬长孔的名字，他在北京开了一家40平方米门面的五粮液专卖店。姬长孔拒绝了采访请求。

2009年12月，中国长城资产管理公司济南办事处发布债权营销公告称，公司拟对所持有的秦池酒厂2000余万元债权进行转让处理。

案例研究一

如果向中国的企业家们发问：出600万元，给你一个在全中国一夜成名的机会，你会选择放弃吗？80%以上的企业家会回答："不。"1997年的彩虹集团也是这样回答的。这家国内最大的彩色显像管专业制造商出了600万元，一夜而为天下知，它刚刚推出一年多的彩电迅速跃居国产电视品牌知名度的第6位、购买意向的第5位。这应该是一个十分成功的造名策划。可是，仅仅一年后，彩虹就黯然退出彩电市场，所谓的成名、知名度、购买意向，没有一项转化成实际的市场销售。它的策划人就是复旦大学新闻系才子李光斗。这个在当年被评为"中国十大策划"之一的案例，有很多值得回味的地方。下面这篇文章，是该策划入选"中国十大策划"时的新闻介绍稿。

彩虹电视：赞助"飞黄"一夜成名

600万元，在目前的中国，只够在中央电视台黄金时间的5秒广告段位上做30次广告。

谁能以600万元让一个创立仅一年多，在以往的市场调查中可以忽略不计的彩电品牌在短期内跃居国产电视品牌知名度第6位、购买意向的第5位？李光斗。

在赞助泛滥成灾、企业往往扮演一个自娱自乐的"冤大头"的时代，谁能让一次赞助做到全国轰动，企业一举成名天下知？李光斗。

说李光斗是一个策划高手，倒不如说他是一个媒介运动高手更合适。甫一见面，他就向记者宣传关于策划的"李氏定义"："策划就是搞运动，就是发动群众。"且让我们看一看李光斗如何在彩虹电

彩虹电视赞助的柯受良"飞黄"

视独家赞助柯受良飞越黄河的"运动"中"发动群众"吧。

柯受良"飞黄"筹备5年而不得入其门，障碍在一个"钱"字。后来凤凰卫视介入，投入1000多万元。而柯受良实际上已"卖身"：他只需专心"飞黄"，而一切经济活动由凤凰卫视承担。但凤凰卫视也并非在做慈善事业，除了伴随"飞黄"而带来的广告收入、出售节目的收入及名声上的收益，它还希望找到一家赞助商，以替它分担大部分的投资。这笔赞助费起初定在1000万元。消息传出，彩虹电视及它的策划公司——李光斗所在的广东华视广告有限公司开始密切关注凤凰卫视及柯受良，但显然不想接受1000万元的开价。

在这期间，柯受良在各地频频试飞，既是炒热"飞黄"，又是配合凤凰卫视寻找赞助商。在云南某地表演失败，烟厂赞助落空；试飞频频失误，更是让汽车厂商不敢接近；有酒厂上门，但总不能让一个"醉醺醺"的柯受良去飞黄河吧。时机已到，李光斗适时出击，一番讨价还价。最终，彩虹电视以600万元拿到了独家赞助权，而回报则是：拥有在报纸、电视广告中对柯受良肖像1年3个月的使用权，且凤凰卫视负责拍摄及其他新闻宣传。

合约签订，李光斗却又按兵不动了，静观凤凰卫视及国内其他媒介将"飞黄"炒得火热。至柯受良"飞黄"前的一个星期，柯受良的生平和英雄业绩已家喻户晓。新闻界"话题"已尽之际，李光斗开始重拳出击，火上浇油。

5月23日—28日，彩虹电视迅速在总发行量超过1300万份的9家全国性大报上推出以《彩虹电视独家赞助柯受良飞越黄河》为标题的半版广告，广告

铺天盖地，"彩虹独家赞助"也成为新一轮新闻热点。彩虹电视也乘此机会塑造公益形象，与柯受良共同捐建希望小学。

6月1日"飞黄"大幕拉开，成千上万的中国老百姓目睹了这一盛况，其收视率之高为中央电视台此时段罕有。而彩虹电视的插播广告覆盖人数则达1亿以上。至此，彩虹电视的推广策划已大获成功，但李光斗并未就此打住。

先是《中国经营报》以《彩虹的600万元也飞过了黄河?》为题邀请各路"英雄"评说赞助一事，满纸责难之声，大家皆以为"不值"。其他媒介也迅速予以转载。"靶子"树起来了，反击文章便迅速出笼。李光斗也亲自操刀上阵，撰文《再说飞黄叹彩虹》。各地版面上一时热闹非凡，有的报纸更是同时刊登正反大辩论，唇枪舌剑，煞是好看。

在"飞黄"的第二天，彩虹的股票便上了涨停板，且一连上涨了4天。同时，要求联系经销彩虹的商家络绎不绝。彩虹电视订货会乘势举行，订货量较以往大增。而在"飞黄"过后的一个月，彩虹仍然是新闻界关注的话题。这出"独家赞助"的大戏，唱得实在是精彩!

（资料来源：《南风窗》1998年1月）

案例研究二

一个总资产不到1亿元的企业每年却大胆投入数亿元的广告，而其全年的科研开发费用仅为234万元。2000年前后，在飞龙陨落的东三省又揭竿而起一家"比秦池更秦池、比标王更标王"的广告天王。下面这篇新闻观察便是对这家企业的一个近距离写真。它可以成为一个新的关于"造名运动"的教案。

哈药六厂：比标王更标王　　/陈涛

两三年前，哈尔滨制药六厂还是一个名不见经传的小厂，如今，你想在中国找到一个没听说过它的人恐怕已经不大容易了。根据一家权威广告监测机构的调查，2000年头5个月，仅盖中盖和严迪两个产品的电视广告费用总额就达5.7亿元。如果把哈药六厂其他产品的广告费用也计算在内，并且假设，在下半年它还能保持同样的广告力度，那么，它全年所投入的电视广告少说也要超过7亿元，有媒体说将达到10亿元左右。

当年令人咋舌的一代标王秦池的投标额也不过才3.2亿元，秦池的标王是中央电视台一家的，而盖中盖和严迪——当然还包括哈药六厂的泻痢停、朴雪等其他产品——既在中央电视台大出风头，又在各省级台搞"地毯式轰炸"，其势头远非当年秦池可比。

从工商登记上来看，哈药六厂并不算大——从1994年开始，"哈尔滨制药六厂"就被注销了，并成为上市公司"哈医药"的一部分，不再是一个独立的法人——1998年的时候，它的资本总额仅为9022万元，该年度的营业额为2.28亿元，税后利润为1698万元。对于一个总资产9000来万元的企业来说，这样的业绩听起来是很正常的。

1999年，哈药六厂的业绩开始往上猛蹿了：该年度的营业额放大4倍多，达到10.7亿元；税后利润增至2483万元，增幅为46%。

营业额放大4倍多，而税后利润仅增加46%，说明净利润率仅是原来的1/10，这里的主要原因就是广告费用大大增加了。在1999年11月中央电视台举行的黄金时间广告招标会上，当时还不怎么出名的哈药六厂喊出了一个令人注目的价钱，为自己的"泻痢停"争取到了一个重要的广告时段。此后，哈药六厂连出大手笔，几乎所有上星的电视台都开始大量播出它的广告。

在10.7亿元的销售额中，严迪的贡献最大，达到4.7亿元。其实，严迪既不是什么新药，也不是哈药六厂独门武器，哈药六厂只是把它重新包装了一番，并用超常规的广告轰炸来推广它。正是那个被很多专业人士认为毫无创意的广告，硬生生地开拓出了一个可观的销售额。

那么，对于一家税后利润不过2000多万元的企业来说，它投广告的钱是哪里来的？跟秦池酒厂当年靠县财政支撑不同，哈六药厂的办法似乎更具现代气息，有专家分析，其做法是"墙里损失墙外补"：花大价钱打出个知名度，然后到资本市场上去兑现。

从5月16日到6月29日，在短短一个多月的时间里，哈药集团的股票从8.8元涨到14.6元，最高涨幅达66%。以2.43亿元流通股计算，整个二级市场在账面上共获益14亿元。

"分拆上市"是另外一种可能。今年4月，股市中流传着哈药集团有意分拆业务到新加坡上市的消息。如果哈药集团真有此意，哈药六厂当然很有可能被分拆出去。

哈药六厂的成功很耐人寻味，畸形的药品市场是哈药六厂成功的一个重要条件。

在这个市场里，药品的定价高得离谱，在药厂、批发商和医院之间形成了一种特殊的利益分割格局。据一位业内人士讲，一瓶售价20元的药大致由以下几块组成：成本5元，药厂可能会以7元到8元的价格出厂；广告费5元到8元；为了能进入各大医院，还必须向医院里的各色人等"上贡"，平均费用1元；为了鼓励医生开你的药，得给他每瓶4元左右的"临床费"。这样，到患者手上的时候，大致已经要到20元了。

哈药六厂的主要产品都是非处方药，不需要通过医院这个环节，于是它们可以把本来要让给中间商和医院的利益用于市场推广，广告就是这种市场推广中最重要的武器。

但是，现在已经有迹象表明，药品市场的这种畸形利益格局将要被打破，全国各地都传出了要对付"药价虚高"现象的迹象。在成都市，药店已经展开了一轮价格战。

另外，随着电子商务的发展，也许在未来，药品网上销售的禁令会被解除，使药品进入直销时代。在那样的环境下，高额的广告费用可能不会被企业所接受，特别是在你的产品不具备不可替代性的时候。

"马上得江山，不能马上守江山"，广告是用来"得江山"的，是市场的开路机，在巨额的广告开拓出一个市场之后，你难道还要靠广告来守这个市场？

从企业的长期发展而言，研究开发新药当然是一件非常重要的事情。从年报中人们发现，1999年，整个哈药集团的研发费用仅为234万元，与之形成鲜明对比的是它高达6.19亿元的广告费用。想到这里，还真为哈药六厂捏一把汗。

（资料来源：《南方周末》2000年7月28日）

新新观察

在中国企业界，标王似乎是一顶十分不吉祥的桂冠。从1994年的孔府宴酒开始，到1995年、1996年的秦池，再到1997年的爱多，四届三任标王竟无一例外地在加冕之后便迅速地走上了覆灭之路。通过秦池、爱多等案例，很多人声称"它们的失败标志着中国企业企图通过'速成名牌'打天下的时代终结了"。这样的判断似是而非，实际上，造名是企业家永远的冲动，关键在于造名的方式和策略是否恰当，以及成名后企业的一系列可持续发展策略是否调整到位。

"造名运动"引出概念经济 /钟朋荣

近年来，一批企业之所以能靠造名迅速取胜，首先是由于中国社会有几大特点：其一，中国人口众多。一种产品即使不那么好，只要名气造到足够大，哪怕每人只试用一次，厂家也可以发大财。其二，消费者的盲从性。某种东西名气一大，大家都盲目跟风。中国人口众多，一旦大家都盲从某个东西，足以把这个东西从地下捧到天上。其三，新闻媒体的权威性。中国的新闻媒体长期以来都作为党和政府的喉舌，在人民群众中享有较高的威望，用媒体为产品做各种形式的广告，自然具有较高的可信度。

中国社会的上述特殊背景，为企业造名取胜创造了极好的条件，但也不是所有企业、所有行业都能靠造名取胜的。靠造名取胜的主要是消费品而不是生产资料，而消费品中又主要是那些效用比较模糊、一般消费者很难判断其质量和实际价值的产品，如保健品、化妆品等。这些产品又具有三大特点：其一是效用的不可检验性，其二是效用的滞后性，其三是消费的奢侈性。

消费者的盲从、人口的众多、媒体的权威性、产品的不可检验、效用的滞后和消费的奢侈性，这些都是企业靠造名取胜的有利条件。一些企业正是利用上述条件通过造名而暴富。部分企业造名暴富，就会诱使更多的企业加入到过度造名的行列中来，结果使中国过度造名的企业越来越多。

所谓过度造名，是指这些企业不是致力于生产产品，也不是致力于提高产品的质量，而是致力于创造和经营某种概念；消费者花掉巨额费用主要不是消费使用价值，而是消费概念。整个社会，相当大的一部分人力、物力、财力用于概念的创造。这种经济现象，我们称之为"概念经济"。

过度造名，对消费者造成灾难，而对许多企业则构成陷阱。随着市场经济的发展，人们的成本意识、选择意识以及投入产出意识在逐步增强。某种产品一年花数亿元广告费，天天做广告，消费者自然会想到，掏100元买这种产品，其中可能有70元是用来支付广告费，只有30元才是买产品及其效用。于是，消费者就会感到产品的价格与价值差距太大，买这种产品等于挨宰。待消费者觉醒之时，也正是这种产品完蛋之时。

企业要防止掉入造名陷阱，但也不是完全不要造名。在造名与造实的关系上，应把握以下准则：其一，既要造实，也要造名；其二，造实先于造名；其三，造实重于造名；其四，造名不能急于求成。

产品的知名度可以通过广告迅速扩大，但以知名度、信任度和美誉度三者高度统一为基础的名牌，则不是靠广告在几天之内能造出来的，而是由产品质量和口碑的相互循环实现的。在这种循环中，产品质量是关键。而产品质量的提升往往要经历一个逐步改进、逐步完善的过程。所以，世界知名品牌都不是一夜之间造出来的，而是伴随着产品的不断改进和质量的不断提高，经过一个漫长过程形成的。

巨人

『请人民作证』

『你必须站起来，你知道吗，你的倒下伤害了我们这代人的感情。』

『他最大的缺点是清高，最大的弱项是与人交往，最大的局限是零负债理论。』

『这位年轻的知识才俊显然对民众智力极度蔑视，而对广告攻势有着过度的自信。』

1992年，一家知名媒体对北京、上海、广州等十大城市的万名青年进行了一次问卷调查，其中一个问题是，"写出你最崇拜的青年人物"。

第一名，比尔·盖茨。第二名，史玉柱。

当时的史玉柱，可能是全中国30岁以下青年中最著名的一个。

10年后，当你在大街上拦着一位20岁上下的青年，问他，谁是史玉柱，恐怕知道的人不足1/10。

这就是一个狂飙突进的创业年代的冷酷和生动。

巨人集团的覆灭，是中国知识青年冲浪市场经济的最惨烈的悲喜剧，它曾经在无数热血学子的心中造成了极大的伤害。

这样的伤害，在某种意义上，或许并非是无益的。

文弱书生的豪赌天性

如果没有那个悲剧性的结局，以下的描述足以勾勒出一位罕见的商业奇才所具有的智慧和勇气。

1989年7月，一位名叫史玉柱的安徽青年孤独地站在深圳宽敞而脏乱的大街上。当时的深圳已经作为特区开放了将近10年，每年有百万以上的劳工赶到这里"淘金"，南国风吹在每一位百无禁忌的"青年牛仔"身上，让略带海腥味的野心在钢筋水泥中蓬蓬勃勃地萌芽开

放。9年前，史玉柱以全县第一的成
绩考进了浙江大学数学系；3年前，
他又考到深圳大学读软件科学，毕
业后被分配到安徽省统计局。可是，
已经在深圳的创业氛围中浸泡了3年
的史玉柱无法忍受机关单位的平静
和呆板了，仅仅几个月后，他便毅
然辞职，又回到了那片狂热而充满
了机遇的南国地。

史玉柱

此时史玉柱的行囊中，只有东
挪西借的4000元以及他耗费9个月心血研制的M-6401桌面排版印刷系
统软件。史玉柱长得瘦高文弱，一眼望去便是一副南方书生的模样，
可是他却有着超出常人的惊人的豪赌天性，这种天性在他日后的创业
历程中将一再展现。初到深圳几天之后，他便作出了一生中的第一个
豪赌决定，他给《计算机世界》打电话，提出要登一个8400元的广告
"M-6401：历史性的突破"，唯一的要求是先发广告后付钱。"如果广
告没有效果，我最多只付得出一半的广告费，然后只好逃之夭夭。"
事后，他这样说。

13天后，他的银行账号里收到了3笔总共15820元的汇款。两个月
后，他赚进了10万元。这是他经商生涯中的"第一桶金"。他把这笔
钱又一股脑全部投进了广告，4个月后，他成了一个默默发财的年轻
的百万富翁。

1990年1月，史玉柱一头扎进深圳大学两间学生公寓里，除了一
星期下一次楼买方便面，他在计算机前待了整整150个日日夜夜。这
次他拿出来的是M-6402文字处理软件系列产品。当他天昏地暗地走出
那间脏乱的学生公寓的时候，他发现家里的所有家具都已不翼而飞，
数月未见的妻子已不知去向。可是，他却站在了一个新的事业起点

上。他从深圳来到珠海，这位身高1.80米、体重不到120斤的瘦长青年给自己的新技术公司起了一个很响亮的名字——"巨人"。他宣布，巨人要成为中国的IBM，东方的巨人。

就在巨人诞生不久，他的豪赌天性再次让他作出了一个所有部下都反对的决定：全国各地的电脑销售商只要订购10块巨人汉卡就可以免费来珠海参加巨人的销售会。一时间，200多位经销商从天南海北齐聚珠海，史玉柱以数十万元的代价，闹腾腾地编织起了一张当时中国电脑行业最大的连锁销售网络。第二年，巨人的汉卡销量一跃而居全国同类产品之首，公司获纯利1000多万元。

又一年，巨人已发展成为一家资本金超过1亿元的高科技集团公司。公司每年的销量以几何级数的速度在增长，巨人的年度销售商大会成了全国规模最大的电脑盛会。史玉柱又连续开发出中文手写电脑、中文笔记本电脑、巨人传真卡、巨人中文电子收款机、巨人财务软件、巨人防病毒卡等产品。

从1992年开始，巨人已赫然成为中国电脑行业的领头军，史玉柱也成为中国新一轮改革开放的典范人物和现代商界最有前途的知识分子代表。他被评为"中国十大改革风云人物""广东省十大优秀科技企业家"，获得珠海市第二届科技进步特殊贡献奖，得到63620元奖金、一辆奥迪轿车和一套100平方米的住房。中央领导人纷纷视察巨人，时任国务院总理李鹏更是三顾巨人，表现出特殊的眷注之意，先后题词"青年科技人才是国家的希望""巨人集团在软件开发领域取得重大成果"等。1994年6月，时任中共中央总书记江泽民视察巨人集团，在试写巨人中文手写电脑时，他说："中国就应该做巨人。"

史玉柱的事业在此刻达到了前所未有的巅峰，而此时的他刚刚迈过而立之年。这个瘦高、讷言却又充满神奇色彩的安徽人几乎在最短的时间里成了全中国知识青年的偶像。

在20世纪90年代的企业家群体中，史玉柱算得上是一个"神童"

和异类。

我们发现，在中国乃至世界企业圈中，能够独立门户、开疆拓土的一代宗师们，几乎都没有太高的学历背景。因为往往学历越高、读书越多，便越具有理性精神，在机遇稍纵即逝的商海中，瞻前顾后，举棋不定，缺乏在大风大浪中豪情一搏的创业激情。而那些学历不高者，则顾忌较少，敢想敢为，埋头一冲，或许真的能一跃而出，开创出一片新天地来。

在深圳特区开辟的前15年中，先后有1000万左右的大学毕业生前来淘金，每年全国博士毕业生中的1/30也决然地来这里寻找机遇，可是能创出像史玉柱这般事业的却没有第二人。其最关键之处在于，史玉柱的身上流淌着一股天生的充满草莽气息的豪赌血液，而这正是创业型企业家所必备的一种禀赋。

从38层到70层

1992年，在事业之巅傲然临风的史玉柱决定建造巨人大厦，当时巨人的资产规模已经超过1亿元，拥有流动资金约数百万元。最初的计划是盖38层，大部分自用，并没有搞房地产的设想。这年下半年，一位中央领导人来巨人视察，当他被引到巨人大厦工地参观的时候，四周一顾盼，便兴致十分高昂地对史玉柱说，这座楼的位置很好，为什么不盖得更高一点？就是这句话，让史玉柱改变了主意。于是，巨人大厦的设计从38层升到了54层。

这时候，又一个消息传来，广州想盖全国最高的楼，定在63层。便有人建议史玉柱应该为珠海争光，巨人大厦要盖到64层，夺个全国第一高楼，成为珠海市的标志性建筑。到1994年初，设计方案又改为要盖到70层。

这就是最后导致史玉柱身败名裂的巨人大厦的投资决策过程。在整个国家都处在激进洪流的时候，是没有人会察觉出这一连串的偶然和随意中所蕴含的风险和不妥的，没有人看见，危机的导火线从此时开始已经在嗞嗞冒烟了。

在当时，盖一座38层的大厦，大概需要资金2亿元，工期为2年，这对巨人集团来说，并非不能承受之重；可是，盖70层的大厦，预算就陡增到了12亿元，工期延长到6年。这不但在资金上缺口巨大，而且时间一长，便也充满了各种变数。

可是，史玉柱却信心十足。当时巨人的M-6403汉卡在市场上卖得十分火爆，1993年的销量便比上年增长了300%，每年回款有3000多万元，如果保持这样的势头，盖楼的资金应该不成问题。史玉柱犯了一个很多青年企业家都容易犯的错误：把预期的利润当成了实际的收益，并以此为基数，来设定自己的规划。

一开始一切都显得是那么的顺风顺水。珠海市为了支持这个为珠海争"全国第一高楼"的标志性建筑，大开绿灯，巨人大厦的每平方米地价从原来的1600元降到700元，最后再降到350元，几乎成了一个"象征价格"。史玉柱原本打算向银行贷一部分款来启动大厦的动工，可是，他的智囊团却想出了一个当时看来比贷款要好得多的融资办法：卖楼花。

此时的巨人集团在公众眼中无疑正戴着迷人的光环，企业又在楼花广告中浓墨重彩：国内最知名的高科技企业，亿元资产和38家全资子公司，计划于1995年上市，1996年目标产值50亿元，成为中国最大的计算机企业，将于1996年交付使用的巨人大厦将成为巨人腾飞的象征。更诱人的是，巨人集团还向公众提供了一份"零风险、高回报"的无风险保证："中国人民保险公司提供本金保险及100%的回报保险，珠海市对外经济律师事务所进行常年法律见证。"

巨人大厦是最早在香港市场上出售楼花的内地楼盘之一。挟着巨人集团的赫赫名声及强有力的推销攻势，巨人大厦的楼花在香港卖得十分火，1平方米居然卖了1万多港元，加上在内地的销售，史玉柱一下子圈进了1.2亿元。

谁也没有想到，就是这座被视为史玉柱和巨人集团成功丰碑的大厦，最终导致了巨人的突然窒息。

巨人下达 "总攻令"

1993年，中国电脑市场风云突变。随着西方16国集团组成的巴黎统筹委员会的解散，西方国家向中国出口计算机的禁令失效，康柏、惠普、IBM等国际著名电脑公司大举入境，被称为中国硅谷的北京中关村一时风声鹤唳。这是一场实力悬殊的生死对决，以巨人为代表的本土电脑品牌从一开始就注定了多舛的命运。

许多年后，有人议论，如果巨人坚持在电脑行业发展，或许不致落到日后的结局。其实这样的判断也仅仅是一厢情愿而已。当时的市场现状是，巨人从桌面印刷系统和汉卡起步，其市场覆盖面有限，幼弱的本土电脑品牌基本上缺乏与国际品牌抗衡的能力。巨人之所以受到中央领导和传媒的高度青睐，最关键的是其高举了发展民族工业新经济的大旗，而事实证明有时这可能是企业发展的一条歧途。与巨人的电脑发展思路相映成趣的，是日后取代其行业地位的联想。在前10年的积累期，联想基本上走的是代理的路子。在市场容量相对增长、消费人群日渐增多而企业实力亦逐步增强的情况下，联想才开始实施自主开发、自创品牌的战略。在1993年前后，中国产业界曾经进行过一次民族产业振兴的大讨论，事实一再地证明，类似 "振兴民族工业" 这样的话题在未来的中国经济发展历程中，将随着经济的起伏被一再地提起，它可以作为一件包装的外衣，谋求公众认同和政府支持的口号，但如果作为一家大企业发展的根本纲领，那么稍有不慎就很可能作茧自缚，走入歧途。在某种意义上，正是巨人超越现实的发展战略，使它从一开始就陷进了自己圈画好的狭隘的民族经济陷阱中。

在外有强敌的情况下，创业不久的巨人集团内部也出现了管理上和体制上的问题。史玉柱不同于那些没有文化而一夜暴富的乡镇企业家——没有智谋而仅仅靠胆量打天下，巨人是国内第一个明确提出"管理也是生产力"的现代企业，并形成了一种独特的管理机制。同时，从很早开始，巨人就是一家很有危机意识的企业。就在江泽民视察巨人集团后的两个月，史玉柱在一次全体员工大会上便拉响了危机的警钟，他直截了当地剖析了巨人集团的五大隐患：创业激情基本消失、出现大锅饭现象、管理水平低下、产品和产业单一、开发市场能力停滞。这五大隐患，除了"产品和产业单一"这一条之外，直到巨人集团覆灭都没有得到根本性的改观，也成为世人日后评说巨人之败的缘由。

正是在这次会议上，史玉柱明确提出巨人"二次创业"的总体目标：跳出电脑产业走产业多元化的扩张之路，以发展寻求解决矛盾的出路。他把新产业的目标确定在保健品和药品产业上，宣布将斥资5亿元，在一年内推出上百个新产品。

在楼花销售中大尝甜头的史玉柱发现做电脑实在太辛苦，迅猛成长中的国内市场有太多的暴利行业在诱惑着他，很快，具有商人特质的他选中了当时最为火爆的保健品行业。

当时的保健品行业基本上属于一个培育成熟的市场，在太阳神、飞龙等企业的"广告催肥"下，1994年全国保健品市场的销售总收入达300亿元之巨，而且没有大的国际品牌参战。史玉柱的企图十分明显，他希望通过新的扩张激发出新的创业激情，利用巨人的品牌优势快速攫取超额利润，并以此来缓解主导产业发展受阻以及管理机制上的矛盾。这样的方式在许多企业的成长史上屡试不爽，并帮助它们摆脱危机焕发新生。可是，在这一战略性大转移中，史玉柱犯下了一个错误：他没有采取有效的措施，稳定发家产业和已有项目——这些措施可以包括，与外资合作、资产股权化、获得跨国公司的技术支撑等等。相反，他希望齐头并进，最终造成了多线作战的局面。在当时，如果巨人集团确实已经定下了产业转移的战略目标的话，它完全应该对电脑公司和已开工的巨人大厦建设项目进行资产和管理上的剥离，使之独立运作。

相反，史玉柱走上了一条多线开战、俱荣俱损的大冒进之路。他亲自挂帅，成立三大战役总指挥部，下设华东、华中、华南、华北、东北、西南、西北和海外八大方面军，其中30多家独立分公司改变为军、师，各级总经理都改为"方面军司令员"或"军长""师长"。

在动员令中，他写道：三大战役将投资数亿元，直接和间接参加的人数有几十万人，战役将采取集团军作战方式，战役的直接目的要达到每月利润以亿元为单位。组建1万人的营销队伍，长远的目标则是用战役锤炼出一支干部队伍，使年轻人在两三个月内成长为军长、师长，能领导几万人打仗。

这样的动员令，这样的目标，这样的建制，这样的口号，不由得让人产生热血沸腾的狂热。

1995年5月18日，史玉柱下达"总攻令"，在全国上百家主要的报纸上，巨人集团的整版广告赫然登台。巨人以密集轰炸的方式，一次性推出电脑、保健品、药品三大系列的30个新品，其中主打的保健品一下子就推出12个品种，减肥、健脑、强肾、明目、开胃，几乎涵盖了所有的保健概念，摆出一副广种薄收的架势。这可能是中国企业史上广告密集度最高的一次产品推广活动，在今后估计也不会再有超越者了。

一时间，暴风雨般的广告、新闻炸弹疯狂地倾泻而下，数千名年轻而狂热的营销人员分赴各大市场，巨人的系列产品在最短的时间内出现在全国50万家商场的柜台上。不到半年，巨人集团的子公司从38家发展到了创纪录的228家，人员从200人骤增到2000人。据统计，在巅峰时期，为巨人集团加工、配套的工厂达到了150家，单是在各地公司加班加点为客户办理提货手续的财务人员就超过了200名。集团的《巨人报》为了配合战役，印制了大量的宣传单，其最高单期印数竟超过100万份。

如此前所未闻的闪电战术，在一开始确实创造出了奇迹："总攻令"发动后的15天内，汇总到史玉柱手中的来自全国各市场的订货金额就突破了15亿元，各地媒体更是对巨人集团形成一次大聚焦，连一向在企业报道上十分谨慎的《人民日报》也在半个月里4次以长篇通讯形式对巨人集团进行了报道。史玉柱仿佛又回到了几年前汉卡面市时的辉煌月期。

可是很快——快得让人至今忆起来还感到心痛和猝不及防——整体协调作战能力的低下使战场变得混乱起来。巨人集团本身并没有日用消费品营销的经验，投身战役中的巨人大军主要由两类人组成：一类是走出校门不久的青年学子，他们只有热血却没有经验；一类是从各家保健品企业跳槽或挖过来的，他们其实是一批"雇佣军"，缺乏对巨人集团的忠诚度和归属感。对他们来说，市场红火，则随声吆喝自抬身价；市场不好，则揩一把油溜之大吉。仅仅在总攻令发布两个月后，史玉柱就不得不宣布"创业整顿"。

1996年初，史玉柱开始从全面出击转为实施重点战役。他发现了减肥市场的潜力，因而决定全力推广减肥食品"巨不肥"，提出要打一场"巨不肥会战"。他成立会战总指挥部，亲任总指挥，下辖三大"野战军"，每支"野战军"率领七八个"兵团"，各"兵团"下面又有若干个"纵队"，总部还挑选精干人员组成"冲锋队"。总之，架势拉开，人马聚齐。史玉柱还搞了一个"阵前盟誓"，亲自高举酒杯为开赴前线的将士壮行。

就这样，从2月开始，以"请人民作证"为推广口号的"巨不肥会战"在全国各大中城市打响，巨人集团的广告再次铺天盖地地倾泻到各地媒体上。

也就在这时，史玉柱的豪赌个性和急功近利暴露无遗。正如他的一位部下所言："这位年轻的知识才俊显然对民众智力极度蔑视，而对广告攻势有着过度的自信。"日后人们才知道，当时一篇被巨人广为散发的为保健品"鲨鱼软骨"而作的宣传文案《鲨鱼不患癌》，其署名是美国加利福尼亚大学袁彬博士，而实际上却是出自一个对保健品一无所知的外语系学生之手。其他的保健品文案甚至病例等等，也大多由名牌高校新闻或中文系的才子才女们杜撰而成。更让人惊讶的是，巨人的保健品研制部经理竟是由一位广告公司经理兼任的。史玉柱想要"请人民作证"的保健品战役的中坚力量其实不是科研人员，而是一些靠想象力和文字功底吃饭的书生。

在败局铸成之后，史玉柱曾在检讨中把巨人的失败在宏观上归咎于全国保健品市场的整顿，这并非公允之词。在某种意义上，倒是巨人盲目的广告轰炸和无序

在这样的标语下兜售保健品是那个激情年代的风格

的营销推广加速了保健品市场的早衰。

保健品是一种以功效诉求为主的消费品，广告无非起到了一个诱发购买的作用，要让消费者有持续的购买行为则必须依赖于产品本身的服用效果。依靠闪电式的广告轰炸而建立起的市场，无疑是沙滩上的大楼，毫无基础可言。数年后有人问史玉柱，搞保健品最关键的是什么？他回答说，是产品，一个好的产品要具备两个条件：一是从科学的角度证明它确实是个好东西，坑蒙拐骗长不了；二是效果要让消

费者能感觉到。可惜，这两个十分基本的条件，1995年的史玉柱并没有真正地悟出来。巨人的保健品缺少真正的科学依据和切实的服用效果。更糟糕的是，在忙乱而声嘶力竭的推广过程中，它还犯下了一个诋毁竞争对手的低级错误。

在巨人集束式投放市场的12种保健品中，有一种帮助儿童开胃的"巨人吃饭香"，这一产品与当时儿童保健品中最畅销的"娃哈哈儿童营养液"极其相似。在一份广为散发的宣传册子中，巨人的文案人员竟然写下了这样一段文字："据说娃哈哈有激素，造成儿童早熟，产生许多现代儿童病。"娃哈哈在当时已经是国内最大的饮料食品企业，巨人此举对娃哈哈造成了严重损害，据娃哈哈方面称，单在1995年就减少了将近5000万元的销售额，造成直接经济损失670万元。娃哈哈就此向杭州市中级人民法院起诉，经过协调，到1996年10月，巨人答应庭外调解，向娃哈哈赔偿经济损失200万元。在次年的1月，巨人在娃哈哈的强烈要求下，不得不在杭州与娃哈哈一起召开联合新闻发布会，公开向娃哈哈道歉。

这一道歉风波，成为巨人大滑坡的一次标志性事件。

也就在这一风雨飘摇的前夜，那些本来就对巨人缺少忠诚意识的雇佣军们已经嗅出了危机的气息，很快在各地市场上频频发生侵吞私分集团利益的恶性事件，很多人把"巨不肥会战"当成了"最后的晚餐"。连集团内部的《巨人报》也发出了惊呼：在我们巨人集团内部竟有这么多触目惊心的违规违法事件，几万、几十万甚至上百万元的资产在阳光照不到的地方流失了。如果这样，巨人集团该怎么办？

面对这样的问号，史玉柱似乎也有点手足无措。他想出的最后一个办法是，组织全国总公司经理和总部中层以上的干部参观广东省高明市的重刑犯监狱。

市场停滞，而巨人大厦则像一张永远张开着的大口，每天都要靠大笔的资金填下去才能继续长起来，多线开战的恶果终于显露出来。在迫不得已的情况下，史玉柱只好走出一步下策之棋，他不断地抽调保健品公司的流动资金填补到巨人大厦的建设中。这种拆东墙补西墙的做法，最终造成了各个战场的捉襟见肘、顾此失彼。

"什么叫'一分钱难倒英雄汉'？"

1996年9月，耗尽巨人集团精血的巨人大厦完成地下工程，开始浮出地面。也就在这时，巨人集团的财务危机全面爆发了。

在之前，很多知情的人已经看到了巨人集团的危机。可是谁也没有想到，危机会爆发得那么突然和猛烈。

从10月开始，位于珠海市香洲工业区第九厂房的巨人集团总部越来越热闹起来，一些买了巨人大厦楼花的债权人开始依照当初的合同来向巨人集团要房子，可是他们看到的却是一片刚刚露出地表的工程，而且越来越多的迹象表明，巨人集团可能已经失去了继续建设大厦的能力。这一吓人消息一传十、十传百，像台风一样地卷刮到并不太大的珠海市的每一个角落。那些用辛辛苦苦赚来的血汗钱买了大厦楼花、原本梦想着赚上一票的中小债主再也按捺不住了，一拨接一拨的人群拥进了巨人集团。

1997年1月，在一些人的记忆中似乎是一个灾难性的早春。上旬，如日中天的标王秦池的兑酒事件被曝光，传媒一片哗然；而到了中旬，南方便又爆出了巨人风波。1月12日，数十位债权人和一群闻讯赶来的

才露出地表的巨人大厦

媒体记者来到巨人集团总部，恰逢深居简出的史玉柱刚刚驱车从外面进来。于是发生了一场面对面的"短兵相接"。其间，一位律师对债权人和记者口气凌厉地嚷嚷道："如果你们不想解决问题而是来闹事，你们就闹去。作为企业行为，任何事情向社会曝光都没问题。如果你们要曝光，可以先曝光，然后再谈，我们不怕曝光。"

由于缺乏危机处理能力，巨人集团仅仅委派了律师与债权人和记者周旋，巨人与媒体的关系迅速恶化。于是，种种原本在地下流传的江湖流言迅速地在媒体上被——放大曝光：

巨人集团的资产已经被法院查封，总裁史玉柱称已没有资产可被查封了；

巨人集团总部员工已3个月未发工资，员工到有关部门静坐并申请游行；

巨人集团一位副总裁及7位分公司经理携巨款潜逃；

史玉柱沉痛承认在保健品开发上交了上亿元的学费……

那份楼花广告中的保险公司100%担保承诺，也被披露是一个骗局。保险公司与巨人集团签署的保险协议其实在楼花广告推出之前已经宣告失效，大声宣称要"请人民作证"的巨人集团无法为自己作证。

这些耸人听闻的新闻真假参半、泥石俱下，一时间让史玉柱百口莫辩。就在这时，又发生了巨人被迫在杭州向娃哈哈道歉的事件。于是，巨人在公众和媒体心目中的形象轰然倒塌，从此万劫不复。

令人玩味的是，在巨人风波的爆发中，国内有些传媒表现出了一种异常的投入和不冷静，扮演了一个很暧昧的唯恐天下不乱的角色。用巨人集团一位高级职员的话说，就是"以落井下石的火力一夜间彻底摧毁了被它们吹捧了几年的企业"。史玉柱在危机中曾几度企图恢复生产销售秩序，可是几度被传媒的跟踪报道打乱。每出现一次报道，就会造成一批骨干的离去，增加一批讨债者的上门，以致恶性循环，难以挽救。史玉柱日后曾十分不解地感慨道："巨人一直是一个'新闻企业'，我本人也是个'新闻人物'，想不当都不行。以前新闻总说巨人好，这也好那也好，现在说巨人这也不好那也不行。我原计划1997年好好做市场，但各地报纸一转载巨人风波，说巨人差不多倒闭了，产品没人敢买了，这下子问题大了。"巨人风波平息后，国内传媒自身也曾对此有过检讨，当数年后"爱多事件"爆发时，便有人吁请大家冷静，以免重蹈巨人报道的覆辙。当然这些都是后话了。

在那些血雨腥风的日子里，史玉柱一直躲在巨人集团总部四层的总裁办公室里。史玉柱将办公室、书房、卧室、会议室、秘书室集于一体，构成了一个封闭的300平方米的"史氏空间"。当危机全面爆发的时候，史玉柱就躲在这个"孤岛"上，拉下所有帷幕，拒绝与外界接触，整日在不见一丝阳光的大房子里孤寂地枯坐。

一向不善交际的史玉柱似乎没有什么知心朋友，即便是在辉煌的鼎盛期，他也不太善于与外界交往。每当要作一项重大决策，他都喜欢把自己关起来，在屋里来回踱步、苦思冥想。久而久之，大办公区的地毯已凹凸不平，显得坑坑洼洼。

史玉柱把自己在"孤岛"上关了数十日。就在这些日子里，新闻媒体对巨人事件进行了高密集的轰炸，巨人形象被破坏殆尽。可是，史玉柱却始终没有跟媒体、社会进行过哪怕一次认真、知心的对话。他异常平静地对仅有的几位对他和巨人还抱一丝希望的部下说："我们不必主动去找任何一位记者，我们的名声已经这样糟了，坏到了不能再坏的地步，还能怎样？"就这样，史玉柱轻易地放弃了最后一次获取同情和救援的机会。

其实，当时巨人集团所面临的危机并没有到绝杀的地步。

尽管巨人的保健品推广大战宣告失败，可是在市场上并没有完全丧失品牌信誉。而巨人大厦已经完成了地下工程，只需要1000万元资金就可再启动起来。按当时的房地产建筑进度，5天可以盖起一层，一层一层往上盖，兵临城下的债权人自可安心不少，诸多突发矛盾也可以化解。

史玉柱清醒地知道，缺少的仅仅是1000万元而已。可是，他就是没有能力筹措到这笔钱。1000万元对不久前的巨人集团算不了什么，就在半年前史玉柱到山东开会，青岛一个市场1个月交给总部的款项就达到了1000万元。史玉柱仰天悲鸣："什么叫'一分钱难倒英雄汉'？这就是。巨人集团发展到现在，资产规模滚到5个亿，区区1000万元的小数目根本不算什么，可眼下这一关就是过不去。"

正如人们日后所注意到的，由于缺乏必要的财务危机意识和预警机制，巨人集团债务结构始终处在一种不合理的状态。史玉柱一向以零负债为荣，以不求银行自傲。在巨人营销最辉煌的时期，每月市场回款可达3000万元到5000万元，最高曾突破7000万元，以如此高的营业额和流动额，他完全可以陆续申请流动资金贷款并逐渐转化为在建项目的分段抵押贷款，用这笔钱来盖巨人大厦。可是史玉柱却始终拒绝走这步棋，而是一味指望用保健品的利润积累来盖大厦，这无疑是造成巨人突发财务危机的致命处。

以冷眼待人，人自以冷眼待之。在危机爆发的那段时间，巨人集团平时很少与之打交道的银行此刻自然袖手旁观；一直鼓励巨人"大胆试验，失败也不要紧"的地方政府也始终束手无策，拿不出任何有建设意义的方案；一些江浙地区的民营企业主闻风赶到珠海，终因一些细节问题没有与巨人达成意向。

当时的巨人集团除了巨人大厦外没有别的固定资产，公司在全国各地的市场营销还在运转，估计各销售商欠巨人集团的钱有3亿元左右，史玉柱自己估算属于良性债权的至少有1.2亿元。可是由于不久后集团的整体崩盘，就是这1.2亿元绝大多数最后也没能收回来，在某种意义上，正是史玉柱那种缺乏沟通的个性在关键时刻最终葬送了巨人集团。在巨人晚期曾出任常务副总裁的王建在《谁为晚餐买单》一书中评价史玉柱说，他最大的缺点是清高，最大的弱项是与人交往，最大的局限是零负债理论。

在财务危机被曝光3个月后，史玉柱终于向媒体提出了一个"巨人重组计划"，内容包括两个部分：一是以8000万元的价格出让巨人大厦80%的股权；二是合作组建脑黄金、巨不肥等产品的营销公司，重新启动市场。可是谈了10多家，最终一无所成。在这一过程中，庞大的"巨人军团"分崩瓦解，而史玉柱也从公众的视野中消失了。

"雄心勃勃的神秘客"

巨人解体后，史玉柱一夜之间身无分文，他惶惶然离开珠海这块伤心地，大江南北四处游荡，有一年还去了青藏高原，并突发奇想，去爬珠穆朗玛峰。结果爬到6000米处，他和三个同伴在冰川中迷了路，他的氧气也吸完了。眼看天要暗下来，非常恐怖，史玉柱对同伴说，你们走吧，我走不动了。好在同伴不愿丢下他，在50米远的地方找到一条路，总算死里逃生。这次珠峰探险，显然在史玉柱脑海里留下了深刻的印象。下山后，他辗转来到南京，并最终安定下来，决心重新开始。

巨人集团的覆灭，曾经在中国青年知识精英的心中造成了极大的伤害，以致3年后，史玉柱还收到一些不知名的大学生给他写来的信，询问他的现状，渴望看到他重新站起来。一位浙江大学的学弟在给他的信中写道，你必须站起来，你知道吗，你的倒下伤害了我们这代人的感情。

而一些当年刚出校门便投奔巨人、追随史玉柱南征北战的青年学子，对这位悲情人物却有另一番的直视。

2000年5月，互联网上突然出现一篇新闻专访，题为《南京街头雄心勃勃的神秘客》，访问的对象竟是"失踪"了将近3年的史玉柱。

他像出土文物一样地被挖掘了出来。此后，他又两度走进中央电视台的演播室接受访问，阔谈人生。

在接受记者采访时，史玉柱这样描述他的生活状况："我现在的办公室就是一个手提箱，我就拎着我的办公室四处去跑吧。""现在我到书店只买两种书，一是基因的书，再就是毛主席的书。一个政党也好，一个国家也好，一个企业也好，深层次上的问题是一样的。"

一位叫江红的青年在电视机前默默地看完了电视台主持人与史玉柱进行的冗长的访谈，这位当年史玉柱的老部下忍不住给《三联生活周刊》写了一篇短短的感想文章。他（她）说：

"今天在电视上见到了久违的史玉柱，他气色大好，看上去比当我们老板时还大气了一些，一个男人成熟的风度正在呈现，这也许跟他攀登了珠穆朗玛峰有关吧。他被当成一个失败的英雄仍被一些人用另一种心态崇拜着，我在感到可笑的同时，对人类博大而盲目的同情心和英雄崇拜的情结俯首无语。作为当年巨人指挥部的成员，被史玉柱发动的三大战役的硝烟熏过，近距离看过史总从狂妄到焦灼到崩溃的交替表情，我不可能再像中国广大的民众那样对此有多少神秘感和多余的敬意。见到中央电视台的'对话'主持人仍然对史玉柱以'天才'相称，不禁感到悲哀。毁掉史玉柱的正是他的'营销天才'……"

景仰与质疑，同情与厌恶，仍然不可调和地纠缠在这位曾经的偶像身上。就在中央电视台和江浙一些传媒上露了一两次面以后，史玉柱又"失踪"了。

与此同时，在2000年前后的中国保健品市场上，出现了一个十分怪异的热销产品——"脑白金"。"脑白金"不是一个商标，它是一种产品的通称，在中国市场主要由一家神秘的公司在出售这种商品。可是，它的出产地在哪里？它的商标是什么？它背后的企业家是谁？这些在寻常企业必定会大声宣扬的"要素"，在这家企业竟几乎都成了秘密。它只是投放大量的引证广告、名人推介广告，以直接推动"脑白金"的销售，这在中国乃至世界营销史上均是一个十分怪异和罕见的个例。种种迹象表明，它与史玉柱有着千丝万缕的关系。这对史玉柱而言是一个进步还是一种新的危机，至今还很难遽下定论，或许正如老部下江红所言："史玉柱过去是锋芒毕露的聪明，现在是内敛多了。"

巨人

大事记

1984年，史玉柱于浙江大学数学系毕业后，分配至安徽省统计局。后到深圳大学攻读软件科学硕士，毕业后即下海创业。

1989年，史玉柱推出桌面中文电脑软件M-6401，4个月后其营业收入即超过100万元。随后推出M-6402汉卡。

1991年，巨人公司成立，推出桌面中文电脑软件M-6403。

1992年，巨人总部从深圳迁往珠海。同年，巨人的汉卡销量一跃而居全国同类产品之首。史玉柱被评为"广东省十大优秀科技企业家"。中央领导人纷纷视察巨人。

1992年，38层的巨人大厦设计方案出台。后来这一方案因头脑发热等原因一改再改，从38层到54层，再到64层，后来又蹿升至70层。

1993年，巨人推出M-6405、中文笔记本电脑、中文手写电脑等多种产品。巨人成为位居四通之后的中国第二大民营高科技企业。下半年美国的王安电脑公司破产，史玉柱认为巨人需要新的产业支柱。

1994年初，巨人大厦一期工程动土。史玉柱在一次全体员工大会上直截了当地剖析了巨人集团的五大隐患，并明确提出巨人"二次创业"的构想。同月，巨人推出脑黄金，一炮打响。史玉柱当选为"中国十大改革风云人物"。

1995年5月18日，巨人在全国上百家主要的报纸上以整版广告的形式，一次性推出电脑、保健品、药品三大系列的30个新品，投放广告1亿元。不到半年，巨人集团的子公司从38家发展到了创纪录的228家，人员从200人骤增到2000人。同年，史玉柱被《福布斯》列为中国富豪第8位。

1995年7月，史玉柱宣布"创业整顿"。

1996年初，史玉柱开始从全面出击转为实施重点战役，全力推广减肥食品"巨不肥"。

1996年，巨人大厦资金告急，史玉柱被迫抽调保健品公司的流动资金来填补到巨人大厦的建设中。保健品方面因为巨人大厦"抽血"过量，加上管理不善，迅速盛极而衰。

1997年初，巨人大厦未按期完工，购楼花者纷纷上门要求退款，巨人与媒体的关系迅速恶化，媒体地毯式报道巨人财务危机。因巨人故意诋毁娃哈哈产品，在娃哈哈的强烈要求下，巨人被迫在杭州与娃哈哈一起召开联合新闻发布会，公开向娃哈哈道歉。这一道歉风波，成为巨人大滑坡的一次标志性事件。不久巨人大厦停工。巨人名存实亡。

1998年8月，史玉柱短暂出现，与四川希望集团总裁刘永行进行了一次关于多元化的对话。

2000年5月—7月，史玉柱突然出现并接受中央电视台采访，迅即又开始回避媒体。有报道指称，正旺销市场的神秘保健品"脑白金"与史玉柱有关。

后续故事

2000年之后，史玉柱的故事继续波澜壮阔。他自称是一个"著名的失败者"。在上海及江浙等地，他组建健特生物科技公司，带领巨人集团的原班人马重新创业，"脑白金"保健品畅销全国。2001年1月，史玉柱通过珠海士安公司收购巨人大厦楼花还债，引发"还债新闻"；同年底，他当选"2001年度中央电视台中国经济年度人物"。

2002年初，史玉柱推出维生素产品"黄金搭档"，并于1年之后，将黄金搭档生物科技公司75%的股权以12.4亿元人民币的价格出售给段永基领导的四通电子，史玉柱出任四通控股首席执行官（CEO）。2002年至2003年期间，上海健特生物科技公司先后成为华夏银行和民生银行的股东。

2004年11月，史玉柱成立征途公司，进入网络游戏产业。2006年10月，他宣称《征途》游戏单月赢利达到850万美元，排名网易之后列行业第2名。

2007年11月，巨人网络在纽约证券交易所上市，融资8.87亿美元。2008年7月，巨人网络斥资约5100万美元现金收购社交网站51.com的25%的股权。2009年12月，巨人网络在珠海投资成立南方研发总部基地，这是自12年前史玉柱败走珠海后的第一次正式回归。此外，史玉柱还与五粮液集团合作开发保健酒，与华谊兄弟合作投资3D电影，投资民生银行。2013年4月，史玉柱宣布因个人原因辞去CEO一职，同时继续保留其巨人网络公司董事会主席职务。

史玉柱的经营风格至今仍饱受争议,不过在投资战略上他却已变得非常谨慎。他常常提及步步高创办人段永平告诉他的一句话:"做企业就如同高台跳水,动作越少越安全。"2006年,他在接受访谈时说:"跟10年前、8年前相比,环境不一样了,现在很多人还没有明白过来,还认为这个老板能发现机会、能把握机会是本事。中国现在的机会太多了,你不用去找机会,机会都会找上门来。所有这些失败的企业都有一个共同的特点,就是没能抵挡住诱惑,战线拉得过长,以致最后出了问题。"

在微博时代,一向低调的史玉柱表现得有点活跃,他管自己叫"史大嘴巴"。2016年,史玉柱重回巨人,这被他自己称为"第四次创业"。第二年的6月,巨人网络借壳回归A股,在经历了股价巨幅波动之后,他计划用305亿元收购一家叫Playtika的互联网博彩游戏公司。

档案存底一

我的四大失误 /史玉柱

第一,盲目追求发展速度。巨人集团的产值目标可谓大矣:1995年10亿元,1996年50亿元,1997年100亿元。然而目标越大风险越大,如果不经过科学的分析论证,没有必要的组织保证,必然损失惨重。

第二,盲目追求多元化经营。巨人集团涉足了电脑业、房地产业、保健品业等,行业跨度太大,新进入的领域并非优势所在,却急于铺摊子,有限的资金被牢牢套死,巨人大厦导致的财务危机几乎拖垮了整个公司。巨人的主业——电脑业的技术创新一度停滞,却把精力和资金大量投入到自己不熟悉的领域,缺乏科学的市场调查,好大喜功,没有形成成熟的多元化管理的能力。

第三,"巨人"的决策机制难以适应企业的发展。巨人集团也设立董事会,但那是空的。我个人的股份占90%以上,具体数字自己也说不清,财务部门也算不清。其他几位老总都没有股份。因此在决策时,他们很少坚持自己的意见。由于他们没有股份,也无法干预我的决策。总裁办公会议可以影响我的决策，但拍板的事基本上都由我来定。现在回想起来，制约我决策的机制是不存在的。这种高度集中的决策机制，在创业初期充分体现了决策的高效率，但当企业规模越来越大、个人的综合素质还不全面时，缺乏一种集体决策的机制，特别是干预一个人的错误决策乏力，那么企业的运行就相当危险了。

第四，没有把主业的技术创新放在重要位置。从1989年的M-6401桌面排版印刷系统、1990年的M-6402文字处理软件系统，到1993年的巨人中文手写电脑、巨人软件等，这些都是当初巨人成就辉煌的关键。电脑业走入低谷以后，我忽视了技术创新这一"巨人"电脑的生命线，连续两年在业界表现平平，到1996年，"巨人"才推出了M-6407桌面排版系统。"巨人"二次创业的失利与此有很大关系。

档案存底二

史玉柱论民营企业的"13种死法"

2001年2月，史玉柱参加泰山产业研究院的一次新闻发布活动。他在发言中说："我粗粗地算了一下，要搞死一家民营企业，至少有13种方法。这里面还不包括出于企业内部的原因，比如说经营不善等。"

第一种死法是不正当竞争。"竞争对手如想整你，你在明处，他在暗处，很容易整死一家企业。诬告、打官司等破坏你声誉的方法很多。2000年秋天，全国有一半省会城市的人大、政协突然每天都能接到有关脑白金产品的投诉，这导致脑白金销售受阻。我们经过调查，发现原来是有些竞争对手在每个城市都雇了几个人，这几个人的主要工作就是写针对脑白金的投诉信。事情被发现后，投诉信随即就消失了。"

第二种死法是碰到恶意的"消费者"。史玉柱说他们曾碰到湖北有个人，身体某个地方骨质增生就埋怨厂家的产品有问题。

第三种死法是媒体的围剿。也许是对媒体至今还心有余悸的原因，史玉柱没有讲媒体在巨人当初倒下去时充当了什么角色，而是举了银行的例子："比如说媒体一旦围剿银行，银行运转再健康，它说你已经资不抵债了，储户只要去提钱，银行肯定完蛋。"

第四种死法是对产品的不客观报道。史玉柱认为，在药品和保健品领域里，任何一个产品都不可能100%有效，如果有70%~80%有效就比较好了，如果90%有效，产品就称得上优秀；"如果媒体只报道那10%无效的，产品马上完蛋"，这是因为，"在中国，说产品不好的时候，老百姓最容易相信"。

第五种死法是主管部门把企业搞死。"产品做大了，哪怕只有万分之一的不合格率，但被投诉到主管部门，就有可能整个产品的批文被吊销了。"还有各地主管部门的处罚。"比如说工商行政管理局，每年是有罚款任务的，到年底任务完不成，就只能找做得好的企业完成任务，因为这些企业有现金。"据史玉柱讲，2000年在某市，他们曾被一个工商行政管理所毫无理由地罚了50万元，不缴纳这50万元就不让他们在当地卖产品。所以，只好缴纳罚款。谁知刚过1个月，另外一个工商行政管理所也说任务没有完成，要求他们缴纳50万元。"我们只有忍气吞声，做企业的，尤其是做民营企业的，要想活的话只能低着头。"

第六种死法是法律制度上的弹性。"很多事，你这么说是件好事，但换一种说法很可能就是违法犯罪。再加上法律制度的不完善，使你不得不违规。比如，以前规定进口计算机必须要有批文，可是民营企业根本拿不到批文，你想做计算机只能花钱买批文。而按照有关规定，买批文是违法的，你要么不做，要做就要违法。其他行业同样存在很多这样相类似的情况。"

第七种死法是被骗。"有时候一个企业的资金被骗后会出现现金短缺，甚至整个企业会一蹶不振。尤其是对民营企业来说，法律的保护很有限。"

第八种死法是红眼病的威胁。"红眼病多，谣言就多。有关企业的谣言还算是好的，最怕就是关于产品的谣言，谣言一起，产品马上就卖不出去了。"

第九种是黑社会的敲诈。"企业做好了，就会有黑社会的敲诈，除非是特别大的企业。"史玉柱显然相信黑社会势力在民营企业发展过程中已无孔不入。

第十种死法是因得罪了某一官员，该官员利用手中的权力给企业发展制造障碍。

第十一种死法是"得罪了某一刁民也有可能把企业搞死，比如说他在产品中投毒"。

第十二种死法是遭遇造假。"假货越多，影响销量是一个方面，最关键是影响声誉。在江苏某地，有一个比较大的造假窝点，家家户户造假，去打假没用的，当地有地方主义保护。后来，我们请来外地的公安人员，当场查封价值几千万元的假产品及造假设备，人赃俱获。可结果呢，人家当地公安部门要求把人送回去，送回去就被放掉了，然后继续造假。"史玉柱无奈地说："现在，我们见到假货根本没办法，只好自己买回来。"

第十三种死法是企业家的自身安全问题。史玉柱说他自己收到过不少恐吓电话，而这样的电话在他一无所有的时候，从来就没有出现过。

案例研究

在中国乃至世界营销史上，2000年开始风靡全国的"脑白金"（以Mela-tonin即褪黑素为主料的保健食品）可算是一个十分怪异的案例。"脑白金"从来不在广告中突出它是哪家企业生产的，连它的商标也很少被提及，至于这家企业的法人、经营者更是一个不愿见光的谜，只是在包装盒上人们发现它是由"美国加州AGC公司研制·珠海康奇有限公司出品"的。据悉，珠海康奇有限公司系"脑白金"的创始者，也是该公司确定了"脑白金"的商品和技术概念。下面的文章是国内一些记者对这家神秘公司及其产品的探访实录。

破解"脑白金"之谜

"脑白金"：是神话还是陷阱？

在铺天盖地的广告宣传下，一种叫作"脑白金"的东西又来了。

跟以往所有夸夸其谈的保健品相比所不同的是，"脑白金"似乎更"霸道"，它自称"席卷全球"，并举例说美国前总统克林顿、美国国会议员甚至教皇保罗二世都在服用"脑白金"。

但是，人们总不免还会有一个疑问：这是真的吗？

寻找"脑白金"的源头

2000年5月16日，武汉市卫生局发出公告，称市场上只有珠海康奇有限公司生产的"脑白金"取得了卫生部颁发的《保健食品批准证书》，其批准证号为"卫食健字〔1997〕第723号"，其他以"脑白金"名义销售的保健食品，一经发现，从严查处。也就是说，目前只有珠海康奇有限公司生产的"脑白金"是"真品"。然而，为寻找该"真品"的生产地址，《深圳周刊》两位记者汪剑东、王渔却颇费了一番周折。

他们在"脑白金"的包装盒上看到了珠海康奇有限公司的地址：珠海市香洲区南坑工业区九栋。正当他们欲前往核实地址的真实性时，《中华工商时报》济南站的记者来电称，在济南亚细亚药业有限公司诉珠海康奇有限公司经营"脑白金"涉嫌不正当竞争一案中，济南市中级人民法院按该地址送达诉状，竟找不到这家企业。

这两位随即电话采访了济南市中级人民法院知识产权庭负责审理该案的商姓法官，他进一步证实了以上说法，并称该地址确实存在，但没有找到人，也没有珠海康奇有限公司的标志。

脑白金广告

终于，在5月10日的江苏某商报上，两位记者找到了答案。该报一版有一个不太显眼的短消息，说珠海康奇有限公司的"脑白金"，实际是产自江苏武进市一家食品厂，珠海康奇有限公司因此涉及"伪造产品产地"，被无锡市工商行政管理局处以40余万元的罚款。

原来，珠海康奇有限公司的"脑白金"出自江苏武进。

6月28日，《深圳周刊》记者赴江苏武进市进行采访。经过多方查询得知，武进市戴溪镇一家名为"天龙"的食品厂生产"脑白金"，该厂生产"脑白金"是接受了珠海康奇有限公司的委托进行加工的。

"误闯"巨人集团

《粤港信息日报》的记者在2000年2月初追踪"脑黄金"与"脑白金"的关系时，按脑白金包装上的地址寻找珠海康奇有限公司，却找到了巨人集团公司的总部。该报记者进入巨人集团总部，摸到四楼，四五间办公室部分亮着灯，有位小姐在里头接听电话，记者迎面撞上的是一个中年男子。记者自称是来找珠海康奇有限公司做"脑白金"生意的，问他是不是珠海康奇有限公司的。中年男子立刻说："我是巨人的，我在这里值班，这里不是珠海康奇有限公司。"但记者跟着他走进办公室时，一眼就看到墙上贴着"珠海康奇有限公司通讯录"，巨人集团某负责人的名字就出现在这份通讯录里。记者问：不是珠海康奇有限公司怎么会有这份通讯录在这里？对方一直未作解释，并试图阻拦记者抄录通讯录。

珠海康奇有限公司在工商行政管理局注册的法定代表人是"张玉生"，与1996年巨人集团的总裁助理是同样的名字。这位总裁助理"张玉生"1991年就进入巨人集团，现年41岁，目前仍担任巨人房产开发公司的法定代表人。巨人房产开发公司成立于1994年，当时的法定代表人是史玉柱。1996年12月，变更法定代表人，巨人集团任命当时的总裁助理张玉生担任巨人房产开发公司的法定代表人。虽然目前还无法确认珠海康奇有限公司的张玉生就是巨人房产开发公司的张玉生，但这绝不是一般的"巧合"。

那么，巨人集团是否表示过要搞"脑白金"呢？

根据《南方周末》的报道，1998年8月1日，史玉柱和希望集团老总刘永行在广州华泰宾馆有过这么一段"对话"。

刘永行问史玉柱："您现在做什么？"

史玉柱回答："主要还是做保健品。我们开发了一个新产品"脑白金"，去年批下来，年初试销的效果还不错。"

根据珠海康奇有限公司对"脑白金"做的宣传及武汉市卫生局的公告，到目前为止只有珠海康奇有限公司生产的"脑白金"得到了国家的批准，这是否就是史玉柱所言的"脑白金"呢？

史玉柱同时还对刘永行说，他现在重新注册了一家公司，与巨人集团全面脱钩。同期采访过史玉柱的原《南风窗》记者周汉民向媒体证实：史玉柱所说的重新注册的公司就是珠海康奇有限公司。

"脑白金"是什么？

珠海康奇有限公司有关"脑白金"的诸多宣传材料中，对"脑白金"的阐释充满了"科学"的味道："人脑由大脑、小脑、脑干、脑垂体和'脑白金体'组成。以前人们以为脑垂体是人脑的核心，20多年前科学家们才发现人脑的核心是位于大脑正中央仅有黄豆粒大小的'脑白金体'。""'脑白金体'分泌出来的物质为'脑白金'，它是'脑白金体'的信息传递者，为人体机能的最高主宰，人寿去留的统帅。""随着年龄的增长以及现代生活中紧张的生活节奏和工作压力等的影响，'脑白金'的分泌减少，使人体各组织、器官的正常运作受到干扰，并随之产生各种病症。"

这些是有关"脑白金"的宣传中最具代表性的语句，它们被分解成多个版本四处播散。几乎令普通读者难以怀疑"脑白金体"的存在以及"脑白金"的重要性，因为这是人体"生理结构和机理"决定的，是深奥的"医学解释"。

然而，真正的"医学解释"又是怎样的呢？

据资料记载，1983年，爱尔金氏在脊椎动物的间脑顶部发现了一个松子大小的腺体，称其为"松果体"。松果体分泌褪黑素（Melatonin），中文译成"眠纳多宁"或"美乐通宁"。美国的衰老研究专家们发现褪黑素在改善睡眠方面有一定的功效，因此，美国、欧洲、日本等地先后掀起了服用褪黑素的风潮。国内自1994年开始对褪黑素的生产工艺进行研究，其中以安徽医科大学临床药理研究所的研究最为详尽。1996年，研究获得成功，并取得了比国外纯度还高的产品，但任何研究人员都未称其为"脑白金"。到目前为止，获我国卫生部批准的"卫食健字""卫进食健字"的褪黑素类产品共63个，"脑白金"和松果体素、美乐健、康麦斯美宁等并列其中。

根据"脑白金"的成分标注，珠海康奇有限公司所称的"脑白金体"实际上就是松果体。一位医学教授称，从生理解剖学上说，人体内根本没有什么"脑白金体"，而只有松果体。那么，珠海康奇有限公司为什么要把松果体称作"脑白金体"呢？济南亚细亚药业有限公司总经理助理陈强认为，珠海康奇有限公司利用外文音译给中国人造成概念上的混淆，以"偷换概念"的方式让中国消费者误以为人体中有"脑白金体"，它能分泌"脑白金"，珠海康奇有限公司生产的是"脑白金"，而其他公司生产的只是褪黑素而已。

珠海康奇有限公司的"脑白金"是什么？

退一步说，如果"脑白金"是褪黑素的"俗称"的话，便又有一个问题浮了出来——珠海康奇有限公司的"脑白金"以其胶囊和口服液的复合体使人难以分清到底哪个是"脑白金"。

珠海康奇有限公司"脑白金"的配料表是：

胶囊：Melatonin（褪黑素）、淀粉。

口服液：低聚糖、山楂、茯苓、水。

在珠海康奇有限公司"脑白金"的宣传材料中，一直被反复提出的一个说法是："国家主管部门批准的真正'脑白金'是由胶囊和口服液组成的。"

但按它自己对"脑白金"是由人脑中的"脑白金体"分泌的物质的阐释，以及上述说法，人脑中的"脑白金体"似乎还能分泌山楂、茯苓等中草药物质。这显然是违背起码的科学规律的。

排除了人脑分泌"山楂、茯苓"的可能性之后，珠海康奇有限公司所称的"脑白金"无非也就是褪黑素而已。

一本鼓吹"脑白金"的书

在市场上曾经有一本叫作《"脑白金"席卷全球》的小册子，随同珠海康奇有限公司的"脑白金"产品赠送。这本由维虹著、岭南美术出版社出版的书，站在"人类的一次重大发现""划时代的神奇物质"角度，大肆鼓吹"脑白金"的"神奇功效"。

比如：

"脑白金"控制着人体的免疫系统……当发现外界侵入病毒或出现癌细胞时，"脑白金"迅速指挥免疫系统杀死外来之敌和内疾；

老年人在长期服用"脑白金"之后……返老还童就可以实现；

"脑白金"给女人以根本、永久的美丽；

一位服用"脑白金"的老人110岁才去世，并在100岁时生了一个胖娃娃；

"脑白金"的唯一"不足"就是有可能导致社会性犯罪的增加，而且性犯罪的年龄也会增大，因为一个长期服用"脑白金"的老年人，其性能力与年轻人几乎没有差别……

由于以上个案依作者所说均"发生"在美国，记者很难考证其真实性，但幸好有一章节论及中国，说江苏省江阴市澄江镇城南街道办事处的11位老人正在服用"脑白金",且效果显著。为探明真相,汪剑东等记者前去调查。一位姓徐的工作人员说这个事她不清楚,表示无可奉告。她还说,有好多人打来电话问这事。

是保健食品还是药品?

珠海康奇有限公司在卫生部申请"脑白金"的批准证号是"卫食健字〔1997〕第723号",也就是说,"脑白金"属于保健食品。保健食品是指具有特定保健功能,适宜于特定人群,具有调节机体功能,不以治疗疾病为目的的食品。根据《食品广告发布暂行规定》第七条、第十条规定:"食品广告不得出现与药品相混淆的用语,不得直接或者间接地宣传治疗作用,也不得借助宣传某些成分的作用明示或者暗示该食品的治疗作用。""保健食品的广告内容应当以国务院卫生行政部门批准的说明书和标签为准,不得任意扩大范围。"

据1999年12月22日上海的一家晚报报道:珠海康奇有限公司出品的"脑白金"年轻态健康品,卫生部核准的保健功能为:改善睡眠、润肠通便。而产品说明书却称其具有"保护细胞、增强免疫力、延缓衰老、帮助睡眠、美容"等保健功能。"脑白金"在某报中宣称,"脑白金"也有缺点:补充"脑白金"后,补充者夜间的春梦明显增多,如果其爱人得知梦中情人不是自己,"脑白金"就自然成为家庭和睦的杀手。而这些资料均来源于美国有关部门设置的网站www.melatonin.com。记者经过查证,发现在"'脑白金'能增强性能力吗"的前面有一句限制——"没有任何证据能够证明对人类有这样的作用",但被"脑白金"厂家删去了。

显然,"脑白金"在有意识地混淆保健食品与药品的界限,夸大"脑白金"的功效,而这将以消费者的健康为代价,让患者延误服用有确定疗效的药品。

"脑白金"是否经过FDA认定?

在珠海康奇有限公司的"脑白金"的包装内页说明书上,有这样一段文字:"世界权威的《新闻周刊》报道,美国联邦食品药物管理局(FDA)认定脑白金全无毒副作用,美国有5000万人服用,但FDA仅接到4个人投诉。美国有1400名妇女服用高剂量(常人的25倍)的'脑白金'已有4年,无一例出现毒副作用。"

那么，"脑白金"真的一点副作用也没有吗？在美国，标明的褪黑素的功效只有"有助于睡眠"这一条，即使是这一条，也要用小字注明"未获FDA证实"。美国的www.melatonin.com在作功效宣传之前有声明：本网站中的相关信息没有经过厂商复查和核准，病人应该遵循内科医生的指导而不要完全相信这里的陈述，本网站对信息的准确性不负责。国内某些人在翻译褪黑素功效时，故意将"值得关注的是它的高用量，虽然不会马上出现害处，但从长远看可能有未知的（副作用）"这句话删去，良苦用心，可见一斑。

对褪黑素副作用的解释，美国马里兰大学药物信息服务中心提供的答复则非常明确："褪黑素的研究仍然处于早期发展阶段，我们还不能确定服用这种激素会有哪些可能的副作用和代谢效果。有些文章宣称它有辅助睡眠的功效，但对其副作用的细节没有任何资料说明。"

"在美国，褪黑素不由FDA管理。因此，出售的产品质量没有保证。"

这些信息从未出现在任何国产"脑白金"的宣传材料中，倒是一些记者在一种K-MAX（中文名为康麦斯）的进口褪黑素包装上发现过这样一条警示语：关于褪黑素的说法未经FDA认定。

珠海康奇有限公司的"'脑白金'经过FDA认定"等种种说法，不知从何处得来。

（根据《深圳周刊》《南风窗》《粤港信息日报》等媒体的报道概括）

八方说词

股票代码为000009的深圳宝安集团是深圳证券交易所一家老牌的上市公司。宝安从1990年开始大肆涉足多项产业，企业规模一度以翻番的速度膨胀。然而到1997年初，宝安终于不堪重负，不得不断臂求生，公开宣布一项出人意料的董事会决议：宝安将与下属54家子公司脱离关系。据称，宝安家族最为兴旺的时候，常常发生兄弟公司互设商业圈套、母公司向子公司送礼行贿等新闻，一旦上了公堂或攀起渊源来，才发现"打错了"。

宝安"断腕新闻"曝光的同时，正值巨人危机爆发，经济理论界敏感地将两个事件联系在一起考察。当时，有四位中青年经济学家进行了一次命题为

"十字路口的民营企业"的对话。在这次对话中，"多元化的陷阱"第一次被认真地提了出来。

多元化是个"陷阱"吗？

樊纲：任何企业都面临一个由小到大的问题。大了以后怎么发展，基本的路子有两条：一条是多元化，一条是专业化。有搞多元化搞成功的集团企业，但能长期生存下去的比较少。中国过去十几年的经济发展有其特殊性，即市场空白多，有了资本，投到哪儿都能占那么一块发展起来，因此前些年就出现了很多搞多元化经营的企业，产生了跟风效应。从市场经济长期发展来看，这不是一种典型意义的道路，不是大多数企业能够成功的路子。因为市场竞争一定是专业化竞争，经济学开山鼻祖亚当·斯密第一个讲到的就是分工，讲专业化如何促进发展。国际上许多大企业几百年来都是在一个领域里折腾，使之成为自己的强项，站稳了脚跟后才涉足其他领域。在一个方面当龙头老大比在10个方面当"凤尾"要强得多。企业"做小"与"做大"很不一样。现在很多民营企业还是抱着机会主义的态度，对一夜暴发式的增长很迷恋，这是一个通病。过去百分之几百的增长率是可能的，那是市场发育初期。现在市场变得拥挤，竞争日趋激烈。因此，要走一条踏实路线，追求正常的平均利润率，每年如果有20%~30%的增长率已经相当不错了，接下来的事情是搞积累，搞开发。要在专业化上下足功夫，不要整天想着出奇制胜"再创辉煌"——"做大"之后的战略要变，民营企业都面临这个问题。

钟朋荣：有一本书叫《二十四条商规》，专门总结国际上大集团公司的经营经验教训，其中一条是"千万不要轻易去搞新的行业"。现在中国有些民营企业发展很快，企业领导者头脑发热，以为无所不能，却弄得"赔了夫人又折兵"。本来搞多元化是要分散风险的，到头来反而加大了风险，品牌扩散，企业弱化，甚至出现致命危机。

刘伟：中国民营企业的生存领域一直不是规范的产业，只能称作"亚产业"，也就是容易进去，也容易解体、转型。现在民营企业搞多元化几乎成了一种风向，从产业发展看这是个"大陷阱"。种种原因造成的壁垒，使得民营企业难以介入制造业、金融业、农业等产业求发展。它们只能在这些产业之外的边缘领域寻找生存空间。"亚产业"更依赖科技进步，虽然机会较多，但缺乏稳定性和成熟的发展。中国的民营企业现在无论在技术、资金、市场上都没有能力驾驭"多元化"这匹野马，它们应该在自己的主打产业上多下功夫，搞纵深开拓，这才是一种长期战略。如果一口气搞"短平快"，无异于饮鸩止渴，不利于民营企业的发展。

魏杰：多元化经营是要有前提的：一是企业的主业发展已经到了一个非常高的程度，市场占有率、技术水平、管理水平都无懈可击，产业的发展余地到顶了，剩余资本还有一大坨；二是进入的领域必是优势所在。这两者缺一不可。现在一些民营企业主业还未搞好，就急着铺摊子，借了钱往里扔，结果统统被套死，是企业自己把多元化变成了一个大陷阱。

爱多

『青春期』的『错觉』

总以为，只要努力就会有回报；

总以为，风雨过后必定有满天彩虹；

总以为，少年英雄注定了拥有明天的太阳；

岂不知，有时候这竟是『青春期』的『错觉』。

在一张稍小一点的中国地图上，要找到广东省中山市不是一件很容易的事。这里地处珠江西岸，自古地少人稀，流民不绝，只因百年之前诞生了中国革命的先行者孙中山先生才有了点名气。可是，在过去的20年里，这里却成了中国新兴企业的摇篮之一，威力、乐百氏、小霸王、金正、帝禾这些显赫的品牌与一大群年龄不过30岁上下的少年英雄先后从这里呼啸而起。这其中也包括著名家电品牌爱多。

少年英雄出中山

1994年底，时任中国最大的学习机制造企业小霸王公司总经理的段永平听说中山东升镇一家路边小厂在生产假冒的小霸王学习机，立即派人上门打假。当打假人员闯进工厂的时候，被一位从三楼冲下来的瘦瘦高高的青年一把拦住，他瞪着一双血红的眼睛，神情像是要吃人。

事后证明，这家叫升达的小厂似乎是被冤枉的，他们的学习机软件与小霸王惊人的相似，却不是他们自己开发的，而是从另一家公司买来的。这位20多岁的瘦高个青年名叫胡志标，这家小厂便是他和一位叫陈天南的儿时玩伴各出2000元办起来的。段永平听过打假人员的汇报后，一摆手再没追究这事，当然也没记住那个很平常的小厂厂长的名字。他万万想不到，此人竟会在3年后坐在北京梅地亚中心与他一掷亿元拼夺"标王"。

跟浙江大学无线电系科班毕业的
段永平相比，农民出身的胡志标实在
要"卑微"得多了。他没有读过几年
书，很早就出来"跑码头"。他对家电
有一种天然的爱好，从小就以组装半
导体为乐，又不知从哪里弄到一本松
下幸之助的自传，竟梦想着要当"中
国的松下幸之助"。

小霸王的上门打假让胡志标深感
窝囊，他知道自己在诸侯林立的学习

胡志标

机市场上已难有插旗之地，要出头，必须找到一块别人还没有发现的
空间。就有那么一天，在东升镇上的一间小饭馆里，他突然听到了一
个消息：有一种叫"数字压缩芯片"的技术正流入中国，用它生产出
的播放机叫VCD，用来看盗版碟片比正流行的LD好过百倍，这个东西
一定会卖疯。

就这几句话，在瞬间改变了胡志标的一生。他当即赴香港，跑上
海，招兵买马开发VCD。1995年6月，样机开发成功；7月20日，胡志
标26岁生日那天，新公司成立。那时张学友的《每天爱你多一些》刚
刚登上流行歌曲的排行榜，爱唱卡拉OK的胡志标说，"就是它了，爱
多"。10月，"真心实意，爱多VCD"的广告便在当地电视台上像模
像样地播出来了。11月，胡志标把火力瞄准了大广州，在"寸土寸
金"的《羊城晚报》上，他连续4天包了报纸1/2的通栏。第一天，他
登了两个字"爱多……"；第二天、第三天，还是这两个字；第四天，
谜底出来了——"爱多VCD"。据说，这是国内第一条悬念广告。也是
在这个月，胡志标把他千辛万苦贷到的几百万元钱除留下一部分买原
材料外，剩下的一股脑儿投进了中央电视台，买下体育新闻前的5秒

标版，这也是中央电视台的第一条VCD广告。

那是一个阳光灿烂的创业岁月，尽管工厂破烂得让人难以立足，尽管很多道工艺还是手工作业，尽管每个人都不知道成功离自己还有多远，可是，他们知道明天太阳一定会升起。因为他们知道出厂价为2200元的爱多VCD，每台的利润就有700元到800元，只要卖得出去，他们就个个都是百万富翁。

6个月后，在广东市场刚刚找到一块立足之地，胡志标就买了张中国地图挂在墙上，他要把红旗插遍全中国。这是珠江三角洲的少年英雄们的超人之处，跟敛财有方的江浙企业家善打"三北市场"不同，广东人尽管地处岭南一隅，可是从来都把产品和品牌的推广目标定位为"全中国"和"大城市"。正是因为这个原因，在近20年间，广东诞生了最多的全国性品牌。

第一批随胡志标出征的业务员可谓千奇百怪，其中有卖咸鱼的，有卖雪糕的，有卖假肢的，有卖水泥的，还有刚刚卖完三株口服液的，唯独没有卖过家电的。可是，也可能正是这一缺憾让他们百无禁忌，各出奇招。由于资金的极度缺乏，胡志标卖VCD走的是最"霸道"的一步棋，就是要求所有的经销商都"现款现货，款到发货"。这在别人看来几乎是"不可能的事"，然而胡志标和他的属下每到一地，就缠住人家谈理想，谈爱多的明天，谈VCD的广阔前景，让大家去看中央电视台的爱多广告，再加上近乎暴利的批零差价，硬是让一家家比泥鳅还滑的经销商乖乖地拿出预付款来。胡志标全国一圈跑下来，竟带回了2000万元的预付款。

据说，当时山东一家最大的空调经销商也被胡志标天花乱坠的宣传说动了心，掏出钱来预订了爱多的货。一年多后他跑到中山一看，揪住胡志标的衣领恶狠狠地嚷道："就你这么个破小厂，还敢跟我谈现款现货!"不过，那时爱多已经让他赚了个盆满钵满。

阳光行动A计划

胡志标的初战告捷，日后有很多人说是偶然和侥幸，可是细细分析却不尽然。与一般企业谨小慎微、步步为营的阵地战术不同，胡志标首先是看好了VCD市场的广阔前景，然后是先"造势"后"聚气"，以大势逼气，以巨利诱人，得以在最短的时间内一举轰开全国市场，其草莽风格中实在有耐人咀嚼的营销真谛。这种大气磅礴、俯冲式的推广战略对一些市场潜能巨大、批零利润较高的新产品推广而言，是很有可以借鉴的地方的。其实，在数年后的PDA（掌上电脑）市场上，商务通等公司亦采用这一策略而一战取胜。

不过，爱多在市场进入平稳期、企业完成原始积累之后，依然采用这种造势聚气的方式，则大有值得商榷的地方了。厂家与经销商的关系始终处在一种很紧张的状态中，时间一长久或市场稍有动荡，就可能造成彼此关系的恶化，诱发出一些意料之外的风波。自然这是后话。

1996年夏天，胡志标攻下上海市场，完成了第一轮全国推广运动。这时，VCD的商品概念已越来越为消费者所接受，一些中小企业纷纷起而进入，胡志标抬头一看，竟发现转瞬间华山之巅已遥遥在望。于是，他开始考虑起品牌经营的大事。爱多的很多属下日后谈到这位年轻老板时，最为钦佩的一点是，胡志标的市场直觉无人能比，他往往能在最短的时间里用最简捷的方式找到问题的症结所在。说到玄而又玄的品牌战略，胡志标说要快速完成的关键只有两个，一是找最有名的人拍广告，二是找最强势的媒体播出这条广告。

于是，爱多找到了成龙。成龙开价450万元，几乎是爱多一年的全部利润，胡志标一咬牙，干了。很快，一条由成龙生龙活虎地表演的广告片拍出来了，广告词也十分简洁干脆："爱多VCD，好功夫!"

揣着这条广告片和8000多万元经销商的预付款，这年的11月8日，胡志标走进了中央电视台梅地亚中心。那一年的标王之争还是山东酒英雄们的天下，上一年因加冕标王而名闻全国的秦池酒以3.2亿元的天价再掀惊涛骇浪，也为自己唱响了挽歌的序曲。在豪杰满堂的群英会上，胡志标是最年轻和最陌生的一张面孔，跟他相隔两排便坐着当年跑到他的工厂上门打假、继而又从小霸王出走自创步步高品牌的段永平。段永平是学习机的先行者、VCD的后来者。就在爱多成立后的1个月，段永平因股权困扰出走小霸王，在与中山一河之隔的东莞创办步步高，生产学生电脑和无绳电话。当他看到胡志标在VCD市场叱咤风云的时候，也迅速跟进抢夺份额。在随后的两三年里，步步高与爱多的竞争构成广东新兴企业的一段战国演义。段永平在产品开发的理念上与娃哈哈的宗庆后十分相似，均是"敢为人后，后中争先"，往往在市场培育期完成之后才以强势姿态来抢夺成果。即使在VCD电视广告上，段永平也大胆地亦步亦趋，聘请与成龙极其相近的李连杰担当形象代言人，连广告词也跟描红似的："步步高VCD，真功夫！"值得一提的是，步步高组建之初吸纳了台湾著名电脑公司宏碁19%的股份，这使得企业的持续技术开发能力要比完全是草莽起家、靠购买芯片组装的爱多更胜一筹。

在梅地亚中心的当日竞标中，爱多以8200万元争得中央电视台天气预报后的一个5秒标版，夺得电子类第1名，步步高以8012万元紧随其后。尽管当时爱多和步步高的光芒被疯狂了的秦池所掩盖，可是敏锐的人们还是预感到了一个新时代——VCD时代的到来。

第一次参加投标便高居电子类第1名，这一新闻使得刚过周岁的爱多一跃而跻身国内知名家电品牌的行列。嗅到暴利气息的国内经销商趋之若鹜，纷纷往中山东升镇跑。胡志标认为这是供求角色转变的大好时机，于是提出每个爱多产品的代理商必须缴纳300万元至1000万元的保证金，其代理地区分成了三类：北京、上海、广州为一类，保证金1000万元；成都、沈阳、南京、杭州等区域中心城市为二类，保证金500万元；其余为三类，保证金300万元。仅此一招，爱多竟"无偿"集得资金2亿元，在别的企业为融资苦苦奔波的时候，胡志标却创造了一个"市场制胜"的经典案例。当然，这种高额保证金的运转是建立在产品持续畅销的前提下的，它的后遗症也是十分明显的。所谓"福兮祸倚"，就如同一家银行吸纳资金越多，一旦发生挤兑，危机也就越大。爱多日后的覆灭也可以说正是在此时埋下了祸根。

然而，这些潜在的危机毕竟离胡志标还很遥远。此刻，他日思夜想的是如何发动新的市场攻势，成就一统江湖的VCD霸业。当时，随着爱多的崛起，国内在一夜间冒出了上百家VCD制造工厂，纷纷攘攘地来分一杯羹，胡志标要将它们消灭在萌芽状态。于是，就在梅地亚中心中标后的1个月后，爱多突然宣布大降价，将VCD的价格首次拉下2000元大关，定价为1997元，胡志标的新闻传播机器则将此与即将到来的新年和"香港回归"巧妙地联系起来进行炒作。

到了次年春节前后，胡志标再次让那些还没有从"1997旋风"中缓过神来的同行瞠目结舌，他第二次实施"降价突袭"，将价格普遍拉下400元到500元，最便宜的型号只售1280元。其后，随着新科、万利达等老牌厂家相继加入竞争，VCD市场硝烟滚滚，在短短半年内价格降幅超过40%。这个被称为"阳光行动A计划"的降价狂潮，彻底击溃了业界的暴利防线，

硝烟弥漫的价格战

爱多的市场份额迅速上升，首度超过万利达而成为行业老二，知名度更是跃居第一，一举树立了行业领袖的品牌形象。由此，随着价格的合理回归，全国VCD市场的热销闸门被一炮轰开，当年度全国VCD销售量猛增至1000万台，让所有国内外的家电行家大大跌了一回眼镜。

在20世纪90年代的国际市场，VCD被认为是一种行将淘汰的技术和产业，荷兰飞利浦、日本索尼等跨国家电巨头也曾考虑在中国推出VCD，然而它们各自做出的市场调查结果都表明，中国的消费者对这一产品可能无法接受，因而纷纷放弃了这一计划。它们的调查人员没有考虑到的是，畸形繁荣的盗版市场竟会这么快地催熟了质佳价廉的VCD市场。随着爱多等年轻企业的壮大，VCD行业也成为家电领域唯一由中国品牌一统天下的黄金之地。连美国微软公司的比尔·盖茨也对中国VCD产业的做大颇表赞叹，并亲自飞到深圳搞了一个"微软版的VCD"——机顶盒"维纳斯计划"。

1997年，爱多的销售额从前一年的2亿元一跃而骤增至16亿元，赫然出现在中国电子企业50强的排行榜上。这年底，胡志标赴荷兰飞利浦公司总部考察，飞利浦这位百年巨人以"私人飞机加红地毯"的最高规格接待了来自中国的年轻人。据称，飞利浦从来只对两类人给予这样的礼遇，一是国家元首，一是公司最重要的客户。当时业界对胡志标的厚望由此可见一斑。

当标王的感觉真好

1997年就这样在一片高昂的羌笛笙歌中即将走过。两年多前出了东升镇便没几个人识得的胡志标如今已是名扬天下了，他一定没有想到在中国打出一方天地竟是如探囊取物一样的容易。"是英雄莫问出处"，他隐隐感到自己离那个一向仰视的日本老头松下幸之助也越来越近了。

他第二次走进了北京梅地亚中心。1年前，他差点因忘了戴胸牌而被拦在门外，如今，这里的人见到他就如同见到了财神爷一样绽开笑脸。中央电视台设宴请客，他很显赫地坐在第一张圆桌，踌躇满志，而1年前的那些酒大王们则被安排在角落的不显眼处，成败转瞬，江湖势利，其间况味他是无暇咀嚼的了。他决心在这个"华山之巅"负手独立，笑傲群雄。有记者采访他，问他此番对标王是否志在必得。他神闲气定地说："夺不夺标，你看我的名字就知道了。"他是一个不太有幽默感的人，能说出这样风趣的话，看来实在是心情不错。

他唯一的对手此刻正坐在两排后的斜对角，那同样是一个沉默寡言的人。几年前他还派人到胡志标的工厂打假，现在他竟不惜屈尊跟在爱多后面生产起VCD来，连广告也学得惟妙惟肖。这是一个个性坚毅、善于后发制人的绝代高手。胡志标对"标王"的志在必得在很大程度上也是为了对付这位危险的对手，"爱多不当标王可以，唯一的前提是步步高也没当上"。

11月8日上午10点20分，随着中国第一拍卖师林一平的一声槌响，"标王"争霸战陡然开幕。中央电视台新闻联播后5秒黄金标版广告，开价8000万元，每举牌一次上涨200万元。

"1.80亿元。"第一个应价就把绝大多数的竞争对手抛在了圈外，果然是步步高的段永平，他举着001的牌号。

"1.82亿元。"有人应了一声。"1.86亿元。"段永平不假思索地挡了回去。

会场开始燥热起来，连拍卖师也带头鼓掌，扛着摄像机的记者四处乱窜，胡志标觉得是该出手的时候了："1.98亿元。"

"2亿元。"段永平找到了真正的对手。场内有人偷偷笑道："这回要看看'真功夫'是不是敌得过'好功夫'了。"

"2.1亿元。"

全场的目光都聚焦到了段永平的脸上,那是一张不动声色、喜怒无痕的脸。连喊3遍,无人应答,林一平一锤定音,胡志标应声而起。整个角斗过程,不到3分钟。

独立寒秋,看大江东去,环顾宇内,试问天下谁是英雄,当标王的感觉真好。当胡志标踌躇满志地步出梅地亚中心大厅的时候,突然发现了正徘徊门外、落魄的前任标王秦池的姬长孔。寒暄未几,姬大王深有感慨地提醒胡少帅:"年轻人,面对记者,你千万不要透露你的产值和利税,不能透露你企业的数字,否则他们会按他们的方式给你算账,然后评头论足。"

新标王淡然一笑。就在他夺标的这两天,爱多的三碟机已跃居全国销量第一,市场占有率达到空前的32.1%,他的营销策划方案上了名牌大学的教学案例库,在中山的仓库前还刚刚有人为抢货打破了头。爱多的数字每天都像核裂变一样地在膨胀。胡志标想说的是:连我自己都算不清,何况那些记者。

身为标王,胡志标当然要拿出一些新的招数来。他投资1000万元的天价,聘请成龙和张艺谋两位顶尖巨星拍摄了一条新的爱多形象片。据称,这是继太阳神的"雄狮觉醒篇"后,又一条最具理想主义色彩的广告片:在空旷的郊野上,在滂沱的大雨中,成龙带着一群人向前奔跑,人群中一个孩子突然摔倒了,所有的人都为之停下,成龙将浑身泥浆的孩子扶起来,一如既往地在雨中奔跑……《真心英雄》的旋律在大雨中荡气回肠:

成龙和他手上的"标王",是爱多的两大"法宝"

"不经历风雨，怎么见彩虹，没有人能随随便便成功——我们一直在努力——爱多VCD。"

一支充满了浪漫和理想的"青年近卫军"从芸芸众生中脱颖而出，一路高歌猛进。

与这条广告相配套，又有一个更为大胆和辉煌的市场拓展方案激动着胡志标。这时的爱多公司，已经聚集起了一大批青年知识精英。他们绝大多数是名牌大学出身，来爱多前，他们有的在中央部委工作，有的在知名传媒当记者，有的是小有成就的律师，有的在跨国企业担任高级管理职员，还有的则来自国内最著名的工业企业。跟几年前那些卖假肢、卖咸鱼出身的草莽汉们比起来，胡志标的帐下已全部换了新面孔，可谓猛将如云。胡志标尽管出身卑微，但是他对人才的渴望是十分强烈的，为了从香港一家企业挖到一位管理人才，他开出过150万元年薪的高价。而这些青年精英尽管年龄都比胡志标要大，学历更是高出不少，但对他的营销天才都极为钦佩，甘愿为爱多酣战打拼。

随着爱多的超常规成长，如何巩固已有的市场份额、寻找新的增长空间成了一个摆在胡志标和他的青年精英们面前的大课题，对此，他们可以说是同样的陌生。于是，循着当初横砍猛杀打天下的思路，掺入从营销教材中抄袭下来的市场新理念，再加上妙笔生花般的文字渲染，一个庞大而激动人心的"阳光行动B计划"出笼了。

爱多公司在一份发给国内媒体的宣传通稿中这样表达这个B计划：

"阳光行动B计划"是爱多电器有限公司在一种新的经营理念指导下，充分运用包括价格优惠服务在内的各种营销手段，为消费者提供更加全面系统的服务。其核心内容是增值服务，即通过"阳光行动B计划"，使消费者购买爱多产品的一次性消费支出转化为消费投资，并通过秉承"我们一直在努力"的信念去构筑企业与消费者的利益共同体，从而使爱多公司由产品经营提升为包含服务在内的经营。

"阳光行动B计划"的增值服务方案有以下三方面内容：

一是立即实现的增值：自1997年11月1日起，爱多公司以更有竞争力的价格为消费者提供更好的产品，全面调低价格，最高降幅达500元。

二是即将实现的增值：爱多公司将建立"爱多阳光服务网络"，自1998年开始，陆续向广大爱多VCD产品用户推出三大系列服务工程：

"金碟工程"：爱多电器有限公司将分春、夏、秋、冬四季送出最新的影视碟片，让爱多VCD的用户时刻把握世界影音的动态，获得超值享受。

"宝典工程"："爱多阳光服务网"的用户每两个月将得到一份爱多公司赠送的精美影视资料。

"千店工程"：1998年爱多公司将在全国组织上千家影音制品商店为"爱多阳光服务网"用户提供优惠打折服务，节省爱多用户在购买软件时的支出。

三是持续不断的增值：爱多人本着"我们一直在努力"的执着信念，还将持续不断地创造服务契机，为爱多用户提供更多的实惠和尊荣。

爱多公司认为，"阳光行动B计划"将逐步改变"消费就是支出"的传统观念，实现由消费支出到消费投资的转变，并使其得以增值。在这一经营模式下，消费者将获得更多更长远的实惠，爱多公司也将因此变得更具竞争力。

这是一份充斥着新名词和新理念的美丽的计划，这也是20世纪90年代中国策划人给出的最具雄心的市场策划案之一。可是，从市场的实际运作来看，"B计划"却是一份根本就不可能实现的计划。完成这一工程的投资起码在2亿元以上，其中又涉及音像制作、连锁店经营等多个陌生领域，而爱多又没有寻求合作伙伴、分散经营风险的配套性方案，市场直觉天分奇高的胡志标竟没有看出其中的破绽和困难，可见当时他确乎已被标王的桂冠陶醉得不知南北了。

"B计划" 经过爱多策划人和上百家传媒的竭力渲染，曾经轰动一时。然而，仅仅在南昌等个别城市开出 "爱多增值连锁店" 后，它便无疾而终。尽管爱多在此役中实际仅投入了400多万元，然而士气却为之大挫。多年追踪爱多并写出长篇报告文学《风雨爱多》的《羊城晚报》记者孙玉红后来写道："'阳光行动B计划'是一个充满魅力的梦想，但由于缺乏操作性和财力支持，最终沦为空想。从'B计划'开始，爱多开始走下坡路。"

"杀敌一千，自损八百"

研究爱多案例，往往让人产生一个这样的感慨：从崛起到覆灭的4年时间里，爱多与其说是一个企业，倒不如说是一支 "战斗突击队"，它从南中国冲决而出，一路啸聚英豪，攻城略地，一鸣而为天下知，引得八方诸侯无不侧目噤声。然而，就在一路冲杀、对手纷纷退避的时候，爱多的青年英雄们却荷戟四顾，无所适从了。

作为一军统帅的胡志标只有一个目标：把爱多做大、做大、再做大。于是，任何能让爱多做大的想法都让他跃跃欲试。那段时间，他最喜欢做的事是与一班策划高手彻夜秉烛高谈阔论，一旦有灵光闪现，冒出一个令人叫绝的好点子，他立即当夜部署，派出一彪人马甚至亲往实施。可是，作为一家销售额超过10亿元、员工多达3000余人的大型企业如何进行中长远的战略规划，却始终没有被胡志标提到议事日程上，直到覆灭，爱多甚至连一个切合实际的两年规划都没有制订过。爱多有众多的营销策划高手，他们的执行能力都堪称一流，可是如果决策本身是盲目的，那么这些高手的执行能力越强，反倒对企业的伤害越大。一位爱多高级经理曾经颇有感触地谈道：我们就像一彪孤胆挺进的铁骑，看不到上面的天空，只知道自己越跑越快，越杀越远，后面没有人接应，旁边也没有人打气加油，并且完全不知道大本营到底有没有支撑能力……

这种危机却是正在战场上疯狂厮杀的人们所很难警觉到的。爱多是一支习惯于在运动中寻找战机的战斗团队，在"B计划"遭遇挫折之后，胡志标决意再度挑起战火，这次他把矛头直指市场占有率第一的江苏新科。

江苏新科是一家具有10多年历史的国有企业，锐气固然不如爱多，家底却要雄厚得多。它靠稳健的营销策略，在上海及诸多中心城市的大商场拥有较高的市场优势，在1997年底，它的市场占有率为37%，比爱多高出1倍。而这正是标王胡志标所无法忍受的。1998年五一节，爱多在上海、北京向新科全面宣战，仅上海市百一店，爱多就进驻了50多个促销人员，并进行"买就送"的活动。在这期间，双方促销人员互相围攻对方柜台和抢夺宣传品，火药味空前浓烈，到最激烈的时候，买一台1000元左右的爱多VCD竟可以获赠电饭煲、剃须刀、焖烧锅、电风扇等4件礼品，价值在700元以上。

到6月，爱多的攻击收到明显成效，在全国百家大商场的市场占有率排行榜上，爱多一路追上新科，两家均为23%。可是同时，胡志标喝下的也是一杯难咽的庆功酒。爱多在半年内为打败新科投入了1.5亿元，几乎耗到弹尽粮绝的地步。新科在这场白刃战中固然损失惨烈，声誉大跌，可是它毕竟综合实力雄厚，断一臂而不致丧全命，反倒意外地达到了消耗最强劲对手的目的。

近年来，中国家电业可谓一直笼罩在价格大战的恐怖密云中，除VCD之外，彩电、空调、微波炉等行业的价格战亦此起彼伏，蔚为壮观。观察其中的最后取胜者，大抵有三个特征：一是企业资本实力有明显优势，具有强大的抗消耗能力；二是科技开发能力超前，其降价产品往往是本企业行将淘汰而同行对手以此为生的成熟类型产品，在降价的同时有新生代产品立即跟进推出，使企业的市场利润依然能够得到保证；三是把握降价的发动时机，有较明确的攻击目的性和配套性市场巩固措施。

细加对照，作为VCD行业老二的爱多贸然发动对老大新科的攻击，在这三方面的考虑都不是十分的成熟。更出乎胡志标意料的是，就在两强火拼之际，跟在他后面的那些小老虎开始了趁火打劫。爱多的市场优势向来在广东、华北市场及其他次中心城镇，当它在上海、北京等大城市开始围剿新科的时候，步步高、先科等悄然出击，在爱多的大后方如法炮制地开展降价突袭，疯狂地蚕食爱多的市场。等到胡志标半年多后蓦然回过神来，段永平等已赫然坐大，竟可以与爱多平起平坐了。

在这场降价大战中，中国的VCD产业终于彻底跌出了"暴利的天堂"，开始进入微利时期。说来十分凄凉的是，中国所有VCD企业的核心部件竟都是舶来品，芯片是荷兰飞利浦和美国C-CUBE的，机芯则是日本索尼和美国ESS的。也就是说，我们的VCD英雄们从来就只是一些在前台打得不亦乐乎的"组装英雄"，真正旱涝保收、猛赚其钱的还是那些掌握了核心技术的跨国巨头。为了延长VCD产品的生命周期，C-CUBE和ESS公司分别推出了芯片的升级版本，很快，由ESS提供芯片的新科、熊猫、上广电、华录等华东派与由C-CUBE提供芯片的爱多、步步高、先科等广东派形成了新的对峙，为了抢得市场先机，华东派提出升级产品的名称应为SVCD，而广东派则坚持要叫CVD。

胡志标是这场名称之争的热衷者。他俨然以广东派盟主自居，通过他的强大的策划网络向国内各媒体频繁地发布新闻。同时，他以此借势，马不停蹄地在国内各重点城市召开声势浩大的爱多新品推介会。可是，事态的演变最终没有朝胡志标意料中的那样发展，由于名称之争搅得国内传媒一片混乱，最后国家有关部门不得不出面调停，决定两个名称都放弃，另想出了一个中西结合的名字："超级VCD"。

胡志标的"CVD计划"就此流产。

以今视之,当时血气方刚的胡志标在展开名称之争的时候,确有考虑不周密的地方。他轻视了老牌国有企业如新科、上广电等与北京部委的多年良好关系,他企图通过策动国内传媒的强力报道,造成重大压力,迫使国家部委接受CVD的概念和他们提出的行业标准。当得知可能采用"超级VCD"这一名称时,他又带头提出了"产品标准是企业说了算还是政府说了算"这一严厉的质问。

从争议的结局看,无疑是以国有企业为主体的华东派取得了胜利,超级VCD与SVCD(英文全名为SUPER VCD,也就是超级VCD)实是一回事。不谙江湖世故的胡志标在不适当的时间,以不适当的方式向一个不适当的对象发动了不适当的挑战。自此,爱多与政府有关部门的关系开始恶化。

就在这种升级产品前途未卜、战局变得日益微妙的前夜,急于建功立业的胡志标又犯下另一个战略错误。他宣布,爱多将实施跨世纪的多元化战略。在一篇像宣言一样的《爱多的数字化生存》讲话稿中,胡志标朗诵道:

"爱多的发展思路,基本上是围绕着数字技术,以VCD为起点,逐渐扩大经营领域,走多元化发展的道路。目前,除了VCD、CVD、DVD等影碟机类产品之外,爱多在数字视频方面,已经开始涉足电视机、数字摄像机、数字相机等领域;在通讯方面,成立爱多电讯公司,生产有绳电话和无绳电话。下一步战略目标,将向计算机网络产品、卫星通信、卫星广播等领域发展。同时,爱多还会逐渐步入软件市场,我们还成立了爱多阳光音像制品公司,从事影视节目制作和经营……预计1998年,将生产VCD200万台、CVD80万台、电话机100万台、家庭影院30万套、彩电20万台,产值目标35亿元,员工人数将翻番达到6000名。"

胡志标在高声诵读着这篇文稿的时候,一定对其中的若干个新名词还一知半解,他也一定记不起几个月前姬长孔在梅地亚中心大厅对他讲过的那番话了。

一股令人战栗的寒流已经悄悄地逼近了一直在努力的爱多人。

陈天南"击杀"胡志标

1999年1月,全国各地的爱多经销大户和各传媒的知名财经记者都接到了一份发自广东中山的喜帖。发喜帖的是两位老人,他们真诚地邀请大家前去参加他们的儿子胡志标与媳妇林莹的婚礼。这是一份设计得十分精巧的喜帖,内纸用红丝带细致地扎着,封面是鸳鸯戏水的剪纸,里面还细心地包了一张旧版贰圆人民币,讨一个"两人圆满"的彩头。

那是一场轰动的婚礼:138万响鞭炮,18辆车牌号码连在一起的白色奔驰花车,1000多位身份显赫的贵宾。胡志标和他的秘书、总裁助理林莹相亲相爱地依偎在一起。

两个月后,爱多危机总爆发。

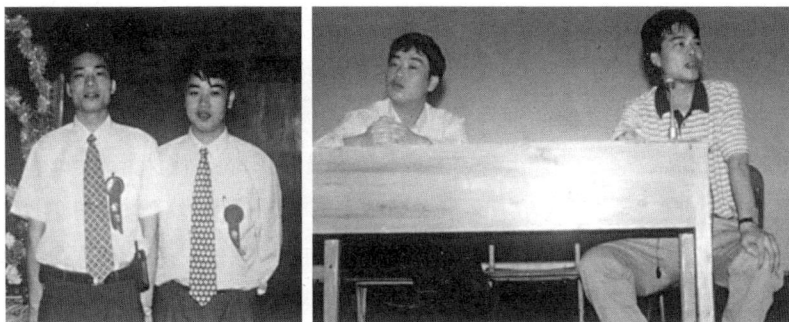

当年好兄弟,如今陌路人

这一突发事件的直接导火线是4月7日发表在《羊城晚报》报眼的一则"律师声明"。发难者,竟是当年出资2000元与胡志标各占爱多45%股份(另外的10%股份为爱多工厂所在地的东升镇益隆村所有),

却始终没有参与爱多任何经营行为的儿时玩伴陈天南。

一种流传甚广的说法是这样的：从1998年下半年开始，由于征讨新科和主盟SVCD与CVD之争，爱多的流动资金出现困难，到四季度旺季到来之际，竟无钱购买原材料。于是，胡志标向各地经销大户紧急筹调保证金，得8000万元，可是不知什么原因，他又把这笔巨资拿去还前债。到他筹办婚礼之时，数百家经销商和原材料供应商已经齐聚中山上门讨债了，有的供应商甚至挂出了"爱多一直在努力赖债，我们一直在努力追债"的标语。原本为业界啧啧赞叹的爱多经销模式终于释放出它负面的毒素。为了解燃眉之急，胡志标开始与中山当地的一家企业集团频繁接触，据称最后达成协议，该集团出资500万元租用爱多品牌10年，同时以资金、技术和管理要素注入爱多公司。

这项秘密协议最终激化了胡志标与陈天南的矛盾。在过去的几年中，陈天南一直没有插手爱多任何经营事务，外界甚至不知有这么一个大股东存在。爱多的所有人事任命、财务管理和日常经营都由胡志标全权负责，陈天南基本不插手。随着爱多事业的蒸蒸日上，两位大股东之间的隔阂便日渐生成，胡志标的心态失衡是可以想见的，而陈天南则戏称自己是"隔着玻璃看别人跳舞"。1998年，向来以"不按牌理出牌"自诩的胡志标做出了几个让陈天南难以忍受的举措。首先是由内当家林莹全面掌管爱多财务，对陈天南进行消息封锁；然后在视频设备、音响等多家子公司的股权设置上完全撇开陈天南，对外宣称搞"产权改革"。这在陈天南看来则大有转移资产另起炉灶的嫌疑。就是在爱多与别的企业洽谈品牌出租这样的关乎企业命运的大事上，胡志标也与陈天南毫无商量，以致后者一得知这一惊人消息，便立即作出了最强烈的反应。在4月7日的"律师声明"中，陈天南声称爱多新办的所有子公司均未经董事会授权和批准，其所有经营行为和债务债权均与"广东爱多电器有限公司"无关。

"律师声明"无疑是在中国企业界上空发射了一颗醒目的信号弹：

爱多出事了。那些已经被爱多拖欠货款搞得心神不宁的经销商和供应商像发了疯一样地奔往中山，各地传媒更是嗅到了猎物的气息。秦池之后的新标王到底能走多远本来就是一个有悬念的新闻话题，早在3月1日爱多因淡季原因停播中央电视台的广告一事已经让大家兴致勃勃地猜测了好一会儿，这份"律师声明"一出，无疑是自己送上门来的新闻大餐。

　　胡志标一向以爱多创始人和当家人自居，事实上他对爱多的贡献之大确实也无人能及，可是放到资本结构上来考量却不是这么回事了，他只占爱多45%的股份，当陈天南与益隆村联合起来的时候，他除了愤怒别无良策。艰苦谈判20天，胡志标被迫让出董事长和总经理的位子，新标王在加冕一年多之后便黯然退位。

　　此时的爱多已经成了讨债人和新闻记者的天下。几乎是在一夜之间，数十名记者把爱多从屋顶到楼底翻了一个遍，各种探讨"爱多悲剧"的文章频频出现。一向以传媒策划自豪的胡志标万万没有料到，就是那些昨天还站在他面前高唱赞歌的人，现在又是第一批朝他丢石子的人。那几天他最怕看报纸，他突然发现，爱多以数亿元血汗钱堆起来的"品牌丰碑"居然是用沙子做的，让人一脚就能踹塌了。那些原本被捂在抽屉里的官司也纷纷冒出了水面，一些讨债企业所在的地方法院纷纷赶来中山东升镇强制执行，珠海法院还一度把爱多的办公楼给查封了。

　　在此起彼伏的爆炸声中最为彷徨的，是那些追随胡志标多年东征西讨的战将。由于对财务状况的不了解，他们搞不清公司到底发生了什么事，炸弹埋在哪里，又被谁引爆了，还会不会有新的爆炸，爱多和他们自己还有没有明天。这群以"中国第一代职业经理人"自诩的青年精英似乎没有与"主公"签过生死盟约，很快，营销副总经理走了，电器销售部部长走了，售后服务部部长走了，整合营销传播总监、策划部部长、音响设备市场部经理也走了，曾经让同业闻之肃然的爱多青年精英团队转眼间烟消云散。

这其后还曾经出现过一个戏剧性的反复。

5月6日，在被拉下总经理宝座20多天后，胡志标在部分商家的拥戴下成功"复辟"，陈天南答应以5000万元的价格出让股份，胡志标再次主掌爱多。当日，82家经销商联合发表声明，表示给予爱多"全力的支持和帮助"。

可是所谓的"全力"也仅仅是生怕钱讨不回来的人们一起举手喊的一声口号而已。此时的爱多实在到了山穷水尽的地步，就连这份原定在《羊城晚报》上发表的救命声明也因付不出广告费而最终作罢。胡志标重新上任的第4天，200多名已经几个月没有领到工资的爱多员工围堵厂门，造成国道交通瘫痪。同月，中山市政府对爱多公司的初步调查审计结果公布，爱多现有固定资产8000万元，库存物料近2亿元，负债4.15亿元，不计无形资产，公司资不抵债达1.35亿元。6月，胡志标和陈天南被数百名爱多员工"软禁"两天两夜，直到胡志标带回200万元现金发放了部分工资才得以脱身。7月，爱多与一家最大的债权企业谈判失败。8月，爱多最后一位副总经理出走。12月，中山市中级人民法院依法受理东莞宏强电子公司等申请债务人广东爱多破产还债一案，广东爱多进入破产程序。

就这样，命运再一次以突兀而冷酷的方式给成长中的中国民营企业以致命一击。胡志标在如此短的时间里，便相继失去了大股东、供应商、经销商、部属爱将、数千员工和传媒机构的信任。离开了这些，胡志标和爱多还剩下些什么？

检讨爱多财务模式

爱多的迅速覆灭出乎所有人的意料。而它也可能是所有战败企业中最令人惋惜的一家。

观察近10年来中国民营企业的诸多败局，我们可以发现，其主要有两种形态：一是慢性失血型，如太阳神等；一是突发崩盘型，如巨人、三株等。然而，一个共同的特征是，这些企业的失败都是由经营决策上的困顿、巨额投资失误、市场信誉危机爆发等原因而诱发的，最终反映出来的是主打产品的滞销。唯一例外的，是爱多：

——爱多的现场和技术管理是一流的。胡志标以150万元年薪挖来的香港人李福光是康佳彩电的前任副总经理。他把爱多的生产管理得井井有条，还获得了VCD行业的第一个ISO9000认证。一直到破产，爱多VCD的质量几乎没有出过什么大的纰漏。

——爱多的品牌形象是完好无损的。由于质量上的过硬加上强有力的策划包装，爱多品牌一直为消费者所钟爱，以致覆灭消息传出后，很多人难以置信，一些靠卖爱多发了财的家电商店小老板还千里迢迢赶到中山想看个究竟。

——爱多的市场销售是良好的。尽管在1998年底国内VCD市场出现了供大于求和亟待升级的危机，可是这是行业共同的难关，在某种程度上，爱多的境地还比其他厂家要好得多。由于整合营销策略的成功，到年底旺季到来之际爱多还出现过断货的现象。.

——多元化给爱多造成的影响也是很微小的。尽管胡志标大言不惭地到处宣读爱多的"数字化宣言"，可是在实际的运作中，他还是相当小心的。新组建的视频、音响设备、音像等子公司都是搞定牌生产（OEM）委托加工，胡志标给出的政策是"只给品牌不给钱，每年上缴80%利润"。因此，除了人才输出之外，爱多并没有投多大的资金。相反，胡志标倒是从这些发展迅速的子公司先后抽走了4000万元的资金，最终造成这些子公司的后劲不足。

——爱多自始至终也没有发生过什么投资失误或固定资产投资过大等方面的问题。爱多的企业组织形式甚为奇特，在它的本部，只有一幢办公楼和几条流水线，固定资产作价不会超过1000万元。爱多靠契约关系组织了一批加工厂为它制造部件，一批经销商为它销售商品，它又向这两类商家融资，得到巨额流动资金。应该说，这是一种十分先进和高效的运转模式。

——直到股东危机爆发之前，爱多的人才队伍是十分稳定的，士气是高昂的，因此也不存在这方面的问题。

——胡志标与陈天南的股东之争，是必然要爆发的。一个对爱多发展毫无贡献可言的人仅仅因为当初投入了2000元资本，便要与终日为企业殚精竭虑的胡志标平分每一分钱，这对于胡志标和所有的爱多人都无公平可言。爱多的法人治理制度的不健全，并不完全是胡志标的责任，问题仅仅在于，他在解决这一问题时的方式不够艺术，并使了一些自以为高明的小阴谋。

——至于所谓的"标王综合征"，更是一个莫衷一是的问题。直到破产，胡志标都没有把责任归咎于中央电视台。其实，在他当上"标王"的两年时间里，爱多该付给中央电视台的广告费从来就没有付清过。

唯一可能造成致命的突然窒息的问题只能是：财务运转。

第一种可能是：爱多出现了巨额资金的不明流失——陈天南对胡志标陡然发难，最大的原因便是他认为胡志标转移了爱多的巨额资产。对此，由于缺乏确凿的事实披露，我们无法进行深入的探讨。

第二种可能，也是最有检讨价值的可能是：爱多的财务体系十分的脆弱，经不起任何的风吹雨打。

跟所有的民营企业一样，融资困难一直是困扰爱多的难题之一。胡志标想出的向上、下游商家集资的办法可谓是一个天才的设想，可是后来，随着企业规模滚雪球般膨胀，新的融资渠道始终没有打通，最终造成企业对商家的资金依赖性越来越大，原本一个很赏心悦目的游戏硬是让胡志标玩得险象环生。实则，在2亿元保证金到位的时候，爱多就完全有能力和资格与金融商达成某些融资上的契约，为公司的

财务均衡系上一根 "保险绳"；其后，在市场销售额突破十几亿元、企业效益和品牌效应空前之佳的时候，胡志标更有机会构筑他的财务保险体系。可惜胡志标始终过于自信，又追求 "零库存、零负债" 的虚名，因而错失一次次良机。

据爱多旧部回忆，爱多的财务管理是十分混乱的。记者孙玉红在《风雨爱多》中曾描述道：胡志标几乎不知道自己有多少钱，也不晓得自己欠了多少外债，他平时很少跟财务部门研究付款方面的轻重缓急，还常常把账上的现金当成利润。他信奉的经营信条是 "财散人聚，财聚人散"，话固然不错，可是体现在经营活动上就是大手大脚、成本控制观念差。胡志标对财务管理的漠视还体现在爱多的人才结构上。胡志标大开门庭，广纳俊杰，旗下营销广告人才济济一堂，可是唯独没有一个擅长融资和资本运作的人。

中国民营企业的成长史一再地证明着这样的一个原理：对一家新兴企业来说，在度过了市场开拓阶段之后，阻碍其成长的最大威胁便是对财务缺乏适当的关注和没有正确有效的财务体系。一家没有稳定而有效的财务保障体系的民营企业就好比一辆没有保险带和安全气囊却在高速公路上超速疾驶的汽车，企业的发展越快，在市场上的成功度越高，其缺乏财务前瞻性的危险就越大。

一家高速运转中的企业所可能面临的财务困难是多方面的。有可能是缺少流动资金，有可能是无法筹集持续扩张的资本，还有可能是无法控制开支、库存和应收款，这其中的任何一项哪怕只出现短暂的失衡，都可能造成致命的后果。当这种突发性财务危机爆发的时候，即便是一家市场销售良好的企业，要在很仓促的时间内筹措现金也从来不是一件很容易的事，而且代价肯定是巨大的。那些能够在危急关头以高代价筹到资金或廉价抛售其股份的企业已经算是大幸运的了，更多的企业则是像爱多这样的突然窒息而亡。近年来，很多在市场竞争中无法取胜或进入市场较迟的跨国企业便往往捕捉到这些天赐良机的时刻，对优质的中国企业实施控股收购，这方面的案例实在数不胜数。

因此，当企业进入新的发展阶段或面临一个新的巨大的市场机遇的时候，它首先要解决的内部问题，便是如何调整原有的财务和资本结构。西方经济学家曾经提供过的一个公式是，销售量或订单量每增加40%~50%，新企业的增长就会超出其资本结构的增长，这时，企业一般就需要一个新的、不同于以往的资本结构。有专家还建议说，一个成长中的新企业应该切合实际地提前3年规划其资本需求和资本结构，而且这一规划最好是按可能的最大需求来进行。

爱多品牌值几何？

在不长的4年时间里，胡志标在爱多这个品牌里抛进了将近3个亿的广告费，并一度使之成为中国家电业最成功的品牌，其知名度更高达90%。当爱多被宣布破产之后，胡志标并没有放弃努力，而他的整个挣扎过程就是一个四处兜售爱多品牌的过程。

在爱多全盛时期，据称品牌的无形资产达到了8亿元，一种滞销多年的电话机在贴上爱多的牌子后，竟在一年里卖出了20万台，一跃而成为电话机行业的老二，其品牌光芒着实令人钦羡。

到1999年初，财务危机爆发后，当记者问及爱多的品牌价值时，胡志标不假思索地说：5亿元。可是，随着危机的持续延伸，仅过了几个月，在胡志标的口中，爱多的品牌价值已经缩水到了3个亿。10月，常年为爱多服务的广东蓝色火焰广告公司以2000万元债权人的身份入主爱多，全面接收了爱多品牌的使用权，开始推出新的爱多影碟机产品。据国家商标局的授权公告称，其许可使用期限为1999年6月5日至2007年4月13日，并明确规定此种许可为"独占许可"。也就是说，"蓝色火焰"以2000万元的债务获得了爱多品牌至少7年的使用权。

12月，在急于翻盘的心情驱使下，胡志标出人意料地与宿敌江苏新科牵起手来，宣布爱多与新科结成联盟，共同搏击DVD市场。据报道，"新科看中了爱多的品牌优势和它的营销网络，想拉个伙伴一起闯荡DVD市场"。可是，这一联盟很快就没了下文，因为爱多的"品牌优势"到底如何为新科所用实在是一件很难操作的事。

到了2000年初，一家新组建的、由胡志标担任"总顾问"的中山爱多公司突然宣布以1000万元的价格从原来的广东爱多公司受让到了爱多商标。2月16日，"蓝色火焰"一纸诉状将中山爱多推上法庭。就此，引发了一场谁才是爱多主人的大风波。

4月18日，胡志标突然遭到汕头警方的拘捕，其原因据说是胡志标在与汕头一家原料供应商的合作过程中，因3000多万元贷款的赊欠，向对方出具空头支票，涉嫌商业欺诈。而很多舆论的猜测则认为此次拘捕与爱多品牌的归属有一定关联。

然而，出乎所有人预料的是，"蓝色火焰"费了九牛二虎之力得来的标王品牌却再也没能在市场上发挥出标王的光芒来。"蓝色火焰"在雄心勃勃地接收品牌后，便迅即在全国推出了"新阳光行动"，大半年花去广告费700万元左右，然而，消费者和经销商对爱多产品的质量和售后服务已疑虑丛生，品牌影响力的骤降显而易见，"蓝色火焰"的最高月销售量也只达到过6万台，与昔日的20万台不可同日而语。此时再奢谈爱多的无形资产值多少实在已是一件很无趣的事了。在这样的情形下，"蓝色火焰"在当年8月推出"蓝火"牌掌上电脑，并全面停止了"爱多"牌影碟机的市场推广和广告播放。

也几乎就在同时，从北方传来一条消息，秦池集团因拖欠一家酒瓶帽供应商391万元的货款而被告上法庭，法院一审判秦池败诉并拟将其秦池商标作价300万元进行拍卖。

两代标王，一道沦落，在同一时刻将这两条新闻齐案并读，实在让人叹息无言。

爱多

大事记

1995年6月，胡志标开发VCD样机成功。7月20日，广东爱多电器公司正式成立。

1995年11月，胡志标在《羊城晚报》上打出了第一则悬念广告："爱多……"同月，胡志标买下中央电视台体育新闻前的5秒标版。

1996年11月8日，爱多VCD以8200万元争得中央电视台天气预报后的一个5秒标版，夺得电子类第1名。

1997年，爱多的销售额从前一年的2亿元一跃而骤增至16亿元，赫然出现在中国电子50强的排行榜上。

1997年11月8日，爱多VCD以2.1亿元的天价获得中央电视台新闻联播后5秒黄金标版，成为第四届"标王"。

1997年，爱多推出"阳光行动B计划"。然而，以这一计划的失败为标志，爱多从此走上了下坡路。

1998年6月，爱多在与劲敌新科的竞争中胜出，两家在全国百家大商场的市场占有率均为23%。但同时，爱多在半年内为打败新科付出了1.5亿元的沉重代价。

1999年4月7日，爱多的股东之一在《羊城晚报》上发表"律师声明"，称爱多新办的所有子公司均未经董事会授权和批准，其所有经营行为和债务债权与"广东爱多电器有限公司"无关。同月，胡志标被迫让出董事长和总经理的位子。

1999年5月6日，胡志标在部分商家的帮助之下再次主掌爱多。7月，爱多与一家最大的债权企业谈判失败。12月，中山市中级人民法院依法受理东莞宏强电子公司等申请债务人广东爱多破产还债一案，广东爱多进入破产程序。

1999年10月，常年为爱多服务的广东蓝色火焰广告公司以2000万元债权人的身份入主爱多，全面接收了爱多品牌的使用权。

1999年12月，胡志标与江苏新科联手，宣布爱多与新科结成联盟，可是很快就没了下文。

2000年初，一家由胡志标担任"总顾问"的中山爱多公司突然宣布以1000万元的价格从原来的广东爱多公司受让到了爱多商标。2月16日，"蓝色火焰"为"爱多"的归属问题将中山爱多推上法庭。

2000年4月18日，胡志标突然遭到汕头警方的拘捕，其原因据说是胡志标涉嫌商业欺诈。

后续故事

在被超期羁押3年后，2003年6月，中山市中级人民法院一审判决，以票据诈骗罪、挪用资金罪、虚报注册资本罪3项罪名判处胡志标入狱20年，并罚款65万元。他的妻子林莹在苏州被捕，因收受贿赂、挪用资金等罪名被一审判处有期徒刑11年，没收财产20万元。2004年11月，广东省高级人民法院对胡志标的票据诈骗罪不予认定，二审改判为有期徒刑8年，罚金减少到25万元。同时，中山市中级人民法院对林莹的二审判决也改判为有期徒刑4年。

胡志标在狱中喜欢上了打篮球和看历史书。2006年1月20日，表现良好的胡志标被假释出狱。媒体援引律师的话说："胡志标不会再从事VCD这个行业。"后来，他加盟中山市彩宴彩色节能科技有限公司，涉足节能灯行业。

胡志标在狱中服刑

彩宴项目并不成功。2007年9月，胡志标加盟生产液晶电视驱动电路板的广州市驰迅电子科技有限公司，但又很快离开。2008年，他创办"我耶"电器商城网。2009年，成立胡志标企业管理咨询机构。

出生于1969年的胡志标在40岁之后似乎失去了"重现爱多辉煌"的兴趣，

他要当"企业家的服务员",他说："看到现在创业的年轻人,就仿佛看到了当年的自己,我不想他们走弯路,我的目的就是提醒他们,帮助他们。"

但是,胡志标并没有沉寂。2016年,胡志标和新鼎资本抢筹泰安科技;2018年,他又携新项目再次"出山",带着负氧离子空气治理工程项目亮相。属于他的时代似乎已经远去,不过他仍是那个不甘心的连续创业者。

档案存底

志比天高的胡志标平生很少有入眼的英雄,让他倾心折服的企业家有两位:一位是已经作古的遥远的松下幸之助,另一位则是与他同城的近在眼前的乐百氏掌门何伯权。说来这三人有一个共同点,那就是出身都十分的卑下:松下幸之助是学徒出身,胡志标以农民自嘲,何伯权则是站柜台的售货员。与激情四射的胡志标相比,年长6岁的何伯权更为谨慎谦逊,更为勤于学习和反省,因此也"活"得更为长久。

我的五大"反对" /何伯权

一、讲求享受,不再拼搏。无论你觉得自己是在为企业工作还是为自己工作,最好都要培养一种正确的人生观:工作是种乐趣,工作必须投入。一个人在估量自己价值的时候,既要算计自己拼命工作会带来什么报酬,同时也要算一下自己通过投入工作所带来的一生受用的知识和培养出来的一种良好的精神,这些价值又是多少。

二、轻视学习,自以为是。日本管理大师原野说过一句话:在一个唯一能够肯定的东西就是什么都不能肯定的经济世界里,保持竞争优势的唯一源泉是知识。其实就是说,在经济世界里没有肯定的东西,原有的东西都在变化,要应对这种变化,唯一的办法就是不断地学习。

三、坐吃老本,不求进步。社会的进步是不以人的意志为转移的,假如企业和个人还是吃老本,不求进步的话,那就会被社会淘汰。

四、只顾小我,各施其政。一个人工作跟10个人或100个人工作是完全不一样的。一个人工作你可以自行其是，最多就影响了你自己；但在需要集体合作才能完成的工作上，你的每一个行为除了影响你自己外还影响了别人。

五、不自量力，冒险急进。世界上的企业之所以会破产有两大原因：第一大原因是财政困难，第二大原因是发展太快。所有的冒险都不能超出我们能承受的范围，不要头脑发热，这样才能稳步前进。

案例研究一

在中国企业界曾经有过几次很有趣的争议。比如，有人争议过"在一个企业里，是科学家重要，还是企业家重要"，还有人争议过"是市场份额重要，还是利润效益重要"，如果现在问一声"是品牌重要，还是企业家重要"，那肯定会有一番更精彩的对辩。

小霸王痛失段永平

段永平是在小霸王事业巅峰时断然离开小霸王的。

1989年3月，浙江大学无线电系毕业的段永平来到中山市怡华集团属下的日华电子厂，担任厂长。当时该厂是一个亏损额为200万元左右的小企业。1992年，段永平瞄准了国内市场的空白，致力于开发学习机，企业更名为中山市小霸王电子工业有限公司。小霸王学习机在投放市场之后，以一系列创意十足的营销策略和广告攻势，横扫杂牌军，迅速成为学习机行业的霸主，市场份额最高时占到80%。小霸王的电视广告"拍手歌"几乎成了那个儿歌稀缺年代的新儿歌代表。而著名影星成龙天天在中央电视台循循善诱地念叨"同是天下父母心，望子成龙小霸王"，更使小霸王家喻户晓。同一时期，段永平被评为"广东省十大杰出青年企业家"和"全国优秀青年企业家"。有关机构对小霸王品牌的评估价值为5亿元。段永平出走前的9个月即1995年1月至9月，小霸王的产值已达9亿元。

1995年9月，段永平突然提出辞职。他对辞职的解释是："发展受限制，观点有分歧。"而据观察，段永平渴望做一个真正的企业家，想做中国的李嘉诚，想把企业办成中国的松下，但在小霸王里是不可能的。凌驾于企业之上的怡华集团一方面把小霸王的赢利不断抽走，使其发展后劲不足；另一方面，段永平提出的对小霸王进行股份制改造的建议被多次否决。

段永平去了与中山一江之隔的东莞长安镇，成立了步步高电子有限公司。他离开小霸王时带走了开发部的"四大天王"和总经理助理、外销部长、内销部长、工程部长、计调部长、生产部长、计财科长、后勤部长、供应部长、仓储部长……几乎抽空了中层，并让他们在新企业担任相似的职位。小霸王因而元气大伤。

步步高实行的是股份制，据说股东有上百人。步步高生产与小霸王相似的产品——学习机、电话机、游戏机等，并且利用对小霸王产品的了解，有针对性地开发新产品。在1996年11月8日的中央电视台竞标会上，初出茅庐的步步高以8012.3456万元的价码竞投标的，击败不少老大哥，这组有趣的数字让人记住了步步高：从零开始步步长高。而据估计，当时步步高全部身价不过1亿元。数年后，步步高以超常规的发展成长为中国家电业的新贵。1998年，步步高投入1.59亿元成为中央电视台实际上的标王。

做市场是段永平的核心能力。段永平自称"敢为人后"，他并不是以开发新产品然后再努力创造市场、进行推广为企业策略，而是在市场上发现需求再上马并不是技术领先的产品。例如，学习机市场的做大就是段永平的创造。段永平认为："我们有自己的定位，就是实用，老百姓用得起。高档没有任何意义。"有专家认为，像段永平这类企业家往往是有极强的市场推广能力，而不是以科技开发见长，他们多在广告上舍得大投入，往往因初始产品符合需求、市场推广有力而迅速崛起，却往往因第二种产品跟不上，或科研后劲不足而面临危机。

段永平则认为，步步高并不是什么市场主导型企业，并对此说法表示强烈反感："什么叫市场主导型、技术主导型企业？你市场做不好还谈什么技术？谁能说索尼是市场主导型还是科技主导型？一般是市场做不好才谈自己是科技主导型！"

失去段永平后的小霸王迅速地跌入了黑暗的深渊。首先是大批骨干员工跟随段永平一起出走，继而到1997年，小霸王的24位经销商又集体投奔步步高。仅仅两年多，小霸王便已黯然退出家电第一梯队的竞争行列。

案例研究二

万家乐缘何"乐"不下去了?

"万家乐,乐万家",这曾是一句风靡全中国、数次被评为中国十大广告创意的广告词。万家乐公司与太阳神等一度被视为"新粤货"的代表企业,可是由于投资决策和品牌经营上的重重失误,这家新兴企业在刚刚度过10周年生日之际就被迫踏上了被收购的悲惨之路。

1988年,万家乐诞生于广东"四小虎"之一的顺德市。顺德是国内著名的小家电城,加工能力之强、制造企业之多无出其右者。1997年6月于北京召开的"顺德名优产品博览会"上,人们再次为下面的数字所惊愕:电风扇产量占全国产量1/3,微波炉占全国1/3,电饭锅占全国1/2,电冰箱占全国1/8,热水器占全国1/2。不过这些数字的背后却掩藏着一个令人担忧的事实:产业严重同构,盲目投资趋多。有消息说,顺德11个镇都设有自己的镇级电风扇厂;有6个镇同时上马空调厂;另有四五个镇一起申报了摩托车项目。

1993年以后,随着万家乐的崛起,顺德市一夜之间冒出无数燃气具生产企业,仅政府批准领有"身份证"的企业就多达30家,而招之即来、挥之即去的地下工厂更是无法统计。万家乐在这些有形、无形的竞争对手的夹击下,虽然苦苦保持住了国内市场1/3份额的"大哥"级地位,但经营成本却始终无法降下来。而与此同时,由于竞争企业的急剧增多,热水器售价平均下降了30%,也让万家乐难以提高主营业务的利润水平。

跟市场的无序竞争比起来,经营决策上的失误是导致万家乐最终走向萎缩的根本原因。20世纪90年代中期以来,国内热水器市场逐渐出现电热水器走俏的趋势。然而,作为业界老大的万家乐却出现了判断上的重大失误,决策层始终顽固坚持燃气热水器的发展思路。在1997年的统计数字中,万家乐电热水器产量只有6.5万台,是燃气热水器产量的1/8。失去战机等于失去生机,万家乐由此逐渐失去市场主导权。

万家乐是中国热水器行业第一家上市公司,无人可比的融资空间却并没有给企业带来应有的发展效益。早在1995年,公司决策层发现燃气具市场的疲软信号，他们因此认为该市场已无所作为，由此开始探索多元化发展道路，其中两个主导投资项目分别为空调压缩机和大型电话程控交换机。

以电话程控交换机为例，这是一个与加拿大北方电讯公司及中国邮电部联合投资的项目，投资总额高达1.28亿美元，万家乐股份有限公司占有26%的股权。按照原计划，该项目应于1996年下半年正式投产。根据当时的乐观估计，年利润会达到4789万美元。但是不久之后，万家乐方面便发现"项目庞大、技术水平高、组织和协调工作难度大"的问题。正是这个项目，令万家乐1996年的年终账面上出现了3740万元的亏损。

经营策略上的失误还包括对"万家乐"品牌效应的低效使用。股份公司在万家乐品牌的使用上出现了左右摇摆的紊乱。一方面，股份公司对万家乐品牌十分珍惜，认为不是百分之百成功的产品决不能用这一商标；另一方面则"创"出了一大堆子品牌，股份公司一度拥有23家子公司和关联企业，生产从缝纫机到化妆品的多类产品。且不说其多元化所带来的种种经营混乱，单是品牌管理一项便漏洞百出。

1998年，不堪亏损的万家乐突然宣布，以3.2亿元的价格将其29.8%的法人股出让给同城一家知名度不高的企业——新力集团，由此退居第二大股东并交出了品牌经营权。

新新观察

关注中国企业的潮起潮落，有两个十分突出的现象：一是企业寿命普遍偏短。有抽样调查显示，中国民营企业的寿命仅3.7年，而美国企业为8.2年，日本企业为12.5年。二是存在着一种令人心悸的崩盘现象。所谓"成功3年，崩盘3天"，企业往往是在很短的时间内达成一次令人炫目的成功，然后，却又毫无预兆地以令人诧异的速度直线陨落。下面的文章片断从多个角度对这一独特现象进行了剖析。

解读 "一夜崩盘"

"一夜崩盘" 是中国民营企业成长史上一个甚为奇异的现象，它既在企业界诱发了一场接一场的毁灭性地震，同时又造成了社会资源的无端浪费。究其原因，可以从多个角度进行解读。

制度设计的原因

"起家靠产品，壮大靠制度。"企业原本就是一个依靠各种制度支撑的营利组织。在考察民营企业的各种制度建设中，缺乏必要而合理的制度设计——尤其是忽视危机预警机制的建立——是一个很让人担忧的现实。

某些草创型企业很像一辆正在高速公路上开得飞快的汽车。这辆汽车的发动机性能良好，然而除此之外，其他的一切就让人提心吊胆了：司机往往是一个不爱系保险带的 "大胆飙客"，汽车的安全气囊是没有的，车胎、方向盘及各种零件更是隐患多多，乏善可陈。

这样一辆高速行驶中的汽车，谁能保证它的安全？

在市场竞争中经营企业，如同一群人穿越一片长满玉米和充满陷阱的玉米地。穿越者的优胜条件是：他必须比其他人更早地到达彼岸，同时，他的手中摘取了更多的玉米。为了实现这个双重的任务，他必须在速度、安全及高效三者之间进行一次次的权衡和抉择。这样的权衡和抉择，其实就蕴含了企业制度设计的全部艺术。

市场环境的原因

如果用一句话来描述中国市场环境的现状，那就是：对秩序的集体破坏以及秩序对破坏者的报复。

过去的十来年里，在我们的身边出现了太多的明星企业。它们一方面以一种百无禁忌的勇气创造和放大了市场的需求，成就了一段充满激情的创业神话；另一方面，它们的百无禁忌也极大地破坏了市场的道德规则，使如今的中国市场仍是一个流淌着无限商机却始终缺乏秩序感的竞斗场。

在几乎所有的市场激战中，我们一次次地目睹到这样的景象：惨烈而无序的竞争往往会出人意料地诞生出一位年轻而狂暴的盟主，而很快，一场接一场的"以暴易暴"又让市场最终成为一片无法继续生存的焦土。中国的保健品市场、VCD市场、白酒市场，竟无一例外。从某种意义上，在这样的无序氛围中，任何的坠落、背叛、失踪乃至崩盘，便几乎成了毋庸解释的宿命。

吴敬琏先生曾提出过一个很著名的观点：制度重于技术。与此相似，我们也可以提出一个类似的命题：秩序重于利益。尤其是在中国加入世贸组织后，自觉培育企业的道德感及对市场秩序的尊重，已成为所有企业最基本的"生存法则"。

职业人格的原因

一位智者已经不止一次地提出这样的设问了：中国企业家的失败是否存在着一种共同的"职业人格缺陷"？答案可以说是肯定的。缺乏道德感和人文关怀意识、缺乏对规律和秩序的尊重以及缺乏系统的职业精神，是一种比较轮廓性的解说。

这些几乎是"与生俱来"、带有强烈的时代特色的"职业人格缺陷"，使一代草创型企业家常常陷入一个惊人相似的命运轮回之中。企业往往因决策者职业性格的某些缺陷而发生意外从而遭受致命的危机，一个很可能的结论是，一代草创型企业家的"职业人格缺陷"是最终造成他们被集体淘汰的终极原因。

因此，"一夜崩盘"，看似突然，却是一种综合征的必然迸发，它有制度的内因，有环境的外因，还有深层次的人文因素。

玫瑰园

在没有路标的花园里

作为企业家，生存在一个不讲道德、没有约束规则的暴利年代是幸福的，因为随时可能攫取到超乎想象的利益，可同时又是不幸的，因为你轻易攫取到的利益又随时可能轻易地失去。

从北京市中心驱车往北，行车25公里就到了昌平县的沙河镇，然后下高速公路，再开500米，这时，一大片极具现代气息的别墅群便赫然出现在眼前：它们各具风韵，如贵妇人般气质不凡；它们又气势恢宏，错落有致，与远近的山水树丛悠然融为一体，实在是一处千里难觅的绝佳居处。

它有一个很好听的名字：北京玫瑰园。在别墅区入口处的一块广告壁上便写着一行很动人的文字：每一束玫瑰代表每一份诚意，我们答应你一个美好的玫瑰园。

它有一个很显赫的背景：这是中国迄今面积最大的别墅开发区，是北京市第一个赴香港招商的房地产项目，它一度被誉为"首都第一别墅"。

可是，它又有着一个近乎耻辱的纪录：它是全国最大的破产房地产项目，同时亦是全国破产案标的最高的企业。

这是一朵带刺的玫瑰，它曾经让几位雄心勃勃的奇男子黯然神伤。在它的身上，几乎浓缩了中国10年房地产业的成长史。

"北京要出李嘉诚了"

20世纪90年代末，有一首政治色彩很浓却又被广为传唱的流行歌曲《春天的故事》，它把中国20年的改革开放历程用两个年份生动地划分了开来，第一个是1979年，第二个便是1992年。在1992年，88岁的老人邓小平视察南方，指点江山，激荡民心，顿时让一度消沉的中国经济陡然一振，一股前所未有、自下而上的投资开放热潮迎面扑来。

玫瑰园的故事也就在这一年掀开了美丽的第一页。这年的12月5日，在当时还十分冷清偏僻的沙河镇小蔡村，一块硕大的公司招牌挂出来了：京港合资飞达玫瑰园别墅有限公司。此刻，笑容满面地站在它边上的，是一个叫刘常明的中年男人。

这时，刘常明的身份是当时十分受宠的"港商"，然而他其实是一个地道的北京人。1984年前后，一位叫赵章光的温州人发明了一种中药成分的生发剂"章光101"，由于效果显著，很快在东亚和东南亚一带广受欢迎。当年就有不少人靠当"章光101"的代理商而一夜暴富，刘常明和后来买了中国第一辆法拉利跑车的李晓华等人便是其中的几位。他通过钻营结识了赵章光，并成为日本市场的总代理商，从而在短短的一两年里，就跻身当时国内还属凤毛麟角的"百万富翁俱乐部"。刘常明显然不是那种小富即安的人，他有敏锐的商业触角和大胆的操作能力，他知道这个大浪澎湃的年代是属于像他这样的冒险家的。1992年，刘常明获得香港常住居民身份，注册成立中国飞达（香港）房地产有限公司，他还在香港半山富豪区购置了一栋豪宅，完成了从京城小混混向香港大老板转型的全过程。

自此，刘常明频繁穿梭于京港之间，成为两地商务交易的大红人。就在飞达公司成立的这一年，北京市在香港举办第一届投资贸易洽谈会，刘常明自然充当了牵线接待的中间人。他在香港盛情款待京城要员，时任北京市政府秘书长后因受贿锒铛入狱的铁英便成为刘常明盛筵中的首席座上宾，他送给铁英的大量礼物中仅两块劳力士总统型手表便价值15.3万元，相当于当时铁英15年的公务员工资。

刘常明出手之豪爽可见一斑，当然他也得到了铁英更为豪爽的回报。刘常明从此在北京政界畅行无阻，无事不能。邓小平南方谈话发表后，境外投资商和各地商贾如过江之鲫般涌进北京城寻求商机，京城房地产业遽然升温，一些官倒公司纷纷圈地造房，大炒楼花。精明的刘常明当然不会放过这一千载难逢的发财机遇，心比天高的他要搞就搞一个惊天动地的，很快他击败众多竞争者抢到了昌平县沙河镇的这块地。此地，离北京城区仅半小时车程，地平天旷，风景宜人，非常适合建造高档别墅区，更吸引人的是，这里与明陵地脉相连，是一块众所周知的风水宝地。据称，刘常明抢到此地后豪气顿生，在约见京城记者时，他对在座的各位说："你们知道吗，北京这两天要出一个李嘉诚了。"记者惊问何人，刘常明悠然地用雪茄指指自己："就是鄙人刘某。"

飞达玫瑰园经北京市政府批准兴建，由刘常明的香港飞达公司跟昌平县房地产开发总公司合资开发，两家分别占股份45%（现金投入）、55%（土地投入），规定注册资金1500万美元，投资预算4500万美元，折合人民币约3.5亿元。玫瑰园占地49.9万平方米，规划建设别墅800余套，每套售价300万元以上。这一项目宛如芙蓉出水，甫一开盘就被誉为"首都第一别墅"而备受瞩目，刘常明由此成为新闻焦点人物。

然而，一心想当"北京李嘉诚"的刘常明却没有李嘉诚的智慧和

迎宾广告上的"玫瑰梦"

运气。3.5亿元的玫瑰园工程浩大，时日漫长，开发商的资本实力和营运能力至关重要。虽然刘常明凭借权力背景赢得了这一项目，可是他连一点

楼盘开发的经验都没有，也缺少源源不断的开发资金。日后业内分析，刘常明其实从一开始就没有打算认认真真地造别墅，他无非是拿玫瑰园设了一个局，企图炒一把楼花、圈一笔钱就溜之大吉。事实也似乎正是这样，玫瑰园自轰轰烈烈地开盘以后，便没有真正地破土动工过。刘常明雇美国规划师拿出了一套十分精致豪华的规划图和别墅设计图，然后频繁地刊登广告，四处招商，他像一个狡黠的猎人把一块天大的馅饼挂在半空中，等着猎物自己撞上门来。

果然，猎物很快就来了。

"楼市奇才"发现玫瑰园

这个猎物竟是一年前卖房子给他的那个精明人。

刘常明在香港的那座豪宅是通过当时香港最大的楼盘代理商利达行半山分店购买到的，他也因此与利达行的"传奇式老板"邓智仁交上了朋友。就这样，他几乎漫不经心地就改变了后者的下半生。

邓智仁是俊杰如云的香港楼市中的一个"神奇小子"。1950年出生的邓智仁成长于一个循规蹈矩的香港公务员家庭，中学毕业后，邓智仁便报名当上了一名神气的皇家警察。就在他背着手雄赳赳地在大街上巡游的时候，香港迎来了它的黄金发展期。眼瞧着街边的店铺一天天增多，楼房一层层加高，年轻的邓智仁实在按捺不住了，他脱下警服，一个猛子扎进了商海。

开头的9年，邓智仁一直没有找到北。他做过进出口贸易，搞过服装生意，从事过金融、期货，还开过一间专门替人讨债的公司。整整9年，他除了满肚子的商海苦水外，依旧一贫如洗。1984年，香港经济再度复苏，李嘉诚因在低潮期吃进大量地皮而一举成为亿万富翁。邓智仁受李氏神话的刺激，决定入行房地产，他借款1.2万港元，办起了包括他在内只有3个人的、小小的利达行。

那时的香港房地产代理行业，就像日后的北京房地产中介一样，一片混乱，鱼龙混杂。或许是命运安排邓智仁该在那时发迹，或许是邓智仁有9年经商经历，他很快用"三把快刀"砍出了香港房地产代理业的新天地：

第一，向社会公开统一收费标准，向客户收取的总佣金不超过总楼价的2%，不准员工收取佣金差价。这对混乱的香港代理业不啻是一记响亮的耳光，很快就吸引了大批的客户。

第二，实行股份制，让员工持有股份。邓智仁本人持有的股份从原来的100%减至35%。事实表明，员工直接持股无疑是公司强劲发展的黏合剂。

第三，改革媒体广告的发布方式。当时香港房地产广告全是小型分类广告，豆腐块，小气得很。邓智仁首开整版广告之先河，新风扑面、气势非凡，形成强烈的视觉冲击力。

今天看来，这三把刀再简单不过，但对当时以坑蒙拐骗为生计的香港房地产代理业来说，却分明是"刀刀见血"，砍到了要害。到1990年，利达行一跃而成为香港最大的房地产代理公司，雇员超过500人，邓智仁更以其完整的房地产代理佣金制度、从业规范和管理理念，基本创立了香港房地产代理行业的游戏规则。邓智仁在行业中的江湖地位一时无人能及。

此时，邓小平南方谈话的春风也刮到了香江，在弹丸之地已颇感局促的邓智仁顿时嗅到了巨大的商机。他在第一时间赶赴内地，在相继考察了上海和北京后，他认为："上海很开放，房地产太热了，不适于全面进入。而北京很保守，保守的城市房地产市场潜力就大。"

于是，邓智仁长驻北京，在香港屡战屡胜的他已经不满足于赚取百分之几的佣金了，他要在更大天地里开山立派，要占有整个一座金山。他俯瞰北京城，以那独特而高远的专家目光一眼就瞄上了玫瑰园。

日后邓智仁身陷玫瑰园一败涂地，但当他谈及当年入主的动机时，依然无怨无悔：第一，这是当时北京城最好的房地产项目；第二，它是全中国最大的别墅项目；第三，它经过了5位香港著名地产行业律师的一致论证，并被看好。

又是那么的巧合，玫瑰园的主人竟是他的香港客户，两位都梦想成为李嘉诚的男人就这样坐在了一起。邓智仁以香港利达行40%的股权作抵押，通过4家公司集资1亿港元，首期动用6000万港元，以投资的形式购买了北京玫瑰园2万多平方米的别墅，并借此成为该项目的销售总代理。

邓智仁推销玫瑰园的第一招是"围魏救赵"：先推销北京，再推销玫瑰园。他挟资1000万元，先后组团赴中国香港、美国、韩国推介北京，吸引华商的注意力。于是，凭借其娴熟的营销技巧和人缘，玫瑰园一开盘就卖出了80套，相当于不久前他以投资形式购入的2万多平方米。

开局的第一碗开胃羹实在是太鲜美了。邓智仁认定这就是他苦觅已久的大金山，是他成为"李嘉诚第二"的开山之作。就在这时，发生了刘常明挪用首批购房款的大丑闻，邓智仁处心积虑，步步进逼，通过一连串的股权转让，最终以8000万港元冲抵债务整体收购玫瑰园的开发权。刘常明空手套白狼，最终落得个身败名裂的下场。1994年初，欠下巨额债务、心态失衡的刘常明在家命归西天，有传是吸毒过量，有传是自杀身亡。

玫瑰露出了第一枚难以察觉的尖刺，可受伤的还不是邓智仁。就在运作玫瑰园的这段时间里，他以闪电之势，凭借其成熟的香港式房地产策划和营销手段，在京城房地产市场屡屡出手，赢得无限风光。他争得北京最豪华的商务大厦北京万通新世界广场的销售总代理权，依循以往经验，像轰炸机似的在北京媒体上刊登连篇累牍的万通新世界广告，其阵势之浩大令人目瞪口呆。挟此气势，邓智仁更把万通每平方米平均售价定在闻所未闻的3000美元，最高售价曾达每平方米

3640美元！——这个纪录在北京市场很长一段时间内无人问鼎。据说，几天时间内，万通新世界预售款就超过亿元，而当时万通新世界的地基才刚刚开挖。在整个项目过程中，邓智仁的利达行仅收取佣金就达1亿元。他的一位下属回忆当时情形唯有一句话可以表达："钱像水一样地涌进来，连手都数疼了。"

邓智仁一战成名。随后，利达行又为西单国际大厦创造了最高售价达每平方米6000美元的商铺新纪录以及明辉中心日租金每平方米达10美元的写字楼租金纪录。一时间，邓智仁在北京房地产代理业掀起滚滚巨浪，被称为"最成功的商人""点石成金的楼市奇才"。邓智仁在营销上的确很有独到的见解，他曾谈道："内地的营销这些年发展很快，但房地产营销有一个致命的弱点，就是太工具化。很多人搞营销只是寻找一个销售工具，缺乏全盘计划，而且营销人员非常依赖广告，其实广告只是一个工具。我要求每代理一个新的楼盘，就要创造一种新的概念，一年想出一个新概念，就是了不起的成功了。"

也就是在这个过程中，利达行以其神奇般的销售业绩全面改造了北京房地产代理行业的制度和规范，培养了一大批房地产代理人才。后来邓智仁经常引以为傲的是："现在，我的学生的学生都做了老板了。"他还曾大言不惭地对记者说："我发现自己有房地产这方面的天才，房地产对于我来说，挣钱实在太容易、太容易了。"

这时，连创北京房地产市场写字楼、商铺和日租金三大纪录的邓智仁在别人乃至他自己看来，都是一个无房不能售、点石能成金的"楼神"了，天姿国色的玫瑰园遇到这样的"绝代知音"，不正是珠联璧合吗？

8000万港元买张"贼船票"

房地产代理业有一句很出名的行话："没有卖不出的房子，只有卖不出的点子。"的确，在房地产领域，房地产代理是一个低资本、高智商的行业。相比较，代理商与开发商的职业要求则有很大的差异性，甚至算得上是一河之隔两重天。在房地产代理业无人能敌的邓智仁一旦转入开发商的角色，便显出其底蕴的浅薄和经验不足了。

邓智仁以区区8000万港元智取玫瑰园的开发权，可谓一战而胜，极其漂亮。要知道，当时正是北京地皮大涨之际，同城另一个由港商投资的项目仅前期铺垫费用就高达2亿元。当时曾有人对邓智仁的"鹊巢鸠占"颇有微词，邓智仁则以自己的一套经商哲学振振有词地反驳："在商业竞争中，没有道德可讲，我们都要按政府制定的游戏规则来玩，如果我违法了，你可以去告我。靠道德约束市场竞争根本不可能，也没有意义，有这种想法的人不懂什么叫竞争，他们不会玩这种游戏。"

香港来的邓智仁是一个喜欢把聪明和狡猾写在脸上的人，可是，"会玩游戏"的他万万没有料到，那个被他阴柔一掌推出玫瑰园的刘常明却是一个比他更不讲道德、更会玩游戏的人，他留给邓智仁的绝非是一个开满花朵的家园。在某种意义上，他的阴影一直幽幽地笼罩在邓智仁及所有跟玫瑰园有关的人身上，至今未散。

在法人、董事长的宝座上还没坐暖屁股，邓智仁就突然发现，刘常明提供给他的许多批文竟多处违规，玫瑰园的销售许可证是刘常明打通高官关节由北京市特批的，可是审批文件则是昌平县的地方文本而并未得到北京市政府的复核，其中绝大多数为越俎代庖之作，也就是说，玫瑰园的合法地位尚有待重新确立。这显然是最让邓智仁大吃一惊的事，在北京没根没底、原本指望靠刘常明的钻营借梯上楼的他很快掉进了跑批文、走关系的恼人漩涡中。

此外，刘常明留下的一堆烂账也超乎邓智仁的想象。别墅还没卖出几套，经济纠纷就已经冒出10多件了，邓智仁大叹苦经："接过来以后，很多烂事都落在我身上，跑批文，清烂账，搞得我焦头烂额，这些实在不是我的专长。"他已隐隐感觉到，他处心积虑花8000万港元买来的可能是一张上贼船的船票。

就在邓智仁为玫瑰园的合法身份四处钻营的时候，中国经济"一管就死，一放就乱"的怪规律再度应验。由于各地脱离实际大上工程，以致通货膨胀提前来临，宏观景气突然逆转，中央在无奈之下提出了"宏观调控，治理整顿"的方针，并严令停建"楼堂馆所"，像玫瑰园这样的外销别墅项目首先遭遇冲击。银根紧缩导致业已开工的玫瑰园停停建建，陷入进退无度的窘境，邓智仁只有拿利达行的钱一次次地给玫瑰园输血，那些他十分"轻易"地赚来的钱现在又十分轻易地掏了出来。其间，玫瑰园的另一家大股东又频繁发生变更，人进人出，转来转去，利达行的股份增加到了90%，玫瑰园真的成了邓智仁一个人的事了。

此时在中国民间流传着很多谚语，其中很出名的一句是："到北京才知道自己官小，到广州才知道自己钱少，到海南才知道自己身体不好。"在大北京沉浮了一段时间的邓智仁也意识到了"官效应"的重要。为了取得土地出让证，他四处寻找有较深政府背景的公司做靠山，可是在与这些公司的合作中又屡屡受骗吃亏，打起官司来更是回回落败，他终于明白在北京城，有些人是惹不起的，有些事是干不得的。他颇为感慨地对朋友说："在内地做房地产，不仅要应付市场，还要应付政府、应付银行、应付形形色色的人。我已经厌倦与人打交道……香港人喜欢用法律解决问题，但我们告到法院就从来没有成功过，还要赔进更多的时间和金钱，在内地当被告固然不好，当原告更辛苦，很多时候，等待比出击更重要。"

日后曾有业内人士假设，如果没有刘常明的这些批文猫腻和烂账，玫瑰园是不是就俏丽可人了？有很多专家对此表示怀疑。他们认为，邓智仁从一开始就犯了一个战略判断的大错误。用万科掌门人王石的话说，玫瑰园从一开始就是一个注定的败局。据他分析，玫瑰园占地面积近50万平方米，而迄今上海或北京成功的别墅项目很少有超过10万平方米的，因此玫瑰园的当量之大超出了正常的市场容量；其次，玫瑰园以外销为主打目标，而哪怕是在深圳这样毗邻香港的外向型城市，楼市的外销比例也不过10%。因此王石认为，刘常明和邓智仁搞玫瑰园项目是被房地产泡沫繁荣的假象所迷惑了。

1994年9月，在邓智仁的上百次奔波下，北京市土地管理局终于与利达行正式达成土地出让协议。根据规定，土地出让年限为70年，利达行向土管局支付土地使用权出让金每平方米300元，共计1.5亿元，到1995年底分3笔付清。

一面要支付源源不断的工程建设款，一面要付清巨额的土地出让金，深陷玫瑰园的邓智仁欲哭无泪，此时刘常明已魂归西天，他想要掐人的脖子都不知道该找谁了。为了让游戏继续玩下去，他只好走上负债经营的道路。其中第一笔债务即向北京一家有"背景"的公司借债1720万美元及3422万元人民币。在银根日趋紧缩的大氛围中，邓智仁的这些借款都是通过非正常渠道拆借的短期高息资金，他不熟悉内地在资金运作中的种种猫腻，这些钱层层转借到他手上，已是息上加息，高得吓人。他贸然闯进这个圈子，看得心惊肉跳，借得胆战心惊，不知不觉中已是债台高筑，欲罢不能了。

1994年底到1995年上半年，北京房地产市场滑入空前低谷，市场异常萧条，豪华别墅和高档公寓更是全面滞销。邓智仁纵有天大本事也无力回天，玫瑰园的销售陷入停顿，此时此刻，利达行拆借的短期高息资金陆续到期，邓智仁根本无力偿还。邓智仁只好转变战略，开始将玫瑰园从外销转向内销。他发现，外销楼盘市场空间非常有限，众多开发商争夺一个狭小份额，势必打得头破血流，内销市场则相对广阔，而北京楼价居高不下，说明有潜在需求支撑。这一判断应该说是明智的，可是这位具有超人敏锐眼光的代理商在具体的开发经营过程中却又暴露出管理经验不足的弱点。

为了推动内销，邓智仁把他在香港的一批售楼明星"空降"到北京，希望在短时间内毕其功于一役。这些香港职员当时月薪都在5万~6万元，加上住宿和往返机票，每个人平均每月要花掉公司9万元以上，这笔钱至少可以雇用10个有能力的北京人，人员成本的高昂直接导致公司竞争力的下降。同时，香港来的管理人员又与当地人发生文化和观念上的冲突，内地人员工作干得出色却薪水拿得极低，积极性受挫；而香港来的策划人员则不清楚内地市场的千差万别，以香港弹丸之地的规律硬套到内地市场头上，以致利达行很快陷入内外交困的境地，邓智仁步入他职业生涯中最黑暗的时期。

到1995年秋天，利达行已先后向玫瑰园注资9000万港元，再往后就弹尽粮绝了，那笔巨额的土地出让金也在缴纳了8100万元之后，就再也难以为继。怎么样的市场，造就怎么样的商人，穷途末路的邓智仁发现他似乎并不适合北京这样的城市，商人的本能让他不由自主地寻找另一位像刘常明那样有"另类本事"的人。于是，一个叫梁振山的人就走进了玫瑰园。

山西人梁振山自称是一个很有"上层"背景的人，调动亿万元的资金在他看来易如探囊取物，而这些本事却正是邓智仁梦寐以求的。梁振山被任命为玫瑰园公司总经理，其主要职责便是对外融资。

可是，邓智仁很快发现，天下所有的"刘常明"都有着同样的道德观念和职业性格，在这点上，绝无任何例外。仅半年，他就察觉梁振山利用"首都第一别墅"的名声四处招摇撞骗，并私刻公章进行非法融资，而且还大笔挪用他好不容易筹措来的供玫瑰园苟延残喘的资金。于是，邓智仁愤而将梁振山开除。可梁振山又岂是招之即来、挥之即去的主儿，他转而攻击邓智仁利用玫瑰园骗钱，并鼓动一批债主上门追债，还将玫瑰园的窘境公之于媒体，一时间邓梁之争甚嚣尘上，玫瑰园危机首度被曝光于天下。

"我是全北京最失败的人"

决定一个经营活动成败的要素有很多，如决策、技术、资金、人才等等，而还有很重要的一项却常常被忽视了，那就是时间。时间会把资产变成债务，把利润变成亏损，把优势变成劣势。在我们正在讲述的这个故事里，也是时间把玫瑰园从一个人见人宠的芙蓉美人变成风韵早逝的迟暮弃妇。

好不容易熬到了1997年，玫瑰园第一期工程的186套别墅建成，并部分通过验收合格取得产权证，达到了入住的水平。另外，还有202套别墅主体已完工，待装修。更重要的是，整个49.9万平方米别墅区的基础建设已告完成，由于规划超前，设计时尚，别墅区给人的印象颇佳，的确有"第一别墅"的大家风范。但就在这时候，利达行已

邓智仁："我是全北京最失败的人。"

无后续资金跟进，连让已缴纳房款的首批买房者入住的运营资金都没有了。

3月，在多方股权转让无果的情况下，精疲力竭的邓智仁终于下定决心从已经整整纠缠了他4年之久的玫瑰园噩梦中逃出。香港金时有限公司老板陆苍成为下一个玫瑰园主人。他入主条件之低简直让人不可思议：替邓智仁还清数百万港元欠款及送给邓智仁5套别墅。邓智仁将偌大一座玫瑰园及北京利达行几乎白送给了陆苍，当然这里面也包括玫瑰园所欠下的"天文"债务：6.5亿元。

邓智仁几乎一无所有地黯然离京，此时他在北京城已没有容身之地，债主每天找上门来，法院不断发来传票，还有人声称要绑票催债，他已没有一点儿的安全感。他也没法回香港了，曾经风光一时、拥有上百家分店的利达行已经被一位大债主接管了。为了玫瑰园，这位正值壮年的男人几乎失去了一切。他孤身一人在广州待了整整1年，闭门思过。他后来对记者说："我每天都在反省和检讨，为什么会遭遇这样的失败？香港人这么精明，但是90%的香港人在内地房地产市场都赔钱，为什么？"

他自嘲道："缺乏开发经验的投资者到内地，会根据现实情况做出判断和决策，他决不会试图去扭转现实。而香港成功的开发商则不然，他们有自己固定的开发模式，有足以自豪的成功经验，来到内地后，一旦发现实际情况与预料的不是一回事，他们总想扭转现实，想教内地人怎样做房地产，结果呢？发现是现实教训了自己。"

这位当年意气风发来到北京的香港第一卖楼人十分苦涩地对记者说："人家令我失望太多，我也令别人失望很多，我是全北京最失败的人。"①

陆苍显然是另一个梦想在玫瑰园里掘到黄金的冒险家。在他看来，

① 摘自《三联生活周刊》1999年8月15日期的《邓智仁专访》，记者单小海。

尽管玫瑰园债台高筑，但每平方米300元的土地出让成本，还是很有优势的，其潜在升值空间十分诱人；况且186幢别墅已经亭亭玉立地建在那儿了，其中只有73套收取了30%的预付款，如果将其以每平方米1800美元的市价全场售出，便足以还清当时欠下的所有债务；而玫瑰园一期开发仅用200亩地，尚余600亩，且是基础设施齐备的"熟地"；更何况京昌高速公路业已修通，昌平地价狂涨3倍，即使炒一把地皮也可大赚一票。

这就是玫瑰园：对于每一个新主人来说，一眼远远望去，她浑身上下每处都散发出令人难以抗拒的诱惑，可是一旦走进了，却发现美丽外衣的里面是剪不断、理还乱的梦魇。

为了实现"摘桃子"计划，在房地产业界无其经验的陆苍又将当初与邓智仁闹得不可开交被扫地出门的梁振山请了回来。此举显然激怒了在广州闭门舔伤的邓智仁，其时玫瑰园和利达行官司缠身，中间的重重法律关系除邓智仁外没有人能完全搞清，而他不仅不配合，反倒从中作梗，拖延时间，玫瑰园现房因此始终无法销售套现，陆苍整日徒呼奈何。8月，到位不到4个月的梁振山突然在北京王府公寓的家中被山西省公安局带走，从此杳无音讯。北京媒体再次把聚光灯对准了玫瑰园，上百位购房港人实在忍无可忍，集体向法院提起诉讼。原本就资本不足的陆苍哪有资金对付众多的债主，结果十五六家法院的封条覆盖了玫瑰园的每一寸土地。陆苍一枕黄粱梦。

当年何等风采逼人的玫瑰园终于步入了夕阳西下时。

1997年9月10日，北京市第一中级人民法院裁定北京利达玫瑰园别墅有限公司进入破产还债程序，要求债权人向法院申报债权。3个月后，共计有105家债权人进行了债权登记，债权申报总额高达10亿余元人民币。

第二年3月，受法院委托，北京市房地产价格评估事务所对利达玫瑰园进行评估，确定"玫瑰园别墅区"项目用地及地上物的市场价格为5.99亿元人民币。同期，北京市审计事务所对北京利达玫瑰园的所有账目进行审计后，玫瑰园资不抵债，总额1亿余元。

7月21日，法院公告：北京利达玫瑰园正式破产，由法院破产清算组接管，并择日拍卖。

最后一个守护人

破产可能是此刻玫瑰园最渴望的结局，她终于可以安静一会儿，那些喧嚣吵闹的债主和封条都暂时地消失了，她总算可以期待下一位主人了。

作为对玫瑰园感情最深的人，邓智仁当然不会甘心失败。就在玫瑰园破产的1周后，他便又出现在北京街头。他的身份是香港一家置业公司的中国代表。他很快承接到了几家楼盘的代理权，并以其富有想象力的营销手法再一次引起关注。当然，人们尤为关注的是，他对即将被拍卖的玫瑰园到底是否会再度出手。

而跟邓智仁这时的局外人身份相比，北京城里倒还剩下最后一位跟玫瑰园因缘难断的男人，那就是玫瑰园的建造者、44岁的山东乐陵人梁希森。

就在刘常明、邓智仁、梁振山、陆苍等人走马灯般地为了玫瑰园风头出尽而又落魄失魂的那些年里，真正在土地上勤勤恳恳、一砖一瓦地建造着玫瑰园的，便是这个满口纯正德州口音的梁希森。

跟那些夸夸其谈、自命不凡的风流人物们不同，梁希森的出身可谓卑微至极：他只上过1年小学，曾经食不果腹，浪迹四方。他认不得街道门牌，连自己的名字也不太写得好，签订合同更是难上加难。可是，就是这位近乎文盲的乞丐，从创办面粉厂、手工作坊起步，先后办起了毛巾、五金加工、建筑装饰、钢结构等企业，并组建了一个资产过亿元的、以他的名字命名的希森集团。据称此人"性格坚毅，直觉奇佳，讲义气，善用人"。

1996年，梁希森到大北京寻求商机，他几乎是一眼就看上了玫瑰园，很快他与邓智仁挂上了钩，成为玫瑰园的施工商。其间风吹雨打，世事飘摇，江湖人物频繁出入玫瑰园，日

农民出身的梁希森成了玫瑰园的最后守护者

日身在园中的梁希森却冷眼旁观、默然处之，只是埋头盖自己的房子。邓智仁没钱付他施工费，梁希森也不硬讨，就一笔一笔地从山东老家调来资金往下垫。几年下来，邓智仁欠下的施工费竟超过亿元，梁希森不知不觉间成了玫瑰园最大的债主。有人戏称梁希森是玫瑰园里最大的冤大头，这位山东农民汉呵呵笑笑，不置可否。

当第一批40套别墅建成以后，实在拿不出钱的邓智仁只好与梁希森重新签订合同，梁希森由建筑商变成了承包商，由他出资兴建配套设施，并负责办理房屋产权。邓智仁信誓旦旦地向梁希森保证："玫瑰园肯定能赚两个亿，我们俩一人一半。"梁希森还是呵呵笑笑，他又从山东调来上亿元资金和1800名民工，继续一砖一瓦地盖房子。

1997年初，邓智仁在与陆苍交易前找到梁希森，希望他以零成本收购玫瑰园。此时，邓智仁欠梁希森的钱已多达2.38亿元，玫瑰园的总负债超过6个亿，梁希森犹豫再三终于拒绝。

后面进来的陆苍还得靠梁希森盖房子，为了冲抵债权，他不得不把手头的部分别墅产权陆续地给了希森集团。就这样，玫瑰园绝大多数已建别墅的产权证一张张地落到了梁希森的手中。当纠纷四起，八方法院纷纷冲进玫瑰园到处贴封条的时候，梁希森成了玫瑰园最后的

守护人，他紧急从山东调来500万元现金交给法院，希望能够启封销售。然而，暴风雨来得实在太迅猛了，当法院把玫瑰园的每一寸土地都贴上了封条，梁希森的努力终告失败。他遂以最大债权人的身份向法院起诉，希望通过破产来保住最后的利益。

梁希森在整个玫瑰园事件中扮演的角色十分耐人寻味。他走进这个园子的时候只是一个希望赚点施工建设费的"包工头"，可是一个又一个的冒险投机家硬是逼得他一步步地往更远的地方跑，他是被迫地往前走的。可在艰难行进中的每一步，这位没有文化的山东农民却保持着一种十分朴素的警惕和天生的狡黠。当别人把圈套一个个地套在他身上的时候，他却成了最后一个还站立着的人。在某种意义上，他在玩着一个远比刘常明、邓智仁们要惊悚、刺激得多的冒险游戏，他的意志之坚韧、目光之犀利更是远在他人之上。

玫瑰园拍卖现场

1999年6月，玫瑰园拍卖公告正式发出，起拍价3.88亿元人民币，比1年前的评估价整整缩水了2亿多元。但就是这样，玫瑰园依然以"中国房地产最大破产案"而再度引起关注。就在拍卖公告发出后，拍卖行的电话几乎被打爆，而百分之一百的电话都是要求采访拍卖会的新闻记者打来的，报名参加竞拍的买家一个也没有。

这几乎是一个没有任何悬念的拍卖：除了梁希森，谁还愿意染指那座名声已经狼藉的大园子？几番风雨，匆匆春又归去，目睹玫瑰园花开花落的人们不禁有万千感慨：最后有资格和能力呵护玫瑰园这位薄命红颜的竟是一位讷言无学的农民，这倒很像一出很经典的中国古装戏文。果然，1个月后在北京中国大饭店进行的拍卖会仅仅持续了4分钟，希森集团以高出基价1000万元的价格拍得玫瑰园，这起拍卖也被媒体戏称为"中国效率最高""最为默契"的拍卖。

邓智仁也在不远处以令人莫测的心情关注着玫瑰园。据说梁希森在拍卖的前一夜与他通了长达5个小时的电话，希望他重回玫瑰园，邓智仁徘徊不已，终而撒手。2000年8月8日，邓智仁发起创办北京环宇信达行房地产顾问有限公司，他称，信达行以开发商为主要服务对象，提供全程顾问服务，但是，"有机会还将做做开发商"。这位年届知天命的战败者依然希望能够重新证明自己。

玫瑰开放终有时？

接下来跟玫瑰园有关的情节似乎是一个新的故事的开始：

梁希森拍得玫瑰园的第二天首次走到前台接受记者访问，他不太会说话，反反复复说的一句话是："我不相信'不成功'三个字，我有决心把我要干的任何事情干好，即使接手最烂的摊子，我也能成为最好的园丁。"有专家分析，因玫瑰园欠希森集团2亿多元，其实此次梁希森拍得玫瑰园只需拿出1亿元，而被剥去的债务加上资产缩水部分至少达4亿元以上，如果操作得当，梁希森无疑是真正捡到果实的那个人。梁希森也声称他至少能从玫瑰园赚到3亿元的利润。

不过也有人认为玫瑰园的明天吉凶难卜，他们谈到三点：一是名声已败，购房者可能产生心理障碍；二是别墅已风吹雨淋数年，售价必打折扣；三是希森集团从建筑商向开发商转型并非易事。更关键的是，中国房地产市场的景气如何将最终决定玫瑰园这样超大楼盘的命运。

从梁希森拍得玫瑰园后的种种举措表明，他似乎已看到了上面这些疑问。据称，在他的努力下，玫瑰园原有的购房户没有一人要求退房。为了把玫瑰园建成理想中的"世界性的园林化别墅区"，他聘请了加拿大北佳集团参与主持玫瑰园后期设计，包括建筑整体规划设计、园林设计、房地布局及格局等；在物业管理方面则聘请了香港A级资质的凯莱物业管理公司。

2000年6月1日，一条不长的新闻稿出现在国内媒体上：在房地产业界颇具传奇经历和悲壮色彩的北京玫瑰园别墅在沉寂了将近一年之后，将于今年6月10日重新开盘。报道透露说："目前，玫瑰园已一次性支付法院拍卖款项，他们与法院和债权人的债权债务关系已全部清偿完毕。"

就在这条让人将信将疑的新闻播发后，9月，全国住宅社区环境交流大会在北京召开，由建设部专家组成的评审委员会，对全国范围内在建和竣工的400多个优秀房地产项目进行社区环境评选，北京有5个楼盘获"环境金奖"，其中玫瑰园赫然在榜。这也是破产事件后，玫瑰园第一次以这种正面的形象为传媒所报道。

紧接着，一些跟玫瑰园有关的好消息也时时传来。据报道，希森集团已投资3000万元修完了从京昌路至玫瑰园的道路，并将售价从每平方米1500美元起降到9000元人民币，2000年以来已售出100多套。

面对如此靓丽的玫瑰园——心醉还是心碎？

尤其让梁希森兴奋的是，有专家预测，随着中国加入世贸组织及中关村等高科技园区的成熟，跨国机构及国内其他省市的高阶层人士将大量地涌进北京，别墅市场启动在即（参见2000年4月12日《财经时报》的《北京别墅开发萌动 市场再热指日可待》一文，记者王红月）。就连在玫瑰园别墅上折戟沉沙的邓智仁也依然对别墅情有独钟，相继承揽了"银湖别墅"等项目的营销。

谁也不知道业已落定的尘埃是否还会再度扬起，谁也不知道历经沧桑的玫瑰园到底能否给她的新主人带来真正的好运。

一位追踪玫瑰园事件多年的北京记者很沉重地写道："玫瑰园已成为一个经典。如果日后有北京房地产史话或大学市场教程，肯定会有玫瑰园一节。至少有数十名当事人及数名旁观者都表示过强烈的愿望，要写本关于玫瑰园的书。但我们其实还不知道玫瑰园真正的故事，浮在水面的，不过是冰山一角。大家要写玫瑰园的书，最需要的不是时间、精力或文笔，而应该是勇气，特别是最初的一段历史。"①

玫瑰园是一个关于漠视道德、没有游戏规则的暴利年代的经典故事。那些曾经在暴利年代叱咤一时的人们是幸福的，因为他们随时可能攫取到超乎想象的利益；可同时他们又是不幸的，因为那些轻易攫取到的利益又随时可能轻易地随风逝去。

---

① 摘自"万信网"，阚军撰写。

玫瑰园

大事记

1984年，香港人邓智仁创立香港利达行，并很快成为与中原物业和美联物业齐名的香港三大地产代理商之一。

1992年12月，北京市昌平县房地产开发总公司与中国飞达房地产共同投资建设飞达玫瑰园，董事长刘常明。

1993年中，利达行向刘常明支付8000万港元，买下玫瑰园的开发权。在此前后，邓智仁先后承接10多个著名楼盘的销售代理，连创写字楼、商铺每平方米售价和日租金的新纪录，成为北京楼市一个传奇式的人物。

截至1995年秋，利达行已先后向玫瑰园投入资金9000万港元，进展并不顺利。邓智仁聘请梁振山任总经理，开始对外四处举债。

1996年2月，山东人梁希森以带资装修方式进入利达玫瑰园，其前后在玫瑰园的债权达2.38亿元人民币。8月，邓智仁、梁振山矛盾爆发，玫瑰园风波浮出水面。

1997年3月，香港金时有限公司陆苍成为玫瑰园新主人，其时，玫瑰园的债务已高达6.5亿元人民币。9月10日，北京市第一中级人民法院裁定北京利达玫瑰园别墅有限公司进入破产还债程序，债权申报总额高达10亿余元人民币。

1998年7月21日，法院公告，北京利达玫瑰园正式破产。

1999年6月8日，玫瑰园拍卖公告正式发出，起拍价3.88亿元人民币，首付20%。

1999年7月16日上午10时30分，正式拍卖玫瑰园。拍卖过程极短，仅两人竞拍，希森集团加价1000万元购下玫瑰园。

2000年6月10日，北京玫瑰园别墅重新开盘。

2000年9月，玫瑰园在全国住宅社区环境交流大会上获"环境金奖"。业内外人士对其未来的命运仍然莫衷一是。

2004年，玫瑰园入选"中国十大超级豪宅排行榜"第4名。

后续故事

　　败走玫瑰园之后，邓智仁继续在北京地产圈从事策划业务，他赶上了2000年之后中国房地产市场的井喷年代，因此生意还是很红火。他曾经为潘石屹的现代城项目担任过总顾问，还经常在北京和上海一些大学给MBA班学员上课。多年来，邓智仁一直不改其桀骜本色。有一次，他被邀请去一家房地产公司做咨询，临告别前，他对总裁说："这公司什么问题都没有，员工也很称职，只有一个人有问题，应该被开除，那个人就是你。"他评论北京房地产业时说："北京的房地产市场，唉，我老实同你说，一个弱智儿。从1岁到10岁总会有长进，但改变不了它是弱智的事实。"

　　2000年8月，他创办北京环宇信达行房地产顾问责任有限公司。2003年6月，该公司宣告解散。2005年，他创办邓与周商务咨询有限公司，任总裁。2006年11月，他在论坛中自曝行踪："在一美国上市公司担任CEO，在东北投资房地产。"2008年，他出任河北盛泽房地产开发有限公司总裁。2012年，他又先后出任文化产业公司和投资咨询公司的总裁职务。2017年2月，邓智仁在接受采访时表示，自己将在太原开发一个商业项目，这个项目是他在中国大陆的最后一个项目。

案例研究一

　　在一个经济转型的发展中国家，投资浩大、社会资源关系复杂的房地产业历来是最容易产生暴利和腐败的领域之一，玫瑰园的刘常明、梁振山与本文中的蔡林芬等无非是其中一些失足败露的典型而已。

上海滩房产女大亨沉浮录

　　蔡林芬1951年出生于上海杨浦区的一个普通工人家庭。1987年，蔡林芬自筹资金在上海市虹口区开了一家小餐馆。一年后，蔡林芬就成了"万元户"。这时，蔡林芬动员丈夫辞职，两人联手打理"夫妻店"。

　　蔡林芬的看家菜是上海人最喜欢吃的"三黄鸡"。因为质量好、价格便宜，酒楼生意日渐火爆，不到一年的时间，"天天酒楼"在上海就小有名气。生意做大了，当老板的就琢磨着扩大经营，赚取更大的利润。这时，蔡林芬决定将酒楼交给丈夫管理，自己再创一番事业。

蔡林芬是个精明人，跑了几次广东，决定做"马海毛"生意。广东有一个"马海毛"生产基地，专门生产本色"马海毛"。蔡林芬带着样品回到上海，开始寻找印染厂。蔡林芬的想法是，上海女人时髦，如果投其所好，在市场上投放彩色"马海毛"，肯定有市场。于是，蔡林芬与广东方面签订了经销合同，同时又在上海承包了一家印染厂。结果是，色彩鲜艳的"马海毛"投入市场后，在上海滩刮起一股"马海毛"旋风，接着，"马海毛"又风靡大江南北。本色"马海毛"的进价是500克20元，染色加工后的价格是500克100元。加工染色"马海毛"这个"金点子"为蔡林芬带来了巨额利润。20世纪90年代初期，上海女人的穿着打扮在全国是"领导新潮流"的，染色的"马海毛"风靡全国，蔡林芬由此被商界誉为"马海毛大王"。短短两三年时间，蔡林芬手中的财富已经高达2000万元人民币。

手里有了2000万元，怎么办？蔡林芬有个老同学，20世纪90年代初期担任上海卢湾区副区长，他告诉蔡林芬卢湾区徐家汇路有一块地准备拆迁，总面积约为7000平方米。为了取得开发资格，蔡林芬向副区长行贿6万元。地皮搞到手了，副区长因受贿被判刑15年。

蔡林芬注册"天富"房地产公司，决定在徐家汇路盖两幢高层精品楼盘，并且取名"天天花园"。蔡林芬不懂房地产知识，除了"天天花园"的设计委托专业设计院外，天富房地产发展公司里竟然没有一名员工懂得房地产知识，公司重要部门的负责人基本上都是蔡林芬的家庭成员和亲朋好友。2000万元很快用完，蔡林芬陆续向银行贷款4.6亿元。

以蔡林芬的学识，连最简单的财务报表也看不懂，她根本就不知道该如何支配这数亿元人民币。手里有了钱，蔡林芬就胡花乱花，她先拿出1000万元装修"天天酒楼"，又斥巨资在上海静安寺附近闹中取静的长乐路为自己购买了两幢豪华别墅，别墅里专门设有美容美发厅，仅美容美发设备就耗资数万元。为了让蔡家孩子们出人头地，蔡林芬将外甥、侄女送到贵族学校，仅"赞助费"就挥霍了160万元。这个时候，蔡林芬有了两个情人。蔡林芬与情人的关系不是偷偷摸摸的，而是公开的。情人在天富房地产发展公司担任要职，月薪数万元人民币。为了树立自己乐善好施的社会形象，蔡林芬先后向社会捐款高达600万元。

照她这样挥霍，就是有一座金山也会被吃空的。结果，两幢楼盖到一半，总共4.8亿元资金就没了。有人给蔡林芬出主意，发明了一种名为"手拉手"的借贷方式，具体说来就是，知名企业和上市公司将多余资金存入定点银行，银行将多笔资金集中起来专项转贷给蔡林芬。蔡林芬为此付出的代价是，收到贷款后自己出面向存款户支付高额利息。在不到一年的时间里，蔡林芬从228家企业拆借出总计5.6亿元人民币，除了要向银行支付利息外，蔡林芬又拿出1.2亿元人民币作为高额利息返还给了存款客户。"天天花园"终于在徐家汇路黄金地段拔地而起，耗资10.4亿元人民币。这座"天天花园"究竟价值几何呢？经权威部门评估，共有270套房子的"天天花园"价值5亿元人民币。也就是说，"亿万富婆"蔡林芬亏了5亿多元人民币。

为了还贷，蔡林芬再度铤而走险。她将已出售的房子反复出售。果然，一共只有270套房子的"天天花园"竟被卖成了600多套，创下了申城楼市的"奇迹"。事后，经有关部门调查，蔡林芬对外重复抵押、重复销售共57次，骗得6296万元人民币。其中，一套最好的房子竟然卖给了7个业主。

从1998年开始，天富公司不断被人告上法庭，官司涉及全市27家法院。10月15日，已被监控的蔡林芬跳楼自杀未遂，腰部摔成骨折。2000年7月21日，上海市第一中级人民法院以合同诈骗罪判处蔡林芬无期徒刑，剥夺政治权利终身，并没收全部个人财产。

案例研究二

用"玫瑰"来形容暴利，似乎是最恰当不过的了：它绝对诱人又十分的扎手。那些在玫瑰园里沉浮过的各色人等，无一不是为暴利驱使，始而狂歌，终而哀号。下面这篇文章讲的是中国最成功的房地产商追求暴利、反省暴利乃至拒绝暴利的心路历程。

深圳万科是很多企业研究人士心目中最具有反思精神的企业，其掌门人王石更是一个很有个性和人格魅力的企业家。万科坚持多年出版的《万科周刊》尽管是公司内部刊物，却因其鲜明的人文精神而在企业界享有惊人的认知度。

万科的暴利是怎样赔光的？

万科创建于1984年5月，其A股股票现在深圳证券交易所的代码为000002号，可见资历之深，它是中国大陆首批公开上市的企业之一。到1997年底，公司的总资产达39.6亿元，净资产18.3亿元。万科以中高档住宅开发著称，在深圳、上海、北京等城市创立了声名远播的品牌"城市花园"，并以出色的物业管理领导行业潮流。

王　石

万科曾是暴利年代最典型的受益者和受害者。

万科是20世纪80年代搞贸易起家的。最早的时候，搞贸易利润在80%以上，利润高，大家都去搞，结果从80%掉到8%又掉到2%。后来王石做了个计算，把万科1984年至1994年的贸易盈亏相加，结果是负数。于是，他得出一个十分苦涩的结论：市场是很公平的，你怎么从暴利赚的钱，你得再怎么赔进去。

在最具暴利色彩的房地产业，万科更是尝到过无限甜蜜。王石回忆说："万科买第一块地是1988年的事儿，到1992年，我已经可以做到买一块地一拆迁一转手，就是100%的利润。"可是王石很快领悟到，市场暴利终归要趋于平均利润。他认为，追求暴利将导致两种恶果：一是风险极大，高利润与高风险成正比，一把赢不一定把把赢，追逐暴利往往是灭顶之灾；二是浮躁心态，一心只想一夜暴富，小利往往看不上眼，反而会丧失许多机会。

万科公司的A股、B股先后上市，筹资近10亿元。企业资金多了，就搞跨地域经营，地产项目遍及全国12个城市，涉足行业五大类，有商贸、工业、地产、证券、文化。项目立了，资金投下，才感到人力跟不上，资金太分散了。其结果是企业规模徘徊在12亿~15亿元之间，再也上不去了，利润到1.5

亿元时也上升乏力。而同时期走专业化道路的三九集团，1996年规模有40多亿元，海尔有60多亿元。王石深刻体会到，如果管理不成熟，资金多了反而给企业造成很大的灾难。

王石说："缺钱对民营企业并非坏事，因为资金有限，不允许你盲目投资，不允许你犯大错误。如果你的战略目标不清楚，又没有控制能力，钱多了反而坏事。我常对那些为缺钱而发愁的企业说，恭喜你呀！你犯不了大错误。"

正是由于尝到了暴利的百般滋味，万科开始奉行一种稳健的发展策略。20世纪90年代中期，深圳房地产业被"利润率低于40%不做"的暴利心态左右，而王石却提出"高于25%不做"。这在当时颇有哗众取宠之嫌。但由于万科遵循社会平均利润率的经营标准，如今在房地产业依然显示出持续发展的后劲。在多元化之路上磕磕碰碰之后，王石竭力主张专业化，为了实现这个目标，他把一些赚钱的企业都卖掉了。万科的调整基本上是经历了三个阶段：首先是从多元化经营向专营房地产集中；然后是从房地产多品种经营向住宅集中；最后就是投放的资源由12个城市向北京、深圳、上海和天津集中。其间对其他企业关停并转，该卖的卖，回笼资金1.3亿元。

王石认为，新兴企业创业之初首先要解决的是生存问题，哪个行业有空子能赚钱，就干哪行。而国家每年的行业政策都有变化，因此利润空间也不一样，新兴企业很容易随着政策的倾斜而转行，从而形成多元化的格局。多元化会带来高速增长，因此在创业阶段多元化无可指责，但企业规模、专业化程度、行业市场占有率要受到影响。他有一个体会是："如果你真想把企业搞大，让国际基金把钱给你，你就得转一个弯子。你对外国投资者说：'我的增长一直是100%。'你以为他会高兴？那要把他吓死，他认为你是泡沫经济，他需要你稳定增长。"

1997年前后，中央提出对国有企业实行"抓大放小"的政策，当时不少民营企业家觉得一个新的"空手套白狼"的机会又了，于是纷纷动起国有存量资产低价转让甚至零资产转让的脑筋。这时候，有切肤之痛的王石却撰文提醒道：新兴企业千万不要认为这是扩张的时机，现在对"无产者"来说是一个机会，有10%到15%的人会因此成为"有产者"，他们干不好无非还是一个"无产者"，他们可以去搏。但是对那些20世纪80年代末90年代初创立的企业来说，现在不是扩张的时候，要控制住自己。天下没有白吃的午餐，国家都管不了，你怎么管？

从万科的案例我们可以发现，中国的新兴企业初期规模较小，创业资金也很少，因此往往寻求利润较高的行业钻进去，寻求短期内疾速膨胀。一旦成功，就成为企业固定的发展思路。更为关键的是，新兴企业的创业者大多没受过现代企业管理训练，他们容易将本来有局限性的实践经验当成必然规律。创业成功既确立了他们在企业中的权威作用，又形成固态化的经营模式。企业做大之后，他们往往把自己创业的成功经验推而广之，殊不知过去的成功是不可复制的，因为前提条件和成长环境都不同了，更何况创业时期快速成长思路在领导大企业时是有害的。然而，因为他们在企业中的权威地位，使他们的过时思路在日常经营中往往是一贯到底的。

企业越大越输不起，这是百年教训。但怎么从制度上遏制追逐暴利盲目扩张呢？种种经验表明，关键在于企业家精神和企业家制度的创新。一般而言，创业者以实现企业超常规发展为荣，有一种不可遏制的打破规则的天生冲动，他希望企业每一天都有新的增长点；而经营者更习惯在既定的游戏规则下，一板一眼，通过枯燥乏味的管理，形成企业稳定而良性的运作。创业者与经营者是两种完全不同的角色。王石便认为，自己是创业者，至今保持一种创业冲动，对于能否完成角色转换，他自己心里没底。

1999年春天，王石辞去万科总经理之职，仅任董事长，成为"职业经理阶层"最积极的倡导者和推动者。2000年8月，万科主动被拥有500亿元总资产的华润集团收购。

新新观察

玫瑰园故事中的刘常明、梁振山以及邓智仁等等，都堪称能人，他们也都各有抱负，渴望创出一番企业家天地来，可惜，他们都一一地演绎了失败。在他们的职业素质中似乎总让人感觉缺少了一点什么，或许当他们领悟到自己的缺少并努力补足之时，方是他们步入企业家行列之日。

中国企业家应该尝试的20件事

1. 注意报纸上的每一条大大小小的有用的信息，在秘书的帮助下建立自己的剪报本。

2. 向自己发起挑战，凭真本事拿到一本高级资格证书，如高级经济师、高级会计师、高级工程师等。

3. 开始悄悄地做一项投资10年以后才能得到回报的事业。

4. 在施工工地上吃一次落有尘埃的工作午餐。

5. 隔一段时间与家人一起去旅行，保持一个温馨、健康的家庭氛围。

6. 在生意圈之外，至少拥有一个能够当面叱骂你的真性情的朋友。

7. 试着突然离开公司一星期，远远地站一会儿，看公司能否保持正常、稳定的运转。

8. 控制住自己的"责任心"，试着三个月不看公司的任何报表。

9. 记住你的副手们的生日，到时候给他们一份真诚而矜持的祝福。

10. 每年都读尽可能多的书。

11. 与若干位"书生型"的经济方面专家成为朋友，不定期地从他们那里汲取"思想氧气"。

12. 体验一次精疲力竭的感觉——你可以发现自己的生理和意志潜能到底有多大。

13. 到了每年的岁末，至少有一天时间把自己关在房间里反省，闭门总结一年来的得与失。

14. 创造一种自己的"管理词典"——用一种独特的方法论去创造一个独特的经济世界。

15. 会一会使你感到畏惧的人——在这一过程中，你可以发现另一个自我。

16. 领养若干个孤儿、捐建一座希望小学、赞助一项公益事业，通过这种"物化"的手段，让自己的爱心和社会责任心不至于泯灭。

17. 每年出国一次，尽可能地了解国际社会的发展步伐。

18. 尝试一次孤立无援的失败经历，在挫折之中感受不幸者的体验，培养警醒的意识。

19. 参加一次任何形式的竞选活动，并为此积极而真正地筹划——这会使你培养起足够的社区和社会意识。

20. 去一次西藏，看一回天葬，在生死一线间感悟出命运的莫测和高贵。

飞龙

被诗意宠坏

一个本来并不太坏的棋局，让一位忧虑过度的浪漫棋手先是自堵棋眼，继而自乱棋招，竟走成一局万劫不复的死棋。

这就是一位浪漫型企业家所留下的一个败局。在头脑清晰的时候，他是一个最清醒和理智的人。可是，他又是一个最容易犯迷糊的人，他常常提醒自己和部下不要犯同样的错误，然而他却又是一个『最没有记性的反思者』。

这 是一个充满诗人气质的企业家。

他晚上读了一本好书，第二天就会激动地给每一个中层干部买上一册，然后成立"模式推行小组"，根据书上的描述在企业里一招一式地搞试验；

他是中国企业家中第一个敢于直面自己的失误并大声地说给全社会听的人，他敢于在企业每月还有上千万元销售额的时候，猛然刹车，一本正经地宣布在某月某日进入"休克期"；

他会把肚子里所有的话一五一十地倒给一位完全陌生的记者听，然后一口气买回5000份该记者对他的采访录，拿回来一看才知道，竟是一篇让他哭笑不得的批评稿；

他会公开承认最惬意的时刻是"一口气吃下18粒伟哥开泰胶囊（一种由他的公司研制的壮阳药)"之时。

他是一个很具反思精神的企业家，他其实也很有自知之明，在公开承认的20条失误中，第一条便是"决策的浪漫化"。然而他又被部下称为"最没有记性的反

姜 伟

思者"。

　　姜伟和他的沈阳飞龙集团，一个充满了悲情诗意的企业家和他一手谱就的咏叹曲。

广告开道　飞龙腾起

　　跟所有在20世纪90年代初呼啸而起的新兴企业一样，沈阳飞龙走过的是一条从小到大、聚沙成塔的艰辛道路。在那个充满创业激情的狂飙岁月中，如果说太阳神是珠江三角洲的企业领袖、娃哈哈是长江三角洲的模式代表的话，那么飞龙则堪称大东北的创业典范。正是有了飞龙，全中国才摒弃了东北人"不懂卖东西"的老印象，而且，他们卖起东西来的吆喝声着实把大家吓了一大跳。

　　姜伟是"文化大革命"之后的第一代大学生。他毕业于辽宁中医学院，曾担任过辽宁省中药研究所药物研究室的主任，他搞药品可谓当家本行。1990年10月，当他来到飞龙的时候，飞龙还是一家注册资本只有75万元、职工60多人的小工厂。在这里，姜伟很快就显示出他卓越的经营才能。

　　一开始，飞龙生产的是一种"飞燕减肥茶"，尽管销路不错，可是在当时这毕竟是一种消费群不广、市场容量有限的产品，直到姜伟开发出了延生护宝液，才真正把飞龙带进了飙车跑道。

　　延生护宝液的原料是雄蚕蛾、淫羊藿、红参、延胡索等，对男女肾阳虚引起的诸症有一定疗效，为传统中药的改良型配方。与众不同的是，姜伟给这个并不神秘的保健品添入了一味浓烈的强心药——"广告炸弹"。

　　中国消费者的广告意识是与中国企业一起成熟起来的。市场意识奇佳的姜伟目睹了太阳神、娃哈哈等企业依靠广告策略取得成功的先例，在钦慕之余，心有灵犀的他随风跟进。从1991年起，飞龙开始尝试性地在东北的一些中心城市和长江三角洲的次中心城市投放广告。很像东北人的豪爽个性，飞龙的广告不投则已，一投便是整版套红，并且连续数日，同时跟进电视、电台广告，密集度相当之高，以至在一定时间内造成声势巨大的广告效应。姜伟跟他同时代的企业家一样，对毛泽东的军事理论崇拜得五体投地，他曾用毛泽东的"在局部战争中，集中优势兵力打歼灭战"的运动战理论来解释他的这一广告轰炸战术。

实践表明，他的这一战术取得了出人意料的效果。在广告意识尚未成熟、其他企业的广告投放不成规模的时候，密集的、不计成本的、哪怕是不讲究任何艺术效果的广告轰炸本身就成了最有效的战术，它能够营造出一个让人窒息的炙热氛围，使市场在短时间内迅速启动，同时也容易给消费者造成"财大气粗""信誓旦旦"的直觉印象。在当时，姜伟的这一战术可谓无往而不胜。在辉煌的飞龙战史中，我们一再地读到这样的战例：

在吉林长春，姜伟一次性投入广告费68万元，密密麻麻的延生护宝液广告几乎包下了长春所有报纸媒体的广告版面，半月之内"解放"长春，吉林其他城市不攻自破。然后，飞龙又乘势北上哈尔滨和齐齐哈尔，投入广告费20万元，一举拿下东北市场。

在打上海市场时，姜伟采用"围而不打"的策略，先"占领"南京、杭州和苏州等周边城市，然后在上海的报纸上整版整版地刊登延生护宝液的广告，却不给商场发一箱货，直到上海人胃口吊起来了，他才正式"挺进"大上海。

1993年盛夏，全国大热，整个保健品市场萎靡不振，进入传统的低潮期，飞龙也出现库存积压、销路不畅的罕见局面。姜伟飞赴各地市场，决定集中资金南下，在广州追加广告费300万元，在上海追加100万元，两个月后，硬是把营业额拉回1000万元的平衡线。

姜伟拿广告当炸弹这一招屡试不爽，大尝甜头，他也因此把宝全部押在广告上。飞龙在巅峰时期不盖厂房、不置资产，连办公大楼也不改建，坚持"广告—市场—效益"的营销循环战略。姜伟的一句名言也流传很广：最优秀的人应去做商人，最优秀的商人应去做广告人。

姜伟的这种广告思想，跟东北地区农民的粗放式农业耕作很相似。东三省地域广袤、黑土肥沃，因此农民在耕作时便一律地广种薄收，而不像南方农民那样追求精耕细作。而彼时的中国保健品市场却恰似东三省，消费群体广泛而消费意识不成熟，整个市场尚处在相对短缺的大氛围中，飞龙这种不讲究科学投放、一味以声势拉动购买热情的做法便可以取得出奇的效果。

1991年，飞龙广告费投入120万元，实现利润400万元；1992年广告费投入1000万元，利润飙升到6000万元；1993年、1994年广告费投入均超亿元，而利润连续两年达到2亿元，一举而跃为中国保健品行业的龙头老大，发展速度居全国医药行业首位，在国有企业林立、经营效益普遍低下的东三省更是异常耀眼。姜伟因此荣获三大桂冠：全国杰出青年企业家、中国十大杰出青年、中国改革风云人物。

姜伟实施的飞龙广告策略及其成功，在中国企业界引起了巨大的关注，很多在中国市场上经营多年的外资品牌和港台营销高手对此百思而不得其解；而另外一些刚刚步入市场的民营企业家却眼睛一亮，似乎从飞龙的身上读到了打开市场大门的秘诀。在飞龙之后崛起的巨人、三株、红桃K等保健品企业无一不仿而效之，而且在做法上更百般创新，无奇不有。

这种轰炸式的广告投放在进入市场之初，往往能取得出奇制胜的效果，可是在随后的市场拓展中，它必然会面对两个挑战：一是持续的轰炸必然会引发消费者的关注度衰退，轻者造成阅读疲劳和麻木，重则可能带来反感和厌恶。二是仿效者的蜂拥而入，必然造成新鲜度的下降，使广告效应互相抵消，最终造成一种没有广告就不动销的依赖性症状。这两大课题，都是初战告捷的飞龙所必须面对的。

遗憾的是，沉浸在巨大喜悦中的企业界新巨人姜伟始终没有时间去研究这些迫在眉睫的课题。就在他投下一枚又一枚重磅广告炸弹、戴上一顶又一顶桂冠的时候，在震耳欲聋的欢呼声中，危机悄悄地张开了它灰暗森然的翅膀。

始作俑者　其无后乎

数年后，姜伟在反思他的失误时认为，飞龙的败落应该归咎于国内保健品市场的一片混乱和新杀入品牌的"乱砍滥伐"。在1995年初，全国一下子冒出了2.8万种保健品，泛滥成灾。鳖精热、鱼油热、细菌热，此起彼伏，而厂家的广告吹牛更是"道高一尺，魔高一丈"，什么"联合国批准""总理感谢信"等等都敢假冒乱吹。姜伟抱怨说："我们是开发保健品的先驱者，一下不会玩了，什么都成了保健品，保健品成了粮食，搞保健品的成了种粮的老农，还竞争个什么劲!"

然而一个被他忽略了的事实却是，正是他这位"先驱者"的种种示范动作和暴利神话让保健品市场走到这种人神共怒境地的。在飞龙鼎盛的时候，在延生护宝液满天乱飞的广告中随处可见种种不实之词、夸大之举、违规之行，姜伟今日所痛恨抱怨的恰恰是昨日的自己。

一位叫徐徐的作者曾经写过一篇题为《飞龙之死》的文章，他用不无偏激的语言写道：

"用整版整版的报纸篇幅，连篇累牍地宣传一个保健品，实行轰炸式广告灌输的是谁？沈阳飞龙。

"把一个保健品吹成包医百病的治疗药的是谁？沈阳飞龙。

"把一种酒吹成有病治病、无病防病、男女老少、四季皆宜的灵丹妙药的是谁？沈阳飞龙。

"把充满不实之词的印刷品广告撒得到处都是的是谁？沈阳飞龙。

"把八字没一撇的出口贸易胡吹成延生护宝液出口韩国80亿元的是谁？沈阳飞龙。

"在迅速地树立起一个品牌的同时又迅速毁掉一个品牌。飞龙如此，后来的一些成功者也将如此。从这个意义上说，飞龙不死，市场不容，天理难容！"①

由于飞龙的主打产品延生护宝液并没有多少高的科技含量和技术难度，其旺销完全靠高频率的硬性广告来加以支撑。在3年到4年的宝贵时间里，飞龙集团的利润报表确乎是高歌猛进，赚得盆满钵满，可是其产品却始终没有寻找到一个稳定的消费人群，到晚期只有靠"礼品"概念来进行推介了。因此说，飞龙的知名度很高，美誉度却十分一般，忠诚度则要打不及格了。

在日后的面壁思过中，姜伟对自己的解剖可谓无情。然而，在这些反省之中，十分重要的一条却独独被轻易地遗漏了过去，那就是，飞龙对过去的那种掠夺性的市场营销模式没有进行任何的反思。

在姜伟的检讨中，他始终认为飞龙初期的广告策略是成功的，他的错误只是在于"进入市场成功之后，其模式被作为一个万能的标准模式，错误地将后期研制的新产品用同一模式

别问我保健品是什么

---

① 摘自《康恩贝月刊》1997年。

在全国大面积推广"，以及"忽视了对零售商、医院、药房做重点的攻击，片面强调在全国、在大城市立体广告攻击的作用"。

回顾历史，我们可以看到，飞龙之后的三株等企业的确吸取了姜伟的教训，它们创造出了更为多变、系统化的营销方法，在对零售商、医院和药房的"重点攻击"方面，更是不遗余力，可是，最终等待它们的命运竟也跟飞龙毫无二致。

本质的本质其实只在于，这些营销智慧全部是在一种缺乏道德认同和不尊重市场秩序的前提下诞生的。

飞龙发明的种种掠夺性的经营方式被后来者一一袭用、放大，并无所不用其极，而此时，先前的飞龙已经完成了原始积累，开始期望出现一种公平的竞争氛围。然而，打开了的潘多拉的盒子又岂是那么容易就可以被关上的！

在飞龙、巨人等企业一一落败之后，曾有不少人惊呼"中国企业的营销时代一去不复返了"。这样的判断，既片面又过于乐观了。说片面，是因为人们通过飞龙等企业的失败，无非才刚刚意识到粗糙的、急功近利的、缺乏起码的市场道德的营销方法已经散发出毒素，并让那些从中获利的人们付出了成倍的代价，而一个真正成熟的营销时代才刚刚露出萌芽；说乐观，是因为飞龙式的营销方法还没有被完全地摒弃，因为在日后的白酒大战、VCD大战、彩电大战中，我们还是一再地目睹了它的身影。甚至直到现在，它仍徘徊在中国企业的上空，随时准备俯冲而下，引爆新的市场狂热和悲剧。

香港上市　自信受挫

在飞龙人的记忆中，1994年的秋天是最后一个丰饶的秋天。此时，延生护宝液在全国市场上一片旺销，放眼望去都是飞龙的广告"新生活的开始"，各种桂冠也频频地飞到保健品王国的新任霸主姜伟的头上。这时又传来消息，说飞龙在香港上市有望。

姜伟兴冲冲飞赴香港。当时飞龙的账面利润有2亿元，尽管货款大量被中间商拖欠，但在财务人员的"调度"下，飞龙的账表放到中国的金融市场上去肯定不会比任何一家逊色。

可是，就在香港，正春风得意的姜伟平生第一次遭遇质疑。

香港的律师告诉姜伟："账面上的利润没有意义，在香港，8个月的拖欠即为坏账。"

他们问："你每年的技术开发投入是多少？"

姜伟咬咬牙说："2000万元。"

对方又问："你们这么点投入，如何在未来5年支撑起20个亿的销售额？"

姜伟一时无以作答。

在上市包装期间，香港律师行一共提出2870个问题，姜伟一多半答不上来。此刻，自我感觉一向良好的姜伟才隐约意识到："人家有一条没有直说，就是总裁不懂、集团也没有人懂国际金融运作。""当听说飞龙集团在香港上市有希望，我差点上了天，可在香港待了一段时间，备受煎熬，再也兴奋不起来了。"

姜伟终于发现，拿着国内一套唬人的办法到了国际金融大都会的香港竟步步难行。"我们在做利润审计时，以为利润做得越大就越容易融资，结果人家说，上市后，利润就由不得你们定了，你报了这么多利润就要多分红，你利润掉下来了就全砸锅了，香港股市很规范，做不得一点假。"

最后，香港人给飞龙下了诊断书，看出四大隐患：没有可信的长远发展规划；没有硬碰硬的高科技产品；资产不实且资产过低；财务管理漏洞太大。

尽管香港方面的诊断书下得很重，可是上市的运作还在继续。到1995年3月23日，飞龙集团终于拿到了在香港联合交易所上市的获准文书。但是，在4月18日，当飞龙上市进入倒计时的时候，姜伟突然做出了一个让所有的人都大吃一惊的决定：飞龙放弃上市。历经6个月的折磨，耗资1800万元，姜伟带着一套规范的财务报表和评估报告，飞回了沈阳。

没有第二个中国的企业家会做出这样的决定。姜伟的天真和诗人气质在这件事上暴露无遗。

很显然，姜伟的决定背后有他难以启齿的犹豫。这是一个让他找不到一点感觉的上市，这是一个让他看不到结果的上市。在此之前，"中国十大杰出青年"的姜伟、"中国改革风云人物"的姜伟一直被视为中国最优秀的企业家之一，他也理所当然地将自己归入到了这样的序列中。沈阳飞龙也被认为是国内最具活力、与国际接轨最快的新兴企业之一。可是，与香港金融界的短暂接触，使他的所有感觉烟消云散。"虽然我们获得了走向国际市场的入门证，但我们发现了诸多的不足与弊病，飞龙集团虽然是国内优秀的民营企业，但离真正成为符合国际资本标准的合格企业，还不只差一星半点。我们非常渴望走向国际市场，但机会来了，又发现准备远远不足。"

放弃香港上市，在姜伟的经营生涯中是一个巨大的创伤。两年后，有记者让他填写一份"姜伟性格透视"的问答表，在"最大遗憾"一栏中，他写上了"失去香港上市机会"①。

表面上看，姜伟的遗憾是因为上市受挫使飞龙丧失了一次融资的机会，然而更深层次地分析却可以发现，这次受挫的打击似乎要更大、更致命。在与香港实业界及跨国公司代表的接触中，姜伟突然发现了飞龙公司的粗糙和"原始"。

飞龙集团是他一手哺育出来的企业，他为此倾注了所有的热情和智慧，然而面对那2870个问题，他突然产生了一种难以言表的自卑

---

① 《中华第三产业报》1999年4月2日。

感，也突然失去了以往的自信和经营的激情。

于是，过度的自卑与过度的自信相交织，必然会生发出种种过激的行为。过度自卑，是因为他发现了中国民营企业的不规范；过度自信，是因为他认为这次放弃绝不意味着永远放弃，迟早一天他姜伟还是要回到香港联合交易所的。

跟那些草莽出身、知识层次不高的企业家不同，姜伟是一位知识分子出身的、非常善于反省和思考的企业家，我们可以将这次香港上市的受挫经历看成是他日后不断反省和自曝失误的诱发源头。

其实，姜伟在香港的所有感觉并非都是真实的。在当年的所有中国民营企业家中，面对香港律师的那2870个问题，肯定没有一个可以从从容容全数答上来的，姜伟也肯定不是答得最糟糕的一个。跟飞龙一样，整个中国民营企业界正处在一个迅速膨胀和躁动的青春期，其种种的不规范和粗糙并没有什么可惊奇的。相反，像飞龙这样的企业其实已经完成了原始积累，开始了向成年期的转型，在这样的转型过程中，迷茫、反复甚至混乱均在所难免。而走出这一转型期的唯一出路是一往无前地发展，在前行中重建秩序和重构格局，而绝不是"理智"地退缩。飞龙之败，在姜伟放弃上市的那一刻便埋下了重重的伏笔。

三着臭棋　飞龙坠地

当企业处于超常规的加速发展阶段的时候，一切的危机都会被速度所掩盖。可是，当进入持续稳定期后，所有的弊端和矛盾马上会一一地暴露出来。

姜伟南赴香港争取上市的那段时间，也正是国内保健品市场风云突变的时候。1995年初，为了实现销售额突破15亿元的计划，姜伟听信中间包销商的乐观承诺，将上亿元货物一下子压向市场，市场顿时不堪其重，基层公司大肆铺货而总部的货款回笼则发生了萎缩。4月，姜伟只好亲自出马巡视全国市场，大大出乎他意料的是，在跑遍全国22个分公司之后，带给他的唯一的信息竟是：飞龙的管理用一塌糊涂来形容很准确。

所发现的事实让姜伟寝食难安：

飞龙集团的财务现状是只管账目不管实际，占用、挪用及私分集团货款的现象比比皆是。一个业务员缺钱了，两天报了100多件破损竟无人察觉；哈尔滨有7个客户承认欠款400万元，而分公司的账目上反映只有几十万元。

飞龙集团的广告策划如一盘散沙。分公司经理随心所欲，无效广告泛滥成灾。1994年的广告预算为1.2亿元，而直到第二年的3月才算出来竟花掉了1.7亿元，总部对广告的支出完全心中无底、调控无力。

营销中心不懂得控制发货节奏，破坏了市场的正常成长期和良好的经营秩序。有的地区擅自让利30%，造成严重的冲货现象。

内部创业激情涣散殆尽。当年那些与他患难与共的"开国元勋"们的经营思路已经跟不上飞速发展的形势，他的老母亲、兄弟姐妹占据机要岗位，近亲繁殖、裙带之风显露无遗。

姜伟百思不得其解：为什么一家公司成员平均年龄只有28岁、创业时间不过4年的企业，会那么快就发出了腐朽的吱呀声？面对一个日益庞大的帝国，姜伟和他的部下一样手足无措。如果说香港上市让他看到了自己与国际规范化公司的距离的话，那么，飞龙所冒出来的问题让他突然感到这个由他一手哺育出来的企业已经变得越来越陌生了。

自出山以来从来没有过挫折感的姜伟陷入了巨大的失望和迷茫之中。1995年6月，就在他放弃上市飞返沈阳的数日后，这位中国企业家群体中最具诗人气质的企业家突然在报纸上登出一则短短的公告：飞龙集团进入休整期。7月，他向内部员工发出"手谕"：改造企业，不成功，毋宁死。他提出在飞龙集团"进行一场深层次和本质的休整"。

飞龙的这份公告，无疑将飞龙的内部危机彻底地公开化。传媒的聚光灯齐齐照射而来，而延生护宝液的销售市场则发生了灾难性的大地震，一线营销人员不知所措，经销商和零售商不敢进货，消费者不知道到底发生了什么灾变，苦心经营多年的飞龙市场一夜之间崩泻千里。

至今视之，姜伟的这次冲动而缺乏深思熟虑的公告和"休整"，是飞龙走向衰落的最直接的原因。

飞龙当时每月尚有数千万元的销售额，远没有到难以为继的境地。姜伟所发现的问题，如产品的老化、广告手段的滞后、干部素质跟不上、管理体制的创新滞后、家族制羁绊等等，是民营企业在扩张过程中必然会遭遇的障碍难题。姜伟曾用"经历一场'出天花'"来描述飞龙遇到的困境，正如他自己所说："在发展的历程中，企业的肌体已经染上病毒，其毒性必然有一场发作。"

这样的"出天花"或毒性发作，是任何一种体制的国家、任何一家企业都必定要经历的过程，并没有什么可怕和值得大惊小怪的。问题只在于，当天花出来的时候，当毒性发作的时候，你采用一种怎样的方式快速、安全地渡过这一难关，从而使企业完成一次飞跃和新生。而中国的很多民营企业往往是在这一阶段突然窒息，甚至中途夭折，实在是十分的令人扼腕。可是像姜伟这样采用极端的休克的办法，则更不可取。这显然是战略上的一次"亲者痛、仇者快"的无谓自杀。

在登出休整公告的3个月后，姜伟认为内部整顿已大见成效，于是宣布10月份全面出击，试图一举扭转市场上的被动局面。

然而，此时的保健品领域早已江山变色。跟3年前独步天下、一马平川的形势全然不同，头戴老大桂冠的飞龙早已是众多大大小小的保健品企业的首攻目标，此次自曝危机，无疑给那些野心勃勃、窥视已久的后来者一个乘虚而入、在飞龙的伤口上大撒其盐的天赐良机。飞龙在市场上原本就是一家知名度很高而美誉度却不成同一比例的暴发型企业，其自曝危机更是让已显"虚肿"的品牌再受重创。尤为致命的是，飞龙的全新出击并没有一个让人耳目一新的拳头产品，而依旧靠的是陈旧的、急风暴雨式的广告轰炸。

很快，出师不利的消息传回总部。也就是从此刻开始，飞龙退出了中国保健品大战的第一集团行列。

1996年初，姜伟在无奈之下决定退出省会城市向中型城市延伸，提出组建200个以小城市为据点的三级公司，然后向1500个县级市场铺开。可是那些从来只会使用"广告炸弹"这个绝命一招的飞龙营销员，面对广阔而消费群体不成熟的农村城镇市场实在不知道如何下手，姜伟只好放下身段，转而学习起三株、巨人这些后来者的绝活，飞龙也开始在农村到处涂墙标语、挂宣传画、贴居民公告。一场混战之后，飞龙处处遭遇阻击，终而全线溃败。

就在这种逆风不顺的时刻，身为一军统帅的姜伟，走出了第二步臭棋。

姜伟认为，市场溃败的根源在于企业内部的管理紊乱和干部结构不合理。于是他断然决定对内开刀，展开"整风运动"。

姜伟为了这次整风可谓绞尽脑汁、灵感频发，他把飞龙集团变成了一所"大学校"，宣称要刮三股风——学习风、调查风、研究风，企业内部彼此的称呼也陡然一变，姜伟自称"校长"，员工则被称为"学生"。他每天闭门谢客，写下一张张充满了哲理的校长训令，然后把所有的干部都圈在办公室里，领会、对照、学习、反省，在限定的时间内写出心得体会，交不出者扣发各种津贴。他还要求所有的员工把自己的过失和教训都写在大事记上，挂在自己的办公桌前，天天警醒，日日铭记。在干部人事上，他辞母退弟，在很短的时间内解聘了

8%的中高层干部。

脱离了实战的整风，其效果可想而知。大多数干部对整天关在办公室里学"校长语录"反应冷漠，有的发牢骚说："发这么多文件有什么用？"最后，姜伟不得不在"校长训令"中仰天长叹：我眼前的学生们都成为一只只僵笨的恐龙，顽强地坚持不改变自己的方式，倔强地等待着死亡。

在这期间，对姜伟而言是十分痛苦的反思期。他闭门读书，对飞龙以往的经验和教训进行理性的总结，悟出了很多富有真知灼见的思想。

在一篇姜伟自定为"干部10年必读，干部10年必用"的文章《怎样才能进两步》中，他提出了6条闪现着辩证光彩的规律性见解：一、一个希望以最快速度扩张的公司，很容易做出灾难性的决策；二、发展是追求高质量的匀速直线运动，而不是惊心动魄的短期高速；三、市场营销既是一门艺术，更是一门建立在精确数据和分析上的科学；四、在持久统一地保持公共形象的大前提下，必须根据市场变化而适时地加以新包装；五、总裁不能独裁；六、创业者的个性是热衷数量，管理者的追求是关注质量。这些思想后来都成为中国企业界共同的财富。

可是，就在姜伟感悟出这些闪光的经营哲理的同时，他其实又犯下了另一个对飞龙而言更为致命的错误。

事实上，姜伟错误地选择了进行内部整风的时机。当时的飞龙已遭遇前所未有的挫折，可谓市场低迷，人心思动，此时的士气可鼓而不可泄。对飞龙来说，当务之急不是关起门来舔伤口、搞整风或洗脑，而应当是重新调整营销策略，集中力量守住最后几块阵地。同时，作为总裁则应当面向市场身先士卒，在吸融资金、开发新品和振作士气上下大功夫。在1995年秋天之前，飞龙的营销体系还算完整，品牌的惯性影响仍然存在，延生护宝液的质量可信度没有遭到质疑，集团的资产负债也远在安全线之下，企业复兴绝非不可能。

可惜深陷在反省的激情漩涡中的姜伟，却一直没能对局势做出准确的判断。很快，在"整风运动"成效有限的情况下，他又走出了第三步让人更不可思议的臭棋。

1996年7月，姜伟抛出题为《我的错误》的万言检讨，历陈"总裁的20大失误"。此文一出不胫而走，在传媒界、企业界广为流传，由此也刮起了一股对中国企业进步大有裨益的"研究失败热"，姜伟也可能因此而在中国企业史上成为一个绕不过去的名字。

可是，对飞龙来说，这无疑是姜总裁新犯下的第21大失误。

《我的错误》发表后，国内传媒广为转载、评述，一时成为最热门新闻。便是在这样的热炒之中，飞龙丧失了它最后残留的一点市场空间，"飞龙破产了""姜伟逃走了""延生护宝液不行了"，种种江湖流言一日传遍天下。姜伟在数年后也曾经谈到该文发表后他的尴尬处境："因为在中国，太好的东西大家不感兴趣，太坏的东西大家也不感兴趣，有争论的东西大家才感兴趣……炒起来了，我有很大压力啊。第一，在家庭，弟弟有意见，妈妈有意见，姐姐有意见，妹妹有意见。说你姜伟有病啊，失败就失败吧，你还花钱宣传呀。第二，在企业，原来在我的企业里，我是神，在企业内部我怎么说，员工都能理解。这'20大失误'一公布，我在企业啥也不是了，干部也敢跟我顶嘴了，也不服了。第三个，在社会，省里开会，我说我们需要支持。'咱们怎么支持你呀，你都20大失误了，我们怎么支持你呀？'因为在中国，你要人家支持你，你得是个优秀的企业。"[1]

没有了家族的团结，没有了部下的效忠，没有了政府的支持，没有了消费者的理解，飞龙和姜伟还剩下些什么？

其实，姜伟所自述的20大失误，是从战略的角度进行的一次检

---

[1] 摘自《赢周刊》2000年1月20日，记者童辰。

讨，其中如决策的浪漫化、模糊性、急躁化以及缺乏长远的人才战略等等，都是一些慢性病，是几乎所有当时中国的民营企业都有的病症。可是犯了慢性病的姜伟却"了不得，要死了"地叫了起来，医生还没有下诊断，病危通知书还没有开出，病人就自己先吓蒙了。情绪一激动，又做出一些自我了断的过激行动出来，结果呢，真的把自己给弄死了。

在这个意义上，姜伟是在一个不适当的时候、以一种不适当的方式把自己给"整"了。

抢注伟哥　开泰搭车

1997年6月，自发表《我的错误》后消失近一年而又实在不甘沉沦的姜伟，再度浮出水面。在新闻发布会上，他开门见山的一句话依然颇有昔日风采："你面对的不是一个红得发紫的企业家，而是一个曾经成功、现在败走麦城的企业家，一个两年专职的思考者。"

这位"专职思考者"宣布在过去的两年里他投入4000万元，开发出了3种新药，此番要重新出山，再战江湖。他宣称飞龙集团的负债仅为1600万元，有望收回的货款大约有3.5亿元之巨，另外尚能从银行贷到5000万元。

在3种新药中，最被姜伟寄予厚望也是他此次复出决定首推的，是一种叫"热毒平"的中药消炎新药。据姜伟的生动描述，这个"热毒平"堪称"中药3000年历史的突破"——"热毒平"是国家药品监督管理局的保密品牌，获国家保密专利。在公告专利时，只公开不保密部分，鉴定审查时，工艺处方被遮住，专家也不能看。在北京召开的鉴定会上，许多老专家手捧临床报告，满脸疑惑，中药能6天消除人体内的毒素吗？这个新药最使中医专家们难以置信的是，中药是讲疗程的，这种按中医理论研究的植物药，取消了中药疗程，疗效快过西药，它能治所有炎症和与炎症相关的疾病。"'热毒平'证明100多年来青霉素消炎的医学结论是错误的。这是我3年休整的最大成果。"①

姜伟的这种骇人听闻的"姜式描述"，不禁令人将信将疑。然而种种迹象表明，不管可信与否，这个马上就要惊世骇俗的"热毒平"将成为飞龙再度起飞的首选产品却是毋庸置疑的了。可是，风起于青萍之末，随后发生的一个大转弯让所有的人都大跌眼镜。

1998年3月，一则医药新闻轰动全球：美国著名药厂辉瑞公司开发出了全球首款治疗阳痿的口服药 VIAGRA（伟哥），面市后当即在美国引发抢购热潮，并迅速席卷世界市场。VIAGRA被誉为"世界药学界跨世纪的高科技产品""人类生活的新福音"，从事该药研究

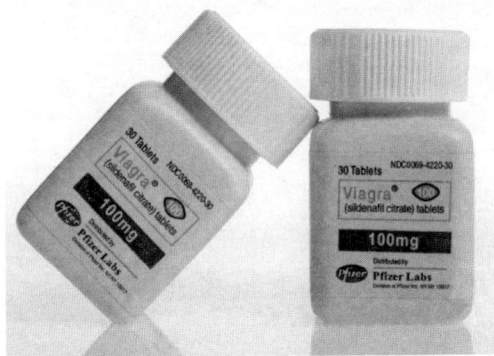
这就是辉瑞的伟哥

的3位科学家为此荣获诺贝尔医学奖。中国的传媒也对此进行了不惜篇幅的报道。北京科光数据调查公司的数据显示，从1998年6月到12月30日，短短半年时间，中国约有320种杂志、1800种报纸图文并茂地刊登文章介绍美国伟哥，许多还是以整版篇幅进行报道。

就在"伟哥热"如火如荼之际，当年8月，沈阳飞龙公司向中国国家工商行政管理总局商标局正式递交申请报告，在中国药品和非医用营养品中申请注册"伟哥"字样的商标。9月3日，飞龙的申请被正式依法受理。

飞龙同时向外宣布：飞龙集团早在12年前就开始了男性阳痿病理

① 摘自《中华第三产业报》对姜伟的对答式专访，记者水华。

学的研究，比美国辉瑞的研究还早了7年；1992年飞龙与美国杜克大学的病理学专家一起完成了超前性的突破，研制出中国第一个治疗男性勃起障碍的药品"伟哥开泰"。

"沈阳飞龙抢注伟哥"，一个爆炸性的新闻如平地惊雷，顿时让飞龙再次成为聚焦点。姜伟宣布，飞龙再次起飞，伟哥开泰不久将面市。

很显然，在同样惊世骇俗然而市场概念却不同的热毒平和伟哥开泰之间，姜伟做出了抉择。

"好风凭借力，送我上青云。"1999年2月1日，伟哥开泰正式上市，并在一些中心城市投放广告。姜伟还将重点地区的经销权转让给了国内

生产"伟哥开泰"的车间

的90多家大经销商。据称，上市的半月内，飞龙公司进账2000万元，发货1000万元，一派供不应求的大好景象。同时，飞龙委托辽宁无形资产评估中心对伟哥开泰的商标价值进行了评估，其价值竟高达7亿~10亿元。传媒惊呼：飞龙公司仅以1万元的投资便换来了数亿元的无形资产，完成"20世纪末最大的一桩无形资产生意"。

然而，"抢注商标"毕竟不是一件说得响的事。抢注者必须从法理和道理上来为自己自圆其说。于是，善于思辨的姜伟便选择了一个"保卫产业经济安全"的古怪角度来为自己辩护。

在接受《市场报》记者采访时，他从三个角度进行了阐述：一是辉瑞的长驱直入可能会毁了中药体系，所以飞龙要阻击；二是辉瑞的

有了那顶帽子，突然间它就身价百倍。

赵晓苏 画

伟哥含有更重要的西洋文化和精神内涵，洋伟哥一来，意味着中国人连肾都要靠别人来补了，所以飞龙要阻击；三是20年来中国发展了，什么都有了，但是信心的增长与经济的增长不同步，所以飞龙的抢注其实是一场信心战。①

姜伟显然想把这次抢注行为描述成"古老中药文化与西洋药品的一次世纪决战"，可是针对抢注本身所可能引发的法律问题却语焉不详。就在他拼命吸引注意力而又顾左右而言他的同时，整个传媒界和经济界也对飞龙的抢注事件表现出一种十分有趣的、难以言表的暧昧。

法律学家曹思源②在一次访谈中表述了这样一个观点：在国际关系上，有一句话叫作"强权加公理"，实力很重要。飞龙早在1992年就开始涉足这方面的专门研究，才有了今天抢注商标的基础。其实抢的是什么？抢的是公理，抢的是强权，抢的是市场和效益。

很显然，曹先生对飞龙抢注的关注和赞赏，并不仅仅局限于这一事件本身的对与错，他是以一个民族主义者的身份来进行解读的。他说，最近有一种说法，讲的是跨国公司可以安排未来发展中国家的经济结构和产业结构，我们不争论，但是有一点是肯定的，中国企业至

---

① 摘自《市场报》1999年1月16日，记者戴立权。
② 曹思源是国内第一个建议设立《破产法》的法律专家，像第一个提出"市场经济模式"的吴敬琏先生被称为"吴市场"一样，曹先生有"曹破产"的美称。

少可以在科技投入和资本运营上安排自己企业的未来。伟哥开泰商标，有关部门评估其无形资产达10亿元，我不想争论安排谁的问题，我是站在市场上，而且是在国际市场上运作企业的未来。①

依照曹先生的逻辑推理，飞龙的抢注是中国企业对跨国公司的一次战胜——至少算得上是一种示威。在当时，这并不仅仅是某一两个人的观点。美国洛杉矶出版的一本名为《城市资讯》的华人半月刊更喜滋滋地替飞龙辩护道："汉字伟哥并不属于美国产品VIAGRA的中文商标，它只是该产品进入华人市场的汉语译音。飞龙公司看到并抓住了这个历史性的商业契机，注册了'伟哥'商标。按照汉族的习惯，男孩叫'哥'，应该叫姜伟先生为'伟哥'。美国的华人期待着'姜伟哥'带着他的伟哥来美国。等着'姜伟哥'吧。"②

这些专家、传媒的辩护和赞叹，无非都是为了达到一个目的，即把这起遭到道德质疑、纯粹意义上的企业行为演化成一件事关发展中国家与跨国霸权主义的抗争事件。尽管种种说词，都有可以自圆其说的地方，然而，一家规模不可谓不大、知名度不可谓不高的保健品龙头企业竟将一家他国公司的发明性商品的"汉字译音"抢注为自家的商标，毕竟不是一个很符合游戏规则的做法。围绕着飞龙抢注所出现的种种言论和思潮，生动地凸现出当时中国经济生态圈的道德及法律意识的混乱和淡薄。

遭遇红牌　重振乏力

当一件事情开始出问题的时候，这个问题是早就存在了的。而这些陡生出来的问题，却又往往是一些表象或症状，却未必是病症

① 摘自《中国经营报》1999年2月2日。
② 摘自《城市资讯》1999年1月期"现代意识"专栏。

本身。

就在飞龙抢注伟哥的前后，大江南北万千商家闻风而动，纷纷打出伟哥招牌。据《羊城晚报》记者观察，仅广州街头就出现了诸如"伟哥神丹""伟哥神露""伟哥神丸"等数十种标着伟哥字样的药品，甚至出现了"伟哥食府"饭店以及"伟哥壮阳煲""伟哥炸癫蛇""伟哥老火靓汤"等食谱。而在北京、武汉、重庆等大城市则出现了VIAGRA黑市，一粒VIAGRA的价格高达300元，一些假冒的伟哥也在暗中兜售……似乎，全中国陷入了一场怪异的"壮阳浪潮"之中。

在飞龙抢注伟哥事件发生之初三缄其口的美国辉瑞公司也开始了四处活动。其时，辉瑞申请在中国市场面市的报告已经送达有关部门，并开始在北京、上海的大医院进行临床试验。辉瑞公司同时透露，该公司早在1998年5月就已在中国香港申报了"伟哥"汉字商标①。

在美国国会和欧盟国家，不少政治和经济界人士透过辉瑞在中国的遭遇表现出各自的担忧，他们担心即将加入世贸组织的中国在市场规范化方面仍然难以与国际接轨。

1999年3月28日，灾难终于降临到惴惴不安的姜伟身上。国家药品监督管理局发出《关于查处假药"伟哥"的紧急通知》，这份编号为〔1999〕72号的《通知》明确指示："要求各地药品监督管理部门对市场销售的'伟哥'一律查封……'伟哥'为美国辉瑞公司生产的药品，这种药品在我国正处于临床研究阶段，至今我国尚未批准任何企业进口此药品，也未批准国内任何企业生产此药品。目前，国内除有关医院正用于临床试验的这种药品外，市场销售的均为假药。"

时隔不久后的4月14日，国家药品监督管理局再次发出编号为

---

① 根据北京天平商标代表公司国际查询，辉瑞在1998年5月29日以07025/1998号医药制剂、香港商标分类第五类申报了"伟哥"的汉字商标。

〔1999〕93号的通知，要求各地药品监督管理部门依法查处沈阳飞龙制药有限公司生产的劣药"伟哥开泰"。其理由是：1998年12月，飞龙公司原中药保健药品"延生护宝胶囊"经辽宁省卫生厅同意更名为"开泰胶囊"，但药品包装盒所附材料中实际宣传药名"伟哥开泰胶囊"与审批药品"开泰胶囊"不符。"伟哥开泰胶囊"使用说明中所称的主要化学成分"去氢紫堇碱"在审定的处方中也未曾涉及。更为严重的是，该公司擅自更改该药的功能主治，误导消费者，产生了极为恶劣的影响。

由辽宁省卫生厅透露的这条信息再次让人对飞龙公司的广告诚信度产生了疑问。因为在此之前，飞龙在所有的宣传资料中均称，"伟哥开泰"是飞龙与美国杜克大学一位叫爱华的美籍华人教授（他还被描述成1998年度诺贝尔医学奖获得者的第一位中国博士生）从1992年就开始研究的新产品，它从研制到生产的全过程，由"美国智慧发展有限公司"总监制。然而，根据辽宁省卫生厅的资料，"伟哥开泰"仅仅是已经销售多年的延生护宝胶囊的更名，如此而已。

国家药品监督管理局要求各地药监部门立即阻止"伟哥开泰"的任何宣传、销售活动，并责令飞龙公司在规定时间内全部收回已销售的产品。这是《药品管理法》实施14年来，国家药监部门第一次对一个企业处以产品退回和禁售的极刑。

这两道通知，如一块硕大的天外陨石突然砸进一个沸腾着的大汤锅中，顿时溅起惊天波澜。它无异于两份极刑判决书，一下子把刚刚准备再一次起飞的飞龙又猛地打回到地狱之中。正憧憬着美好未来而兴奋不已、高歌长啸的姜伟被卡住了咽喉。此刻，他已别无选择。

姜伟开始了最后的抗争。4月23日在北京，4月29日在沈阳，他连续召开大型新闻发布会表达自己的观点和证据。他宣称："真正的拳手不在于他怎样把对手打倒，而在于他被打倒后能不能在规定的时间内自己爬起来重新战斗。"5月6日，飞龙宣布起诉它的顶头上司辽宁省卫生厅。同月，它又将一纸诉状递到北京市第一中级人民法院，状告国家药品监督管理局，并提出索赔1.26775亿元人民币。这是我国《行政诉讼法》颁布10年来最大的一起"民告官"案件。飞龙聘请的律师团也可谓阵容强大，其首席律师是当年《行政诉讼法》的主持起草人之一，其他如中国法学会行政法学会副会长、国家工商行政管理总局原商标局局长等等，一时华盖云集，气势逼人。在市场上，姜伟也表现出东北人特有的倔强，对个别经销商的退货要求，飞龙一概不予理睬。

然而，这起备受关注的"民告官"事件不久便冷却了下来，其间也曾出现过一些"柳暗花明"。6月8日，辽宁省卫生厅发文同意沈阳飞龙恢复生产，然而要求将"伟哥开泰"改名为"春意开泰"，而国家药品监督管理局则正面应诉，向法院递交了答辩状。到2000年初，最终传出的消息是，飞龙的诉讼请求被驳回，姜伟的抢注计划终告流产。

2000年8月，美国辉瑞公司的VIAGRA被正式获准在中国医院销售，其中文标准名称为"万艾可"。"伟哥"一词，与飞龙的抢注闹剧和数以百计的假药一起沦为不值一提的市井狎语。

2000年1月，旧历春节之前，疲惫不堪的姜伟在北京召开了他自称的"20世纪最后一次"新闻发布会。记者观察到，一向在公开场合注重仪表的姜伟"头发没上摩丝或发胶，西服也没系扣子"。

在这次新闻发布会上，姜伟宣布飞龙将再一次起飞，跟前几次不同，姜伟宣布"能见度很好"。此次起飞，他带来了两个秘密武器：一是因"伟哥开泰"而推迟面市的"热毒平"，一是他决定出让飞龙51%的股份。

他说，飞龙的起飞时间定在开春后的四五月间。

他说，从今天开始，飞龙正式走向未来。

　　他说的这些话都在媒体上被一一刊登了出来。然而，人们正在用一种"过去时"的目光来注视飞龙。在2000年的开春，人们更愿意津津乐道的是网易29岁的CEO丁磊可能要把总部搬到北京了、搜狐的张朝阳到底会不会像他宣布的那样成为"中国首富"。一些新鲜的故事在新世纪春风的吹拂下正哗哗地掀开清新的一页。

　　你注意到2000年4月或5月，有一个叫飞龙的公司在你的身边又起飞了吗？

飞龙

大事记

1990年10月，姜伟来到飞龙。此时的飞龙只是一家注册资本75万元、职工60多人、生产一种名为"飞燕减肥茶"的小厂。稍后，姜伟开发出延生护宝液。

1991年，飞龙开始对一些城市进行轰炸式的广告投放。

1992年，飞龙广告费投入1000万元，利润飙升到6000万元。

1994年，延生护宝液在全国市场上一片旺销，姜伟也因此荣获全国杰出青年企业家、中国十大杰出青年、中国改革风云人物三大桂冠。

1995年3月23日，飞龙集团取得了在香港联合交易所上市的获准文书。4月18日，姜伟突然宣布放弃上市。

1995年4月，姜伟巡视全国市场，发现飞龙的管理存在着巨大的漏洞。6月，姜伟突然在媒体上宣布：飞龙集团进入休整期。

1995年10月，飞龙集团二次起飞，出师不利。

1996年初，姜伟被迫决定退出省会城市向中型城市延伸，然而处处遭遇阻击，最终全线溃败。稍后，姜伟在企业内部展开"整风运动"，并对中高层干部中的8%进行了清除。

1996年7月，姜伟抛出题为《我的错误》的万言检讨，历陈"总裁的20大失误"。发表后，国内传媒广为转载。一时间，关于飞龙的种种流言四起。

1997年6月，姜伟在新闻发布会上宣称，飞龙集团的负债仅为1600万元，有望收回的货款约有3.5亿元之巨。

1998年8月，沈阳飞龙公司向中国国家工商行政管理局商标局申请注册"伟哥"字样的商标，并被正式依法受理。同时，飞龙向外宣布：飞龙集团早于1992年研制出中国第一个治疗男性勃起障碍的药品"伟哥开泰"。

1999年2月1日，"伟哥开泰"正式上市。据称，上市首月销售额达到6000万元。

1999年4月，国家药品监督管理局发出通知，要求各地药品监督管理部门依法查处飞龙生产的劣药"伟哥开泰"。

1999年5月6日，飞龙宣布起诉辽宁省卫生厅。同月，飞龙又在北京状告国家药品监督管理局，并提出索赔1.26775亿元人民币。

2000年初，飞龙的诉讼以失败而告终。姜伟的抢注计划终告流产。

2000年1月，姜伟在北京召开新闻发布会，宣布决定出让飞龙51%的股份，飞龙将在四五月间再一次起飞。

后续故事

姜伟一直是个不甘寂寞的人。他曾对记者描述说："当你突然间从一天工作十几个小时转变到无所事事的时候，那种感觉是恐惧的。"他一直试图重振沈阳飞龙。2002年前后，资本市场的"德隆系"如日中天，姜伟曾与唐万新多次接触，想要联手搞资本经营，最终他发现"自己受骗了"。

2006年，姜伟出版了一本图书《变易——中国和谐文化的思考》。他宣称自己将进军文化产业，通过建造三大网站来实施打造庞大的网络文化帝国的计划，这三大网站分别是：人性殿堂、网络智能中医和虚拟城市实用动漫电子商务。他的目标是"3年到5年内超过百度、阿里巴巴、盛大等中国企业，并挑战Google的霸主地位"。

2007年2月，姜伟突然又演出一折"抢注戏"。当时，国家食品药品监督管理局原局长郑筱萸因涉嫌重大贿赂罪被"双规"，沈阳飞龙向国家商标局申请注册"郑筱萸"商标，用于生产"耗子药、鼠药、灭鼠剂、杀害虫剂、杀寄生虫剂"。姜伟对记者说："贪官污吏常被老百姓斥为'硕鼠'，而郑筱萸正是这样一只不折不扣的硕鼠，飞龙用这样一只硕鼠名来当耗子药、杀虫剂商标，也是给大大小小的官员敲个警钟。"姜伟对郑筱萸实有旧恨，他当年抢注"中国伟哥"就是夭折在郑筱萸之手。

2008年11月，沈阳飞龙宣布将进军"洋酒"产业，姜伟决定将"山

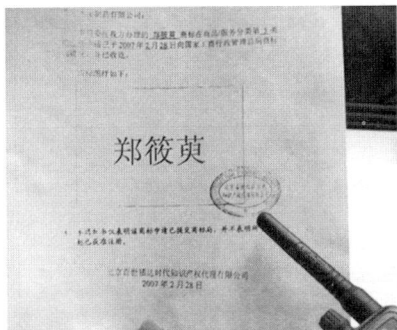
姜伟的又一出抢注戏："郑筱萸"商标申请进展通知书

寨"注册成商标，使用在产品上。2010年4月，国家食品药品监督管理局发布违法药品、医疗器械、保健食品广告公告，列举7个广告严重违法的药品和医疗器械，其中包括沈阳飞龙药业有限公司生产的药品"茸杞补肾健脾茶（广告中宣传名称：延生护宝茶）"。

2012年11月，国家工商行政管理总局对全国医疗、药品、保健食品、化妆品及美容服务类广告进行监测抽查，公布了部分严重违法广告，其中包括沈阳飞龙药业有限公司的乌麦益智合剂药品广告。该广告利用医生、患者的名义作证明，含有不科学地表示功效的断言和保证，误导消费者。

档案存底

总裁的20大失误 /姜伟（发布于1996年7月6日）

1. 决策的浪漫化。在一个知识分子较多的企业当中，有一点知识分子固有的浪漫化的企业文化是无可非议的。但是，企业又是一个经济组织，处在一个你死我活的经济竞争环境之中。企业的根本目的是获得利润，企业的每一个行为都必须进行具体利润的数字计算。总裁在6年经营实践当中，淡化了企业利润目的，决策过于理想化、浪漫化，导致飞龙集团大部分干部在企业运行过程中，也出现严重的理想化和浪漫主义的行为，不计成本，不算利润。

商人是以挣钱为目的的，哲学家、艺术家、空想家在企业是不能存在的。

2. 决策的模糊性。不熟不做是商业法则之一，但有一段时期，总裁过于强调产业多元化，涉足了许多不熟悉的领域；同时，有许多事情也是总裁不熟悉的，又没有熟悉这方面的人才来实施，所以盲目决策和模糊决策时有发生，经常凭着"大概""估计""大致""好像"等非理性判断，进行决策。

3. 决策的急躁化。市场经济只有开始没有终止，凡是商人必须以平静的心态参与无休止的市场竞争。在近6年的企业发展中，尤其是在企业发展的关键时期，总裁经常处于一种急躁、惊恐和不平衡的心态当中，导致全体干部也处在一种惊弓之鸟般的心态当中。在这种自上而下的心态中，片面决策有之，错误决策有之，危险决策有之。

究其根源，如果对全局发展经常思考和随时准备，特别是对即将出现的情况有一个成熟的准备，那么决策时就会临危不乱。有备之则平静，有预见则不紧张。

4. 没有一个长远的人才战略。市场经济的本质是人才的竞争，这是老生常谈的问题。回顾飞龙集团的发展，除1992年向社会严格招聘营销人才外，飞龙从来没有对人才结构认真地进行过战略性设计。出现了随机招收人员、凭人情招收人员，甚至顾及亲情、家庭、联姻等的不正常人员招收现象，而且持续3年之久。作为已经发展成为国内医药保健品前几名的公司，外人难以想象，公司竟没有一个完整的人才结构，没有一个完整的选择和培养人才的规章；一个市场经济竞争中的前沿企业，竟没有实现人才管理、人才竞聘、人才使用的市场化。人员素质偏低，造成企业一直处在一种低水平、低质量的运行状态。企业人才素质单一，知识互补能力很弱，不能成为一个有机的快速发展的整体。人才结构的不合理又造成企业各部门发展不均衡，出现弱企划、大市场，弱质检、大生产，弱财务、大营销等发展不均衡或无法协调发展的局面，经常出现由于人才结构不合理，造成弱人才部门阻碍、破坏、停滞了强人才部门快速发展的局面。最后造成整个公司缓慢甚至停滞发展。

没有长远的人才战略，也就没有人才储备构想。当企业涉足新行业或跨入新阶段时，才猛然发现没有人才准备，所以在企业发展中经常处于人才短缺的状况，赶着鸭子上架，又往往付出惨重的学费。

总之，人才战略的失误是集团成立6年来影响最大的一个错误。

5. 人才机制没有市场化。飞龙集团在人才观上有两个失误：一是人才轻易不流动，二是自己培养人才。这两种人才观的形成有其客观原因，为了保持企业凝聚力，需要一个人才稳定的环境，所以飞龙人的流动性很低。同时，由于飞龙是民营企业，缺乏法律保障，所以人才的可靠性是第一位的，久而久之便形成了自己培养人才的惯例。但是，长时间忽视了重要部门、关键部门、紧需部门对成熟人才的招聘和使用，导致了目前人员素质偏低、企业难以高质量运行的错误。

6. 单一的人才结构。由于专业的特征，我们从1993年开始，在无人才结构设计的前提下，盲目地大量招收中医药方向的专业人才，并且安插在企业所有部门和机构，造成企业高层、中层知识结构单一，企业人才结构不合理，严重地阻碍了一个大型企业的发展。

7. 人才选拔不畅。1993年3月，一位高层领导的失误造成营销中心主任离开公司，营销中心一度陷入混乱。这件事反映出飞龙集团的一个普遍现象——弱帅强将。弱帅根本管理不了强将，强将根本就不接受弱帅的管理，实际上造成无法管理和不管理，军阀割据，占山为王。分公司实际上处在各自为政、各自做主的营销状态，无法进行统一的大营销管理。造成这一现象的根本问题在于内部竞聘的机制没有解决，强将成不了强帅，弱帅占着位置不下来，"铁交椅"本是国有企业病，却在飞龙集团这个民营企业蔓延。

8. 企业发展缺乏远见。在企业经营过程中，我们犯了没有长远发展规划、没有及时改善企业运行架构的错误。

企业没有发展规划是很危险的。随着企业的不断发展，要经常完善企业领导的有机管理运行架构，使企业永远成为一个有机运行的机体，这个问题至今没有解决好。

9. 企业创新不力。创新是企业发展的根本，一个发展了5年的企业没有创新必然走向衰落，一个销售3年的产品没有创新必然走向死亡。这是无情的规律。但是近6年来，总裁过分强调企业过去的辉煌，没有认真思考创新，造成企业管理和市场开拓无新意。今后要通过更换新生力量，完成创业创新。

10. 企业理念无连贯性。翻开飞龙集团近3年来的文件，最大的特征是总裁说得多，但没有指导具体怎么做。只有理论而没有具体实施的方法，造成了理论看不懂、具体方法又没有，讲一次浪费一次的局面，经常出现新的理念，而且无连贯性。总裁自己也没有找到一个连贯的理念，导致企业长时间没有一个连贯的经营思想。

11. 管理规章不实不细。飞龙集团发展6年中制定了无数规章和纪律，规章制度已经比较完整。但这些规章大部分没有严密的具体细则，没有落实到具体责任人，导致有规难依。纠正这一错误要从现在开始，总部各部门、市场各公司重新把现有的法规完善后，要增加两方面内容，即法规实施细则和实施检查细则。

12. 对国家经济政策反应迟缓。1993年以前，由于使用普通发票和受法律限制，企业实行出厂价销售，以调动中间批发商的积极性。1993年实行新税制后，国家实行增值税抵扣发票，使企业具备加价销售的条件。此时，总裁不但没有果断地做出加价销售的决策，增加企业对零售商的直接供给，反而用勉强的方法来适应这场税制改革。实行加价销售，企业在产品零售价不涨的情况下，在市场上可获得16%的纯利，市场上的运作资金也将获得巨额增长。如1993年加价，将获2000万元的加价资金。1994年加价，将获3000万元的加价资金。在这个问题上，总裁受了保守思想的限制，结果在1995年出现中间商拖欠货款巨大、零售环节不力、资金严重短缺等问题，险被淘汰出局。

13. 忽视现代化管理。1993年，国家某部门两次登门推广现代自动化管理程序；1994年，又有一个部门上门推广现代化办公管理程序，但都被总裁拒之门外。三株公司就在此时完成了现代化管理，在保健品市场萎缩时，他们因此大受益处，没有出现飞龙集团这样的资金混乱现象。这个教训告诉我们，企业必须不断采用现代科技手段完成对企业周密的管理。科学管理不仅应建筑于科学的思维上，还要建筑于科学的方法上，基础之基础是科技。

14. 利益机制不均衡。由于总裁长时间受到"大锅饭"思想的影响，过分强调飞龙集团"共创发展"，长时间不打破分配体制中的平均主义。实际上，企业干部一直用灰色或黑色收入，弥补自身收入的不足。这样一来，企业花费6年时间所建造的经营理念被彻底摧毁。一切激励人心的东西，都被灰色收入的传说击垮。

1996年，飞龙开始打破利益平均，但又忽视了对员工正确金钱观的教育，使一部分职员从一个极端走向另一个极端，产生一切为金钱的可怕现象。飞龙集团原本是由有志青年聚合起来的公司，前5年集团在较低的分配体制下运行，依靠企业信念顺利完成了初期的发展。在新时期的发展中，应该明确一个观念：我们需要钱，但我们更需要事业。

15. 资金撒胡椒面。飞龙集团长时间处在资金分散使用的状态，不能够有计划、有规模地集中使用资金。资金分散使用，造成了严重浪费，导致资金严重短缺。管住管好资金，是企业发展至关重要的原则。

16. 市场开拓的同一模式。延生护宝液进入市场成功以后，其模式被总裁作为一个万能的标准模式，错误地将后期研制的新产品用同一个模式在全国大面积推广。产品不同、性能不同、消费人群不同，却没有各具特色的推广战术，这是一大失误。在这个问题上，总裁犯了严重的经验主义错误，过分地相信个人智慧，没有及时与全国各大广告公司合作，利用集体智慧互补，造成所有的新产品推出无新策划、无新方法。

17. 虚订的市场份额。在近6年的决策中，过分强调市场份额和市场销量，导致了市场应收款剧增、货物混乱、货物贬值的严重局面。特别是在处理资金短缺与流通货物总量之间的矛盾时，轻视了流通货物总量对市场的灾难性冲击，反而导致应收款增加、回款不畅的恶性循环。

因此，必须长时间稳定供求关系，宁可减少生产和销售规模，也要提高企业运行的内在质量。

18. 没有全面的市场推进节奏。任何一个产品，在市场上都有不同的周期，产品在市场上永恒的生命力在于整体的广告策划。没有全面的广告策划，就等于宣布该产品在这一时刻死亡。

19. 地毯式轰炸的无效广告。营销的零售终端是市场攻击的最基本点，由于集团的快速发展，总裁在近3年中忽视了对零售商、医院、药房做重点攻击，片面强调在全国、在大城市立体广告攻击的作用。由于这一错误的长期存在，导致大量无效广告，广告效果不明显，广告资金流失，出现了广告应付款剧增，投入与产出不成比例。

20. 国际贸易的理想化。我们对国际贸易的法律不熟悉，用国内成功的经验在国际市场上重复输出是严重的经验主义错误；对国际市场的销量和价格估计过高，对国际市场进入的阻力估计过低。

总结的话：

市场经济成功的根本在于正确的决策和正确决策的实施。如何完成正确决策的实施？企业在新的发展阶段需要创新，思维方法和工作方法都要不断创新。

我们要树立这样一种观念：飞龙集团过去的错误是企业宝贵的财富，是未来发展的宝贵资产。社会上各大企业的错误也是值得我们借鉴的财富。信息中心和情报中心要经常收集企业自身及其他企业的错误。要在全集团养成这样一种风气：敢于承认错误，敢于分析错误，任何化解和隐瞒错误的行为都是愚蠢的行为，是导致企业失败的行为。

我们确立了一个目标，当这个目标没有达到而失败时，我们就应该认清这是一个错误，避免再犯同样的错误。人们绝对不能从已经失败的事情中，千方百计地去寻找几个小小的成功和几个小的闪光点，以此为借口来解释我们的失败，寻找心理上的自我平衡。

最后用毛泽东的一句话来结束我的检查：错误和挫折教训了我们，使我们比较地聪明起来，我们的事情就办得好一些。

八方说词

"振兴民族工业"的命题是1992年在啤酒行业被第一次醒目地提出来的。当时，国内各大城市的高档酒家饭店被跨国啤酒品牌一统天下，国产啤酒无法立足，杭州的中华啤酒由此提出"振兴国啤"的口号并引发一场大讨论。从此以后，"振兴民族工业（民族经济）"便成了企业家口袋里的一个红喇叭，随时可以掏出来叫几声。飞龙在抢注伟哥事件中便把其行为与"民族产业安全"相联系，并高呼这是一场"古老中药文化与洋药的世纪决战"。事实是，飞龙的"伟哥开泰"最后以退出市场而告终，辉瑞的VIAGRA真的进中国了，可也没把古老的中药文化和中药体系摧毁得怎么样。口号永远是口号，激励人心或许可以，但如果真正地当作战略来实施，那就很可笑了；如果不分场合时间，振着手臂到处乱喊一气，或者当作大棒到处来挥去，那就不止可笑，更是可疑了。下面这几篇新闻稿是记者们对彩电行业中的"民族工业旗手"们的一次集体质疑。

对"高举民族工业大旗"的质疑

首先是一次阵痛

《工人日报》记者石述思：长虹每次降价都会举起利国利民的大旗。这次也不例外，它在高喊全面让利于消费者的口号之外，还不失时机地搭上了中国加入世贸组织及扩大内需这班车。

这颇像前一段时间社会上颇为流行的"洪水机遇论"，最后对机遇的关注和欢呼甚至过了对洪水带来的阵痛和灾难的反思。

我们不能重复类似的错误。必须承认，长虹此次推倒中国彩电业第五次降价战的第一张"多米诺骨牌"，是其前一段时间囤积彩管、大搞"资源战"的必然后果，某种程度上是将其自己不能承受的资金、产品积压问题让全行业一起扛。因而我们在讨论这次降价带来的机遇时，首先必须意识到中国彩电业将为此付出多么昂贵的学费。须知1998年，彩电业降价战曾使全行业利润损失54亿元。

此降价非彼降价

《经济日报》记者张九红：如果说1996年长虹的降价，还可算是高举民族工业大旗，今年的降价，只不过是一场毫无意义的内耗而已。事实上，今日的国外品牌，已基本是国产化的"杂交品种"。

看一看国内企业的竞争手段吧，目前价格仍然是企业争夺市场份额的最重要的甚至是唯一的法宝。过去几年中，长虹或者说几乎所有的国内企业追求规模效应的主要目的是实现价格优势，而规模效应所应表现出的研发优势，则恰恰被国内企业忽略了。

在这种情况下，企业又哪来足够的资金进行持续的研发呢？这就难怪会出现经历了十几年的彩电工业发展之后，中国彩电企业仍然处于散件组装厂地位，彩电更新换代所需要的关键技术一样也没有掌握在中国企业手中。更加难以避免的是，一个企业在产品上作出一些改变时，其他企业马上也能推出同水平产品来。中国企业拿来的太多太多，而吸收消化转变后加以创新再为我所用的，又太少太少，这就直接导致了规模企业优势不强的局面。

看一看国外彩电，超平、纯平、高清晰……一款一款的新品不断被推出，而中国企业只有一款一款紧跟的份儿，何时国内企业开发出的产品能让国外企业紧追不舍，那才是中国企业的希望所在。

传媒被"营销"了

《南方周末》记者刘洲伟：降价何以一直受传媒热爱？1996年彩电降价是新闻，往后每年一度，传媒乐此不疲，是传媒业可能上了彩电业的当，被"营销"了。

别的行业也有降价，比如说饲料、建材、纺织品等等，哪个也没有彩电业这么醒目，似乎一举一动关乎民族大业。实际的情形是，企业的品牌在新闻炒作中冉冉上升，这是企业无形资产的低成本扩张。我总觉得，降价是企业自己的事，如人饮水，冷暖自知。传媒现在这个模样，颇有点"皇上不急太监急"。

（摘编自《中华工商时报》1999年4月28日）

瀛海威

在大雾中领跑

在一个处于启蒙期的行业中生存是很困难的；难上加难的是，你所领导的企业恰恰又是早起的领跑者。

你必须经历行业成熟过程中的所有阵痛，还必须承担所有的启蒙成本以及技术进步和道义上的双重责任。此外，你还必须时时追问自己：你是否依然适合领导这样的企业？你是否依然适合领跑？

在一个万物萧瑟的秋天，写一段关于中国网络业的悲情故事，是合适的。

如果在1年前①，可能还不会有很多人静下心来仔细倾听。那时候，大洋彼岸的纳斯达克号角正唤起多少青春的激情；那时候，无数的MBA和高IQ的青年精英正忙着爬上淘金的快车；那时候，只要你站在稍高一点的土墩上，迎风吼出一句话，你就会被推拥为新经济英雄。

如今，纳斯达克的号角似乎有点喑哑了，曾经踌躇满志的CEO们开始为明天的生计哭泣了。大雾挡道，山穷水尽，人们这时才突然发现，那些意气风发的领跑人在大雾中跌倒了，流血了，失踪了。一个年轻产业的成熟，往往需要无数浸满鲜血和泪水的失败来作为祭奠。只有当一种失败的原因被这个产业中所有的人记取之后，才可能不再出现下一个牺牲者。

于是，风雨飘摇中的瀛海威和一个曾饱经沧桑的女人，在此刻显出了其特有的意义。

"中国人离信息高速公路有多远？"

1996年的早春，北京，中关村。

在这个被称为中国硅谷的南大门零公里处突然竖起了一块巨大的

---

① 指本书写作前一年——1999年。2000年，互联网泡沫开始破灭。

广告牌：中国人离信息高速公路有多远——向北1500米。

在高速公路刚刚开通不久的北京城，这块广告牌被很多人当成了路标，忙碌的巡警们更是气不打一处来：天大地大的皇城根，哪来的信息高速公路？

现在，这一天被认为是中国网络产业的一个纪念日。那个竖广告牌的女人和她的"向北1500米"的默默无闻的小公司因此走进了历史：张树新和北京瀛海威信息通讯公司。

张树新

1986年，23岁的东北抚顺姑娘张树新走出了位于合肥的中国科技大学的校门。就在那一瞬间，她突然发现自己的个性并不适合自己原来的理想。这位就读于化学系、自幼渴望成为"居里夫人"的才女是中国科技大学历史上第一位女学生会主席、诗社社长。"当初我之所以学化学是因为我想成为化学世界的中国居里夫人。但后来发现自己没有如水心境，做不了学问；自己又天性自由，也不宜从政。为了圆中学时代当一名战地记者的梦，毕业时选择了记者行业。"

于是，自主意识超群的张树新出人意料地放弃了出国和报考研究生的机会，到《中国科学报》当了一名记者。日后，她又一次次地在人们不解的目光中改变自己的人生轨道。

3年后，被称为"报社最好的记者"的张树新突然又决定到中国科学院高新技术企业局从事企业策略研究工作，她参与制订了中国科学院2000年产业规划，目睹了中关村的神奇崛起和无数企业神话。又过了3年，在汹涌而至的"下海"热潮中，按捺不住创业冲动的张树新走出中国科学院，创建了北京天树策划公司，当起了一个到处指手画脚、忙碌而快乐的策划人。其间，张树新还和丈夫姜作贤一起做起了刚刚热起来的传呼台生意，并很快挖到了生意场上的第一桶金。"传呼台是短期生意，不久我们就出手了。在1994年，我们又没事可干，于是就闲着。"

这年底，张树新跟丈夫一起去美国游历。在一位同学的家里，她收到了一份印有e-mail地址的通讯录，也就在这一刻，"互联网"这只长着翅膀的精灵飞进了张树新的视野。其时，马克·安德森刚刚发明了马赛克网络浏览器，美国的上网人数首次突破了100万，比她小5岁的杨致远已经与大卫·费罗一起在斯坦福大学的一个拖车里开出了划时代的雅虎（YAHOO!）网站。

就在张树新收到那张启迪了她心智的通讯录后的第100天，她走进中国邮电部，成为第一个申请做互联网服务的人。没有人知道该把她的申请单放到哪一类，没有人知道如何去收费。这实在是一个新鲜的、像空气一样透明而又确实存在的事业。

其实，连张树新自己也不十分清楚自己到底能提供什么服务。这个"元问题"始终困扰着张树新和瀛海威，甚至可以说，瀛海威的每一个探索都是对这个问题的一次解读。她与丈夫一起设计出的"瀛海威时空"网络是挂在中国科学院之下的全中文界面的交互网络，是当时国内唯一立足大众信息服务、面向普通家庭开放的网络。"进入瀛海威时空，你可以阅读电子报纸，到网络咖啡屋同不见面的朋友交谈，

网络启蒙年代的瀛海威

到网络论坛中畅所欲言，还可以随时到国际互联网上走一遭……"登录瀛海威的用户必须登记在册，并需缴纳一笔入网费。这基本上是"美国在线"早期模式的翻版。

记者、策划人出身的张树新很快让瀛海威获得了惊人的知名度。她也迅速地穿上了领跑衫，跑在了还显得稀稀拉拉的中国互联网长跑队伍的最前头。

在这个尚未成形的市场中，张树新义无反顾地担当起了启蒙者的角色。瀛海威人所做的第一件事就是在北京魏公村开办了中国第一家民营科教馆，所有人都可以在这里免费使用瀛海威网络，免费学习网络知识。瀛海威还开发出了一套全中文多媒体网络系统，以低廉的价格为中国普通老百姓打开了一扇进入信息高速公路的大门。张树新在各大新闻媒体开设专栏，在普及网络知识、传播网络文化的同时一遍遍地告诉国人：信息产业是中华民族崛起于世界的一个重要机会。她向中国科学技术馆无偿提供"中国大众化信息高速公路"展区；她同

北京图书馆合作，在"瀛海威时空"网上提供北京图书馆书目查询；亚特兰大奥运会期间，她为新闻单位开通亚特兰大到北京的新闻信息通道……

这是一个毋庸争辩的事实：在网络服务起步的初期，瀛海威启蒙了中国人的网络意识，在网络服务的市场培育上功不可没。出于历史原因，瀛海威是在整个行业的资源、环境都不成熟的条件下做起来的。瀛海威向国人传播了几乎

20 世纪 90 年代矗立街头的"瀛海威"广告牌

所有关于因特网的基本概念。一个公司员工回忆，当时他在瀛海威科教馆里，每天要不断地告诉来访者什么是网站，什么是ISP，什么是电信平台，告诉别人"Internet"和"英特纳雄耐尔"的区别……许多中国老百姓是伴随着瀛海威走进因特网世界的。

同时期唯一能与张树新和瀛海威相提并论的是王志东和1996年5月开通的四通利方。与张树新张扬的个性不同，技术员出身的王志东是著名的汉字输入法"中文之星"的发明人。跟很多技术人员出身的经营者一样，他在初期更愿意让自己保持一种低调的姿态。四通利方的办公地点选在中关村的一所小学校里，尽管它的中文论坛和聊天室在当时的网民中已颇有声望，而且也发表了诸如老榕的《大连金州不相信眼泪》等轰动一时的帖子，可是在传媒影响力方面它远远不如瀛海威。

清新的空气，辽阔的疆域，伸手可及的荣誉的彩虹，张树新仿佛闯进了一片亟待开垦的处女地。1996年9月，国家经贸委属下的中国兴发集团决定投资瀛海威，总股本扩充为8000万股，大股东兴发集团与北京信托投资公司占60%，中国通信建设总公司为600万股。张树新的天树公司与姜作贤的卧云公司的股价溢增，无形资产1360万元加其他股权，比例下调为26%，股值2120万元，张树新俨然成为身价上千万的新生代女富豪。与此同时，公司员工从最初的3个人发展到了100余人，全国大大小小的媒体每天都在连篇累牍地宣传瀛海威和它的"书写中国ISP传奇"的理想。1997年1月，瀛海威与当时正如日中天的微软结成战略合作伙伴关系。春节，瀛海威全国大网开通，公司上下群情振奋。3个月内，上海、广州等8个中心城市的分站开设，其线上用户付费收入达到110万元。公司在相关地方报纸上买了12个专版广告，宣布在未来3年内投资总额将达到5个亿，节点建设超过60个，所有的版面上都以一句充满激情的口号为题——"星星之火，可以燎原"。

在当时，意气风发的张树新绝对不会预想到，两年多后这样的话竟会出自她自己之口："1994年底到1995年初，我们走入IT行业，是一种不幸。"

"带着巫气的哲人"

张树新是中国第一个提出"百姓网"概念的人。正是这个概念的出现让互联网走下"专业的神坛"而成为现代日常生活的工具。可是，张树新始终没有弄明白，老百姓到底需要一张怎么样的网。相反，张树新把网络看得十分神圣，也鼓吹得十分神圣和神秘。她把一位启蒙者的错觉当成信念般的公理来进行布道。一位叫Fangxd的网民回忆自己听过一次张树新关于网络的玄而又玄的演讲，觉得她有点像"带着巫气的哲人"。

网站应该发布什么信息？网民究竟需要什么？瀛海威应该培育怎样的网站特征？网站的技术支撑点是什么？对于这些疑问，张树新和她的部下跟所有网民一样不甚清楚。

"为炒作新闻热点而炒作，不考虑市场规律，这是瀛海威做好多事情的一贯作风。一个项目提出来，没人认真研究市场，做市场预测，不去探究其市场推广的可能性。"一位离职的部门经理如此评说。

1997年，一位点子大师向张树新提议，香港面临回归，党的十五大即将召开，三峡工程开工在即，爱国主义肯定是本年度的第一主题，瀛海威何不利用这个时机做一个"网上延安"？热衷于创意的张树新凭直觉意识到这是一个既有社会意义又有商业价值的主题信息："网上延安"创意很好，把延安的历史、现实、人物故事都放在网上，可通过教委组织全国中小学生观看，进行爱国主义教育，同时也可增加公司收入。张树新同时指示，要做"海量"，用最好的技术，先延安，后西安，再全国，最终推出"网络中国"，使之成为瀛海威的经典品牌。

于是张树新马上召开新闻发布会，对外宣布：为配合爱国主义教育，瀛海威将耗时3年，投资千万，推出"网络中国"大型主题信息。果然，大小传媒一时炒得沸沸扬扬。

经过制作部门的努力，1个多月后，200个网页、500幅图片、10多万字的"网上延安"上网了。"可后来事实是，'网上延安'点击率非常低。"当时为从事这一项目狂热投入、挑灯夜战的一位职员万分沮丧地说。

"我们知道2000年以后我们会赚钱，可我们不知道现在应该做什么。"这是在瀛海威公司员工中流传甚广的一句话。与此相对应的是，瀛海威有很多战略性的宏伟计划和美好的效益预测。张树新曾计算出1997年瀛海威当年度的网上游戏利润为1000万元，她还要求员工在3个月内拿出10个高水准的游戏软件。

而当时，瀛海威的所有中继线即使用满24小时也不可能达到1000万元的目标，3个月拿出10个高水准的游戏软件更是天方夜谭。瀛

新闻发布会、签约仪式和科普讲座，是张树新最拿手的"造势三招"

海威还曾着力开发当时在国际上亦十分超前的"网上交费系统",一个留美博士后关在屋里埋头大干了8个月,做成后投进网络里却如同石沉大海。

瀛海威的联机服务是实行收费制的。日后网络业的发展趋势表明,这一方式是彻底失败的。它无异于把网站变成了一个上岸票价十分昂贵的孤岛,自绝于汹涌澎湃、开放自由的信息海洋。对此,张树新始终没有下决心进行转轨,这大抵是瀛海威的第一个大败笔。而尤为糟糕的是,瀛海威还使用了一套与互联网TCP/IP所不同的通信规程,广大网民所熟知也最容易找到的标准浏览器NETCAPE和IE,在号称"纵横时空"的瀛海威竟然不能使用,这等于是以一家之力在与整个世界网络标准相抗争,也当然给用户带来极大的不便。对此的抗议声从用户到公司内部一直不断,可直到1997年10月,瀛海威才宣布取消这一规定。而在这漫长的两年时间里,瀛海威的高层主管坚持不改规定的原因,竟然是"公司花了大量财力、人力研制出的专用软件不能随便舍弃"。

死抱住所谓的技术创新而忽略市场需求,这是工业时代生产方式的通病。令人遗憾的是,当今很多高科技领域的企业也常常会违反妇孺皆知的市场法则而重蹈覆辙。对此,彼得·德鲁克在他的《创新与企业家精神》一书中曾经有过形象化的描述:硅谷的高科技创业家仍然主要以19世纪的管理模式运作。他们依然信奉富兰克林的格言:"只要你发明一个更好的捕鼠器,你的家将门庭若市。"可是他们并没有想去弄清楚什么样的捕鼠器才是更好的,以及是为谁发明的。

1996年春天之后的互联网世界掉进了一个炫目的转型大漩涡中。当时,以"美国在线"为代表的全能型网站受到全面的挑战,网民在浩瀚无涯的信息海洋中渴望找到一盏指路的航灯。尼葛洛庞帝在他的《数字化生存》一书中首次提出了"网络世界,查找为王"的预言。当年4月12日,杨致远的雅虎在美国全国证券自营商自动报价协会,也就是俗称的"纳斯达克股票市场"上市，一日之内单股股价出乎所有华尔街券商的意料，从13美元飙升至43美元，一跃成为市值高达8.5亿美元的新巨人。当这个令人难以置信的雅虎神话在第一时间出现在瀛海威的中文论坛上的时候，有不少人向张树新提议：马上修正瀛海威的运作模式，向雅虎式的门户类网站转型。张树新一日三吟，不置可否。

就这样，在网络"门户时代"已经到来的黎明时分，一个历史性的机遇悄悄地与瀛海威擦肩而过。

在某种意义上，对张树新的过多指责无疑是苛刻的。因为，她不可能系统地为一个完全新鲜的事物进行市场调查，她也不可能为某种市场上并不存在的东西进行可行性研究。在大雾中领跑的她，只有一次又一次地为自己身穿的那件醒目而尊贵的"领跑衫"付出代价。而网络业的成长史，就是从一个错误走向另一个错误的历史，唯一能够缩短错误之间距离的，只有企业的失败。后来的人们总是从失败中获取教训，开始新的尝试。

而作为战略制定人的张树新最可惋惜的失误是，她没有对失败进行及时的系统研究，没有把产业内最新发生的某些意外事件作为特别的机遇来加以仔细的考量。对于一家像瀛海威这样身处产业成长最前沿的领跑型企业而言，其最大的危险是它似乎比客户更"知道"市场应该是什么样子的，它的领导者往往把一些进程中的意外看成是对自己的预测能力和专业知识的侮辱而加以拒绝。他们没有想到，正是这些意外倒可能是发展的真正的方向。他们没有牢记这样的格言：企业不是要高傲地创造或改造市场，而是要千方百计地满足市场。

张树新读了4年化学后才发现自己不适合当中国的居里夫人，但她似乎始终没有发现其实她并不是瀛海威最合适的管理者。对此，瀛海威的一些高层管理人员早已有所察觉了。一位市场总监曾对记者坦言："对于做过记者、做过策划人的张树新来说，形象宣传、操纵媒体游刃有余，但当企业转入实质性经营的时候，她马上显得后劲不足。"①而不少业内人士也有同样的感慨，一位评论家写道："我们常常看到张树新在媒体上慷慨陈词，为互联网呼吁，她的思想已经到了一个经理人不应有的高度，她也许更适合做一个政府部长，而不是职业经理人。政府可以把'桃树'种在马路边上，谁最后摘到'桃子'都是一样的；而企业应该把'桃树'种在自家的园子里，它最后应收回自己的劳动果实。这是起码的经济法则。显然，张树新把互联网当成一项公益事业来做了。"日后，张树新也承认当初的战略设计过于庞大和浪漫。她说："所有的事都干了，就像一个全部自给自足的农民，瀛海威做了信息服务的全过程，做这个过程瀛海威付出了很大一个成本代价。"

瀛海威的很多高层管理人员都认为，瀛海威最初一年的市场培养、战略宣传是正确的，否则需求无法转化为市场。但1996年底开始，中国的互联网市场开始有了变化，瀛海威却没有进行战略上的相应调整，还是一味炒作，沉溺于品牌形象的宣传，网站的技术结构、服务内容却没有实质性的调整，以致在应该得到回报的时期却给了后来者以追赶的机会。

很显然，作为企业创始人的张树新在开门立户、初战告捷之后，并没有能够把瀛海威带进一个理想的成长空间。在这里，一个至今仍困扰着中国民营企业的课题挡在瀛海威前行的大道上：创始型企业家应该如何处理企业发展与自身定位的关系。随着企业的成长，创始人的角色事实上也在发生着不可抗拒的演变，如果创始人漠视或抗拒这一点，那他很快就会阻碍企业的进一步发展，并最终成为自己的掘墓人。面对这一企业由幼年向成年转型中必定会萌生的困惑，**创始人其实面临着三个需要十分理智地加以回答的拷问：企业今后的发展需要**

① 摘自《三联生活周刊》1998年第15期封面专题，王烽、许知远撰写。

怎样的管理模式和管理者？在所有的企业需求中，什么是我今后最有能力为之提供的？我的兴趣和志向是什么，是否与企业长远发展真正吻合？

回答这些问题，对每一位充满激情和责任感的创始型企业家而言都是残酷的，甚至它们的结论根本是让人难以接受的，可是所有的人都别无选择。以这样的视角来观察日后中国网络界发生的创始人纷纷"下岗"的现象，便不足为奇了。

永不停顿的时针很快滑到了1997年底，瀛海威高歌猛进的脚步突然变得蹒跚了起来。这一年的6月，国家邮电部门投资70亿元启动169全国多媒体通信网，随之而来的就是全国范围入网价格的大调整。到9月，瀛海威月收入就下跌到30余万元。除北京站点有2万余名网民外，其他7个站点网民加起来不足4万，张树新感受到了来自市场的真实寒冷。在这年圣诞节的日记上，昔日的诗社社长张树新写下一段颇为感慨的文字：

"……深夜，我们刚刚从郊外回到家中，窗外大雾弥漫。在我们开车回家的路上，由于雾太大，所有的车子都在减速慢行。前车的尾灯以微弱的穿透力映照着后车的方向。偶遇岔路，前车拐弯，我们的车走在了最前面，视野里一片迷茫，我们全神贯注小心翼翼地摸索前行，后面是一列随行的车队。

"我不禁想，这种情景不正是今天的瀛海威吗?"

"瀛海威哗变惊天下"

1998年6月22日，张树新在毫无预兆的情况下突然被迫辞职。这成为当年度网络业界头条大新闻。

当时的媒体真实地记录下了这一事件：

当日，瀛海威第一届董事会第九次会议在兴发大厦会议室举行。

上午10点，会议开始。按惯例，会议主持人请瀛海威总裁张树新介绍公司近期运营情况。尽管数月来公司状况不太好，但张树新仍满怀信心。5月份，瀛海威与电信169网刚刚签订平台开发协议，经营成本将大幅度降低；经过半年谈判，一家新股东将进入，公司资金运作会有所改善；两个月前一家报纸刊发了题为"张树新：瀛海威无恙"的访谈，当时"踌躇满志"的张树新还向媒体宣布：不久我们将会出台一系列重大举措……

张树新讲完，主持人又请瀛海威总会计师介绍公司财务情况。

上午12点，会议进入自由讨论。

这时，瀛海威的最大股东——中国兴发集团突然提出把它的股东贷款转为股份，债权变股权。新增的3000万股股份，使其股权变为8430万元，持股比例上升到75%。随即中国兴发集团的董事名额新增3个，全体股东同意。

下午1点左右，有人给张树新送来一份《瀛海威章程》，并在有关条款下划上重点：公司总经理人选应由2/3以上的董事决定。

拿过章程，张树新顿时明白了。按章程，大股东中国兴发集团一个小时之前完成债转股之后，可以罢免公司总经理。

这一招来得有些突然。在短暂的惊讶、不解甚至委屈之后，张树新还是迅速地完成了对这一变故的分析和判断。在章程有关"总经理任命"的条款后，她打了一个"√"，然后交给同座的瀛海威技术总监姜作贤。

下午2点，瀛海威公司总裁张树新提出辞职。

全体股东一致通过。

短暂沉默之后，张树新又谈了四点意见：（1）因为自己的离职是全体股东的一致决定，希望所有干部配合。（2）过去3年瀛海威全体员工一起，经历了不断的磨炼和曲折，几乎犯过这个行业所能犯的所有错误，这对业界和整个信息产业都是一笔财富。（3）尽管我们吃了很多苦，付出了很多感情，尽管我们依然自认为很优秀，可我们毕竟没有赢。胜者为王，市场是残酷的。 (4) 希望公司员工表现出良好的职业素质，平稳过渡。

下午3点，以业界女强人著称的张树新走出瀛海威，神情恍惚……此刻正值日渐西斜时。

一位打造出中国民营ISP第一品牌的女企业家竟被迫离开她亲手创立的企业，这一事件顿时在传媒界引起一阵情绪化的强烈反响。后来才加入到瀛海威中来的中国兴发集团更是成了处境尴尬的众矢之的。在这样的汹汹声讨中，却很少有人清醒地意识到，作为第一大股东的中国兴发集团有百分之百的权力处理它的一位高级雇员。理想主义情结很深的张树新曾一再地宣称她进入IT行业绝不是为了赚钱，而是来"捐钱"的。可是作为投资者来说，听到这样的标榜是一点也开心不起来的，因为一个人可以不为了赚钱而活着，但是对一家企业来说赚钱却是必需的。

在此事爆发前一直在幕后十分低调的中国兴发集团在重重压力下公布了瀛海威的财务报表：至1997年底，瀛海威在股本金如数到位、银行贷款有所增加和中国兴发集团单方股东增加贷款资金的前提下，总共投入已达到1.4亿元。按照原来目标，也就是张树新向董事会报告的投入产出目标，收入应当是1.1亿元，扣除公关宣传费用，最低估计也应该是9000万元，但实际收入只有963万元。如此收入过低、投入产出过于悬殊的比例，导致瀛海威的经营对追加资金和借调款过于依赖，而贷款所产生的过高的财务费用，更使得瀛海威经营无法进入良性循环，直至发展到连生存都成问题的地步。张树新在辞职当日的工作日志上，也记下了中国兴发集团总裁梁冶萍对此事的一个发言提要：作为大股东，中国兴发集团对瀛海威的发展策略没有信心，瀛海威应从战略高度重新思考定位和转型，更体现股东的利益和思想；中国兴发集团的血本投资应成为它自身整体发展的战略资源。

　　而比财务报表更为冷酷的是，张树新其实是在她失去"中国互联网领跑人"这一资格之后被扫地出局的。就在瀛海威固执地坚持它的全能型网站模式的同时，中国的网络业界已悄然潜入了一群比张树新更年轻、更有超前精神的数字英雄。

　　就在瀛海威事件发生的4个月前，一位叫张朝阳的美国麻省理工学院毕业的物理博士在北京开通了与雅虎十分相似的搜狐网站。他推出的中文搜索引擎一鸣惊人，很快就取得了每月访问量达2万人次的成绩，这已远远超过了经营长达3年之久的瀛海威的最高纪录。张朝阳还是一个比张树新更懂得网络炒作原理的人，他的留美博士背景显然比本土策划人出身的张树新有更强的诱惑和新闻炒作力：他有一张与当时正炙手可热的"网络启蒙之父"尼葛洛庞帝的合影，并自称是后者唯一的中国嫡传学生；他提出了所谓的"注意力经济"概念；他还把一个让人垂涎三尺的疑问羞答答地抛向爱冲动的传媒："张朝阳会在两三年内成为中国首富吗？"在这一年的10月，他的强力炒作得到了回报，在该月的美国《时代周刊·数字化年代》年度专刊上，他赫然名列"全球计算机数字化领域50位风云人物"之中，与比尔·盖茨、史蒂夫·乔布斯、杨致远等并列。

　　曾经在瀛海威之后亦步亦趋的四通利方此时也突然发力了。王志东连续3次赴硅谷"吸氧"，确立了"发展全球华人互联网应用"的战略目标，并融到了650万美元。他与当时号称全球最大中文网站的华渊网接触，并终于在1998年底正式将四通利方改组为新浪网，在第二年7月公布的"中国十佳网站排行榜"上跃至第一。

　　在南方，一位叫丁磊的27岁程序设计员则创立了网易，他率先推出免费个人邮件服务和国内第一个虚拟社区，以其鲜明的个性和无偿化的服务崭露头角。

　　就在同时，海外的网络巨头也开始窥睨中国市场。1998年5月4日，雅虎开通中文网站；仅隔一天，阿尔塔维斯塔全球检索引擎也正式发布中文搜索功能；又过两天，网景的中文版"网络中心"宣布进入最后倒计时。

继张树新之后中国网络业界悄然潜入的新英雄，分别为王志东、丁磊、张朝阳

　　1998年，是一个属于搜索、门户和免费登录的年代。在这一浪潮中，全能型的、收费的瀛海威已从第一梯队中悄然地消失，退出了主流的行列。这时的中国网络产业处在一个启蒙的年代，有着所有启蒙年代的共同的特征：概念创造奇迹，模式决定一切，进入门槛低下，竞争无序而激烈。正如杨致远所言，"互联网是一个没有经验，甚至也不需要经验的地方，靠能力、创造力和运气就可以"。

　　瀛海威的命运就这样注定了，它的创造力日渐枯竭而又缺少好运气。作为第一大股东的中国兴发集团，对瀛海威的投资原本就带有一定的风险投资的色彩。1997年初，瀛海威的品牌声势达到顶峰，从资本运作角度来看，此时的"瀛海威时空"应该是处于最佳卖点。但是当时的投资方被表面的利好现象所迷惑，希望进一步推动其全国发展规划，以获取倍增的效益，可是模式的落后和经营理念的非主流，使得瀛海威在很短的时间内便滑离了资本市场的最佳投资热点区。到危机已露端倪的1997年底，中国兴发集团才开始与黄鸿年的香港中策集团频频接触，以期获得融资，作为瀛海威进一步拓展市场的支持。但最终因为香港金融危机的冲击，黄鸿年自顾不暇，合作意向流产。就是在如此危急的情形下，中国兴发集团开始直接介入经营，并在战略上重新思考自己的投资定位，逐步把单纯的风险投资转入战略投资，将瀛海威资源纳入中国兴发集团整体发展战略范畴，酝酿实行全新的资源配置与业务规划。在这样的考虑下，更换总裁似乎是一件顺理成章的事了。

值得商榷的是，中国兴发集团在做出如此敏感决定的时候，对时机和方式的考虑不够细致，对可能发生的舆论和信任危机缺乏准备，以致决定一出，哗声四起，把自己弄成了一个蛮横、急躁的婆婆形象。在一个危机已经显露的时期内，如果再出现这种缺乏理性沟通的情况，那么任何出人意料的事就都可能发生了。不久，一个更惊人的新闻再一次把中国兴发集团逼到很被动的角落。

1998年11月26日，就在张树新被迫辞职5个月后，一条帖子挂满了互联网上大大小小的中文论坛：瀛海威公司除总经理外的整体管理团队集体出走。

一份由15人集体署名递交给中国兴发集团的"辞职报告"称：中国兴发集团高层关于瀛海威将"彻底改革""彻底转型""凤凰涅槃"的新决断，与公司经营人员对未来发展方向的憧憬存在明显的分歧，他们"深感已无用武之地""无意于苟延残喘""已汗颜于继续领取瀛海威的工资""我们需要能让我们继续施展才能的网络信息服务空间"。

这是迄今中国网络业界最严重的一次人才集体大逃亡。"瀛海威哗变惊天下"，唯恐天下不乱的传媒用这种耸人听闻的标题渲染着这一事件的凝重。如果说张树新的被迫辞职是拔掉了企业的一面旗帜的话，那么，这次集体出走则无异于整个"瀛海威高地"的自我引爆。

业内人士普遍认为，瀛海威这支团队是国内一个不可多得的知识精英群体，在技术、管理和服务方面，具有很强的能力和丰富的经验。《互联网周刊》主编姜奇平在评述文章中十分羡慕地陈述道：在技术应用和网络开发方面，几乎所有的瀛海威网上应用软件都是自行组织开发的，丰富的网络维护、网络开发和管理经验，是这支团队最大的技术特长；在信息内容的组织与开发方面，以团队成员为核心的网上创意思路，确保了"瀛海威时空"站点在几乎没有任何新投入的前提下，仍在国内网上中文信息内容的质量和丰富性方面居领先地位；在企业的经营组织和管理方面，瀛海威各地分公司几乎都是在极短的时间内高效率地由这支团队中的成员独立创建的；在信息服务的质量方面，瀛海威被公认为是高水平的，在线路资源、价格等条件与他人比较完全无法抗衡的恶劣条件下，瀛海威正是靠着优质的服务赢得了客户。

也就是说，在张树新离去之后，瀛海威正是依靠着这支管理团队的力量维系着仅存的江湖尊严和生命线，甚至它仍被认为是"最受用户欢迎的中文信息网站"。

在哗变发生后，中国兴发集团与这支管理团队曾进行过数度接触，然而最终仍是恩断情绝，覆水难收。从表面上看，双方的矛盾在于对瀛海威的业务战略方向存在分歧，中国兴发集团认为"瀛海威业务将彻底改革，向企业网方向转型"，而管理团队则坚持"百姓网"仍大有前途。而仔细研究却可以发现，这种业务上的分歧并非不可消弭，不可调和的是决策层与管理层的互不信任和感情破裂。

在辞职报告递交后一周，中国兴发集团正式向新闻媒介宣称管理团队集体辞职是"由张树新一手策划的、非正常因素引起的非正常组织行为"，董事会将区分不同情况对提出辞职的人员予以除名、接受辞职和其他处理意见，并保留对15人的诉讼权利，其口气强硬已无任何回旋余地。

1998年底的中国网络业界一派火热：刚刚被评为全球数字英雄50人之一的张朝阳把搜狐的域名正式改为"SOHU"。王志东与华渊网的一笔号称5000万美元的合作协议笔墨未干，在北京失意落魄的马云决定回杭州城郊的一间民房去捣鼓他的阿里巴巴B2B网站。上海的大街上第一次出现了网站广告，一大群刚出炉的MBA登上了回国创业的飞机，每天至少有100个以上的新网站冒将出来，早起的人们开始为"门户为王"还是"内容为王"而争论不休……瀛海威的哗变只是让满头大汗的精英们打了一个寒战，很快这点冷意便与瀛海威这个名字一起如烟淡去。

回不去的瀛海威

1999年，在中国互联网络信息中心（CNNIC）评出的上一年度"中国十大互联网影响力网站"中，人们首次没有找到瀛海威；在2000年的"中国互联网影响力调查"中，瀛海威的得票已跌落到惨不忍睹的第131位。就在人们对它已日渐淡忘的时候，8月底，一场围绕瀛海威的收购竞赛又突然上演，其主角竟还是两年前反目成仇的一对冤家——张树新和中国兴发集团。

8月24日，网上突然爆出惊人消息：张树新要收购瀛海威。消息透露，由于早些时候大股东中国兴发集团与小股东张树新、姜作贤等之间对于瀛海威债务解决方案不能达成一致，中国兴发集团方面提出一项动议：由注册地在某英属群岛的兆比特公司收购瀛海威全部股权，其收购方式为零收购——不需要为股权转让支付费用，只需要承担瀛海威全部债务1.2亿元人民币即可。张树新当即提出，如果按照零收购进行，卧云、天树公司所持有的2000万股股份在转让之后将得不到一分钱的回报，所以她也提出要对瀛海威实施零收购。

在离开瀛海威的两年里，张树新一直在IT通信和证券领域行走。她先后出任过盛华元通公司的"投资人"、新润迅的CEO以及一家顾问公司的总裁。其间，因资金断流而无奈出走的她对融资行业进行了特别的关注，一度宣称要去当一名证券风险投资商。她说："对资本市场我关注已久，今天我们再来分析中国Internet的模型，会发现所有的人无一例外地都被困在资本上，对许多互联网公司来说，如果今天找不到下一笔钱，也许第二天它就会关门大吉。"她对自己的能力评价是："快速学习、最快速度组合团队协同作战一直是我的长项。"

其实在此前的某些场合，爽直而口无遮拦的张树新也表示她对瀛海威已毫无兴趣。她曾经在一次访谈中说："了解我的人都可以猜到，我不会再做与瀛海威相同的事情。它结束了。"可是，当中国兴发集团真的要她与瀛海威告别的那一刻，她还是当了回不了解自己的人。在谈到她的收购动机时，张树新并不讳言感情的因素，她说："我最了解瀛海威，我出1400万美元买它是因为我觉得值。说到感情，我只是觉得瀛海威失去了往日的辉煌让人辛酸。"为了显示收购能力，张树新奔走五天五夜，紧急筹措了500万美元，存入香港的一家会计师事务所。然而，中国兴发集团却以种种理由拒绝了张树新的购买请求。不忍割舍瀛海威的张树新为其利益，愤而公开与中国兴发集团较真。

而同样，没有了张树新后的瀛海威也一直在寻找属于自己的一片天空。1999年初，中国兴发集团耗资380万元请国际著名顾问公司麦肯锡担任瀛海威的战略顾问。11月，瀛海威宣布它已经得到新的融资，瀛海威的广告也重新出现在一些时尚杂志和财经传媒上。同时，一批拥有较好专业背景的人士进入瀛海威的高层，其中包括香港互联网供应商协会会长及安达信公司前任驻北京代表等。在业务部署方面，瀛海威提出了一个极为庞大的在"个人接入服务""企业网络平台服务"及"主题虚拟社区内容服务"三方面齐头并进的战略方案。此外，中国兴发集团还在香港注册成立了一家新的瀛海威信息技术公司，以谋求在香港上市。

正是在瀛海威刚刚有些复兴迹象的时候，突发了零收购风波。事实证明，这样的股权之争是很难在短时间里有什么明确答案的。很多业内人士均猜测，这是中国兴发集团把张树新等小股东彻底赶出瀛海威的一个信号和步骤，已经走出"张树新时代"的瀛海威这次下定决心要将最后一丝与张树新有关的情缘也一刀了断。而也有不少人对张树新决心收购瀛海威的可行性表示怀疑，他们认为，在一日千里的网络业，重出江湖的瀛海威连讲故事的资格都不具备，其现有的资源和商业模式让人无法对它的前景产生信心。一位叫"倒骑驴"的网上评论人写道：张树新要收购瀛海威？也许在瀛海威的创业经历给张树新太多美好的回忆，她渴望"鸳梦重温"；但在更多的人看来，那不过是深不见底的"死亡陷阱"，谁会陪她一起往下跳？

张树新曾对记者表示："Internet符合并激发了我所有的创意和可能的创造性，从这一点来说，我是一个很适合Internet的人。我做过很多事情，自己也不知道能做多久，但今天我敢讲，我会终身做Internet。"

对于"会终身做Internet"的张树新来说，瀛海威是她的充满刺激和悬念的IT世界的入口，却也很可能是一个永远也回不去的情结了。

网络世界的原罪

中国企业界似乎有一个宿命般的怪现象：数十年以来，在中国几乎所有的产业领域中，充当领跑者的企业无一不在中途出局。瀛海威的故事无非再添了一个令人扼腕的案例而已。

张树新与瀛海威的故事，几乎可以被看成是中国网络业界成长史的一个缩影。

她自称是"全行业犯错误最多的人"，她所犯过的某些错误日后成为整个业界成长的养料。比如，企业开始用期权的方式来稳定和激励员工，开始引进风险投资和谋求股票上市来解决创业资金的短缺。

然而，她犯下过的另一些错误则仍然在这个年轻而狂躁的业界里像流行病一样地四处蔓延。

夸大其词、似是而非、故作惊人之举、喜摆时尚噱头，如此等等，竟成为这个业界中的青年精英们共同的职业特征。由于创业的启动资本并非来自于辛苦的原始积累，由于对财富的膨胀存在着迷幻般的梦想，这些高学历、悟性极好而又极为自负的青年往往轻视企业成长的规律，轻视一些最基本的管理和经营原则。

如果一个摆了3年水果摊的小贩有一天突然像发现了真理一样地逮到人就说，"我终于悟到了一个道理，摆水果摊最关键的是要有钱赚，是要能够摆得下去"，每一个被他拽住衣领的人肯定都会把他当成弱智。

可是，在1年前的IT行业，如果哪个人宣称是为了赢利而构筑自己的网站，那肯定要被轻蔑地嗤之以鼻。具有讽刺意义的正是，在"烧掉"了几亿元的风险资金后，我们年轻的网络业CEO们才恍然大悟地互相传授起一个真理：对一个网站而言，赚钱是重要的，生存才是根本。

此外，至今还有很多网络英雄固执地认为他们才是"网络秘籍"的唯一发现人。他们不承认这样一个事实：那些为他们的网站投下"种子资金"的风险投资商购买的"预期"并不是这个网站的明天，而是现实的纳斯达克市场上的中国概念的冷热。可以肯定地说，没有哪一家风险投资商会把手中的中国网络股权持有到这家网络公司赚钱为止——除非他找不到出手的下家。

中国的网络世界里还出没着数不胜数的没有原创精神的投机分子。正是他们在第一时间将大洋彼岸的最新网络动态"空投"到幼弱的中国市场上，掀起了一轮又一轮的概念热浪。在这样的炒作中，天真的传统企业、股民及各级政府的资金成为他们制造神话的助燃剂，资本市场上那块"中国概念"的金字招牌被一点点地刮去层层"金粉"。在青年精英们那种充满了激情而不无梦幻的经营姿态的背后，却未必有着超越前人的、成熟的经营理念。其鲁莽、草率及不了了之，甚至会造成人们对新企业的质疑乃至厌恶。

与以上现象相关联的是，在过去的这段时间里，尽管中国的网络产业取得了飞速的进步，尽管我们的上网人数每年以翻番的速度递增，可是，由于泡沫现象的泛滥，我们的注意力实在是被太多的网站模式和纳斯达克神话给分散了。我们与欧美国家的距离不是在缩小而是在拉大，这主要表现在三个层面：跟国际巨头相比，中国IT企业在硬件设备和商用软件的开发上根本不具备竞争和对话的能力；在网络文化的构筑上，中国的IT从业者至今没有形成自己的话语体系；在互联网技术与传统产业的嫁接以及对现实产业经济的贡献上，中国的IT企业是口号大于行动，概念大于技术。事实上，互联网将影响人类生活的深刻度，取决于IT技术与现有经济形态和产业群体的嫁接度，而不仅仅是很多人所以为的普及度上。可以为这一观点提供佐证的是，2000年11月，美国Gartner研究机构发表一份报告称，到2002年，中国互联网用户超出美国的可能性为90%，届时，中国将成为世界最大的互联网国；但同互联网用户数量的增加速度相比，年轻而消费能力低下的网民对于网上商务来说，"他们的商业价值几乎为零"。此外，B2B电子商务市场的发展速度也相对较为迟缓，因此"中国大陆不大可能成为电子商务的一个金矿"。连张树新也在离职后反思道："当我处在没有利益的格局中的时候，能更清楚地分析与思考，过去凭感觉的东西开始理性化。我发现国内信息产业建设的许多项目存在问题，许多企业和地方在按工业化的模式做信息化数字建设。"

善于思考的张树新曾经论述过"中国民营企业家的原罪"。她说："回头总结中国所有民营企业家的出身，你会发现，他们无非是把这个国家由于体制的落差形成的巨大空间通过某种智慧做了组合。站在这一角度来理解，中国的民营企业肯定是有原罪的，无论是中国最早的房地产商、今天所谓炒二级市场的证券银行家，还是当年去南方炒地皮、今天又跑回北京来炒房地产的资本持有者，无一例外。其实，他们所利用的还是一些在中国没有规定的规则和大量存在的灰色地带，这群人都是才识过人，一开始并没有多少生存空间，只是利用这种体制上的落差和短暂的商业机会，这里面有恶劣的权力寻租，但需要明确的是，没有这些，也就没有中国式'新经济'的形成。"

张树新没有接着往下思考：她正在从事并打算终身与之为伍的"网络新经济"是否也存在着体制和道德意义上的双重原罪？而谁又将成为这一原罪的赎还者？

当然，我们也可以把这些现象都看成是启蒙时期必须要支付的高昂学费。只是出乎很多人预料的是，这笔学费中的一部分还包括：在启蒙即将完成的时刻，那些喧嚣一时的网络精英也进入到了他们退出历史舞台的倒计时。2000年下半年开始，几乎国内一半以上的知名网站的创始人都离开了CEO的宝座，取而代之的是一些在传统产业有丰富管理和经营经验的、更为年长的职业经理人。这应该被看成是中国网络业走向成熟的一个重要标志。我们期许于未来的是，在完成了从草创型企业向管理型企业过渡之后，网络业又能够在较短的时间内进入到"企业家时期"。到那时，真正的"网络英雄"才可能如期而至。

东方即将泛白，大雾尚未散尽。在这些被期许的人中，我们仍然可以看到正在奔跑中的张树新的身影。

瀛海威

大事记

1995年5月，北京瀛海威科技公司创立，当时有两家股东，张树新的天树公司和她的丈夫姜作贤的卧云公司，张树新任总裁。张树新与丈夫一起设计出的"瀛海威时空"网络挂在中国科学院之下，是当时国内唯一面向普通家庭开放的网络。

1996年9月，国家经贸委属下的中国兴发集团决定投资瀛海威，中国兴发集团与北京信托投资公司占60%，天树公司与卧云公司的股权比例下调为26%。

1997年1月，瀛海威与微软结成战略合作伙伴关系。2月，瀛海威全国大网开通。3个月内，上海、广州等8个中心城市的分站开设，其线上用户付费收入达到110万元。

1997年，张树新对外宣布：瀛海威将耗时3年，投资千万，推出"网络中国"大型主题信息。

1997年6月，国家邮电部门投资启动169全国多媒体通信网，全国入网价格大调整。同年9月，瀛海威月收入下跌到30余万元，其全国站点的网民加起来不足6万人。

1998年6月22日，由于持续亏损，中国兴发集团与张树新之间日渐激烈的冲突终于总爆发，张树新在毫无征兆的情况下被迫辞职。

1998年11月7日，瀛海威15名中高层管理人员又集体宣布辞职。中国兴发集团负责人称辞职事件是由身为瀛海威股东的张树新一手策划的。

1999年，通过一系列整合重组，瀛海威正式由兴发集团全面掌控。

在2000年的"中国互联网影响力调查"中，瀛海威的得票跌至第131位。

2000年6月，中国兴发集团提出由兆比特公司以零收购的方式收购瀛海威通信，张树新等决定回购。

2000年8月25日，张树新将瀛海威小股东决定回购瀛海威通信的消息公之于众，并称已筹足首期收购款。

2000年8月28日，瀛海威股东会未能就张树新回购一事做出决定，但张树新表示不会放弃。

后续故事

告别瀛海威的张树新转型为三个角色：风险投资人、互联网思考者和NGO活动家。

她创办了联和运通控股有限公司，在江苏、北京等地投资多家信息、广告、置地及顾问公司。在生意之外，她投入大量精力于"互联网与中国社会"这一命题，组织了一个跨学科的专家小组，从哲学、传播学、社会学及新技术等多个角度展开研究，并出版了系列图书。有人认为她是当今中国对互联网思考最深刻的人士之一。

此外，她还是阿拉善SEE生态协会的发起人之一，在社会公益事业上十分活跃。

张树新似乎不愿意人们老将她与瀛海威联系在一起，有一次在大学演讲时，她说："长久以来，公众对于瀛海威的感情显然比我还深。"2001年6月，新浪网的创办人王志东被董事会免职，成为中国互联网继瀛海威事件后最大的一起人事风波，张树新评论说："出局是好事，不然就变成鸡肋了。一下子什么都没有了，才会有机会。"

2015年，张树新首次回到母校中国科技大学开课，教学生写商业计划，鼓励学生写科幻小说作为考试成绩，优先吸引游戏高手参与选课。她希望给学生传递一种思维方式，那就是互联网不再是单一的技术问题、财富英雄故事或励志营销故事，希望大家对互联网能有一个广角的认识。

作为两部《大败局》19个案例中的唯一女主角，她似乎是让自己变得最为平和的那个人。

档案存底一

我们是这个行业中犯错误最多的人　/张树新

我们在一个非常残酷的行业里被训练了3年多，每天都面临着生存的压力，很多事情想得比别人多一点。可以说，我们是这个行业里犯错误最多的人，无论是经验还是教训，都是宝贵的财富，希望对同行能有益处。

现在回过头看，瀛海威不幸生得太早。从美国的网络产业发展历史看，网络服务供应商是信息产业高度细分的产物。它的电信基础设施是开放的，网络服务供应商没有必要自己去"盖房子"（搞基础设施建设），也不用自己去生产信息内容，只要去组织"货源"就可以了。而在中国，几乎每家网络服务供应商都要投入巨资去铺线路或租线路，还要自己投入力量开发相应的软件……如果一家企业什么都要靠自己去做，就更像一间作坊，而在作坊里是不可能形成产业的，更谈不上信息产业。

我国的信息服务业几乎与国外同步，然而缺乏必要的生态环境，使网络服务供应商更多的精力不是放在内部经营上，而是去呼吁电信政策、呼吁法制建设、呼吁资本市场等。中国的企业家很累，不但要管企业内部的事情，还要不断地去影响环境。

除了外部的原因，我认为自己在企业的资源组合、资本结构、价值链设计等三个问题上有失误。

1. 我们没有掌握相关资源。现在我们认识到，从事这个行业必须掌握某些资源，而瀛海威是在没有任何资源的情况下凭空建起来的。为此，我们付出了许多心血和巨大代价。现在"活"得比较舒服的网络服务供应商都是立足于原有行业的基础上，向网络业伸出触角。

2. 我们这种企业依赖银行贷款是死路一条。因为整个行业还远未成熟，收入的增长是缓慢的，需要资金的长期支持和培养，但结果却发现全年的收入总额还不够付银行利息，怎么可能活下去呢？

在美国，网络服务是典型的风险资金支持的产物，要是靠自己进行原始积累，永远不可能发展到现在的规模。但中国没有风险投资机制。从长远来看，瀛海威根本不会缺钱，但瀛海威眼下就是缺钱，于是只能引入风险资本。当我们被金钱资本绝对控股后，就注定了我今天"去职"的命运。

3. 我对企业价值链的设计有误。对这个行业的成熟期估计得过于乐观了，对环境的残酷性估计不足。结果是，这家公司商业模型的设计和营业收入价值，都来自唯一的远期目标，即投资的回报期过长。当你在服务上的收入需要三五年甚至更长的时间才能覆盖盈亏成本的时候，中短期的收入能否弥补？

而当我们注意到这个问题的时候，我们已经无力扭转了，我们调整不动了。第一，整个资源结构成型了，成本是刚性的，很难取消；第二，财务结构成型了，5000万元以上的银行贷款，需要支付的利息摆在那儿；第三，当重新设计价值链时，没有任何资金可以启动了。

档案存底二

辞职报告：我们已无意于苟延残喘

总经理并董事会：

瀛海威人在中国信息产业发展的风风雨雨中艰苦跋涉着走过了3年的历程。作为瀛海威的中高层管理人员、高级技术人员和老员工，这3年中我们挥洒激情、汗水和全部聪明才智，使瀛海威曾一度辉煌过，同时也使信息服务业和瀛海威成了我们生命的一部分。

但自去年下半年以来，面临中国信息服务业恶劣的生存环境和同业竞争的巨大压力，瀛海威又出现了来自股东方的严重资金短缺，公司原定快速蓬勃发展的业务计划被迫搁浅。为缓解营运资金短缺的巨大压力，公司从去年10月份开始被迫宣布进入过渡期开展生产自救，挖掘系统集成、虚拟主机、IT相关产品销售、加盟节点建设等一系列"短、平、快"项目，努力增收节支，以期经过数月努力使瀛海威能够走出由于资金短缺所带来的业务停滞状态，重获发展契机。

我们努力着，奋斗着，但面临压力，董事会与公司经营人员之间对公司未来发展方向存在的分歧日渐明显。原总裁张树新被迫于今年6月底去职，于干总经理继任。近5个月来，公司业务发展方向愈发不明晰，业务开展基本是去年过渡期业务的延续。漫长的等待，使我们的希望化为沮丧。公司未来发展方向的迷茫、财务负担的日渐沉重、骨干员工队伍的逐步流失，使瀛海威已迫近崩溃边缘。"没有枪，没有子弹，置身于不见人迹的荒漠之中，被告知去消灭一定数量的敌人"，是今天我们大家的共同感受。

面对濒危的瀛海威，我们心痛，我们不甘。11月12日，我们联名上书梁冶萍董事长，痛陈瀛海威面临的巨大危机。来自梁总和李总的"瀛海威需要彻底改革，而非改良""瀛海威业务将彻底转型""瀛海威将凤凰涅槃"的寥寥数语，使我们顿悟了董事会对公司未来走向的决断。立志于中国信息服务业的我们，深感已无用武之地。

但我们又偏偏不相信中国的网络信息服务业没有未来！

我们已无意于苟延残喘，我们已汗颜于继续领取瀛海威的工资，我们需要能够让我们继续施展才能的网络信息服务业空间。故在不甘、不忍却又无奈的心态下，我们现向于总和董事会提出集体辞职申请。

请批准！

辞职人签名（略）

1998年11月25日

案例研究

下面这篇文章节选自国内一家网站在纳斯达克上市前的招股说明书。在这份由美国证券承销商参与起草的长达300多页的招股书中，对"风险因素"的描述长达50页。这家网站告诉投资者："我们可能无法完成或维持收益率。"这是迄今中国所有上市公司中最诚实、值得人们长久地喝彩的一份招股书。同时，它也从一个侧面折射出中国网络公司在当时的生存状态：机会无限多，赚钱没把握。

机会无限多　赚钱没把握

　　我们于1997年1月创办了我们最初的网站。您可以参考本公司有限的营运历史来评估本公司的业务及发展前景。本公司自开办以来已经出现了较大的净亏损，并且到1999年12月31日已有累计大约540万美元的赤字。我们预计，由于高标准的有计划的运作及开支、销售及市场成本的增长、额外人员的雇用，产品开发和我们总的增长目标的更高标准，净亏损仍将继续。而在将来本公司的净亏损还会增加，我们可能无法完成或维持收益率。

　　您必须考虑风险、开支及不确定的因素，正如本公司早期所面临的问题一样。

　　我们的收入主要依靠在线广告。

　　1998年和1999年，在线广告收入大约分别占我们总收入的75%和93%。另外，我们的业务计划很大程度上是期望扩展中国的在线广告业务，而收入的增长在很大程度上是依赖于在线广告。

　　中国在线广告市场是一个新兴的、相对较小的市场。根据Forrester研究公司的调查，中国在线广告市场1999年的营业额约有800万美元。如果互联网没有被大家普遍接受为可以作为广告和商务媒介，我们的业务将受到影响。

　　我们期望，在可预见的将来，本公司的大部分收入能从互联网广告中获得，放宽一点说，可以从电子商务中获得。如果互联网作为广告和商务的媒介，没有被大家普遍接受，我们的业务将受到影响。互联网广告和电子商务现在还是一个新的、发展迅速的市场，特别在中国更是如此。因此，与传统的媒介及商业相比，我们无法确定它的有效性或长期的市场可接受性。

　　我们现在已有的或潜在的许多广告和电子商务客户，在互联网上做广告或进行商务活动的经验有限，并且以往在基于互联网的广告和电子商务预算方面比例不大。那些在传统商业方式上已经投下大笔资金处理业务的客户，也许不愿意采取新的方式。另外，如果他们对我们的在线广告和电子商务平台没有信心，或者我们的访问者人数还不能引起他们的注意，那些公司可能不会选择在我们的门户网站上登广告或销售他们的商品。

据此，我们无法向您保证，我们一定能在在线广告方面创造丰厚收入，或者能使我们的收入来源多样化。而做不到这些，将对我们的业务、财政状况和营业成绩造成非常不利的影响。

另外，本公司发展战略之一是，通过提供网站的赞助服务，并推出电子商务服务等方式，使我们的收入来源多样化。我们无法保证能顺利地实现这一发展战略。

我们的营运结果很可能会有较大的浮动并可能与市场的期望不符。

由于固定的高额开支（尤其是线路租用的成本和雇员薪酬），将来我们的年度和季度营运结果也许会因为各种因素有大的波动，而这些因素大多是超出我们的控制能力的。因此，我们相信，各季度营运状况之间的比较，对未来业绩并不是一个有效的提示。很可能在以后的一些季度里，我们的劳动结果不像公众市场分析家和投资者期望的那样好。如果发生这样的情况，本公司股票的市场价也许会下跌。

引起我们收入波动的因素包括如下几点：广告预算和广告商登广告的周期；资金支出的数量、时间，以及其他高额成本；新产品或服务的推出；价格及我们产业的其他变化；我们可能遇到的技术困难。

保持和发展品牌是我们扩大用户的基础和增加收入的关键。为了吸引、保持互联网用户、广告商及电子商务伙伴，我们打算大幅度增加我们的支出，来创造、保持品牌忠诚度。如果我们的收入没有与此相称的增长，我们的营运和流动资产状况就将遭受打击。

这依赖我们在提供高质量的内容和网站功能方面所取得的成功。假如我们无法成功地推广品牌，或者访问我们网站的用户以及广告商没有认识到我们的内容和服务是高质量的，我们可能无法继续发展业务并吸引访问和广告商。

我们可能需要额外的资金，但在这个迅速变化的产业中，我们很难对资金需求作出规划。目前我们期望，我们会需要资金来支持门户网站以及计算机基础设施，包括任何补充资产的收购，我们可能购买的技术或业务，以及我们的销售和市场活动的扩展等。

如果我们无法以对我们有利的条件来增加额外资金，可能对我们的业务、财政状况和营运结果有严重的负面影响。

如果无法与内容供应商、电子商务零售商和技术提供商建立、保持战略关系，我们就无法吸引和保留用户。

我们所面对的激烈竞争可能会减少我们的市场份额，并给我们的财政业绩带来负面影响。

中国互联网市场的特点是有越来越多的新公司加盟，其中一个原因就是进入这一市场的壁垒相对比较低。互联网服务和产品市场（尤其是互联网搜索、信息服务和互联网广告）竞争激烈。此外，互联网产业相对较新并不断变化着，因此当这个市场成熟的时候，我们的竞争对手可能占据较好的竞争位置。

中国的电信基础设施发展不完善。我们无法保证我们能在可以接受的条款下或在适合的时间，从北京电信管理部门租用到（附加宽带）。另外，万一中国的网络有任何中断或者故障，我们没有任何途径可以获得可替代的网络和服务。我们无法向您保证，中国的互联网基础设施能满足日益增长的需求。如果中国政府和国有企业没有发展必要的基础设施标准、网络协议、补充产品、服务或设备，就会给我们的业务、财政状况和营运结果带来严重的负面影响。

在中国，进入互联网要有相对较高的开支，这使得用户难以进入互联网以及在互联网上进行商务活动。不恰当的费用增加会进一步减少我们的门户网站的访问量，并削弱我们通过互联网上的商业交易获得收入的能力。这会给我们的业务、财政状况和营运结果带来严重的负面影响。

将来我们收入的增长，部分地取决于中国电子商务活动的扩展。由于中国目前还没有可靠的全国性的产品销售网，因此，网上购物的真正实现仍然是抑制电子商务发展的一个因素。阻碍中国电子商务发展的另一个障碍是缺乏可靠的支付系统。尤其是在信用卡的使用，以及其他可行的电子支付手段方面，中国的发展没有其他一些国家（比如说美国）好。各类政府机构和商业机构正在解决这些支付手段问题，但是这些问题会继续阻碍中国互联网作为商务平台的广泛接受和发展，这对我们的业务、财政状况和营运结果会带来负面影响。

（摘编自Chinalabs互联网实验室2000年5月所提供的资讯材料）

三株

『帝国』为何如此脆弱

1996年，珠海巨人集团身陷危机，史玉柱北上济南取经。他来到了彼时正如日中天的山东济南三株实业有限公司，吴氏父子亲自出面接待了这位惶惶然、惊魂未定的青年人。

58岁的吴炳新对34岁的史玉柱语重心长地说：你的阅历还浅，驾驭一个庞大的舰队乘风破浪，仅有知识和技术尚显不足，在关键时刻，关键是经验。

两年后，三株和吴炳新在一场意外的『小事故』中应声倒地……

在中国企业群雄榜上，"三株"是一个绕不过去的名字。

在短短的3年时间内，它打造出了迄今无人超越的保健品帝国。它创造了一种独特的、前无古人的行销模式，它在中国广袤的农村市场上进行的一场充满了东方农民战争特征的、伟大的市场试验，至今仍具有相当大的借鉴价值。

它是中国最早打出振兴民族工业旗帜的民营企业之一，在某种意义上，正是它及其他同道的激越呼喊，唤醒了中国企业的竞争意识和自信心。

同时，在市场角斗场上，它又是一个极端冷酷的、狂热的功利主义者，它明确提出要与政府部门建立"利益共同体"关系，它对竞争对手的无情打击和带有阴谋色彩的颠覆，它在产品宣传上的夸大无度，最终酿成了中国保健品市场的整体衰落。

三株相当多的做法为后来的保健品乃至家电等行业的企业所仿效和放大，它的某些幽灵至今仍徘徊在相当多的中国企业家的潜意识深处。

三株曾经无数次地发下宏誓，要在20世纪内将人类的寿命延长10年，可是，它自己的"寿命"却不过短短的六七年。

三株从哪里来？

三株从哪里来，这个问题可以分成两个来问：第一，山东三株实

业有限公司从哪里
来；第二，三株口
服液从哪里来。

每一家中国企
业，在到达它的全
盛时期的时候，都
会编织一些关于企
业及其企业家创业
的神话，一些善于
舞文弄墨的文人出

吴炳新和他的儿子(也是战友)吴思伟

于好奇、崇拜乃至金钱引诱等原因，自然会生发出若干生动、神秘、感人的创业细节，其中难免真伪参半，是不可以当信史读的。不过其大致的轨迹总归是存在的，到了所谓"盖棺定论"的时候，不妨拿来作为研究的参照。

三株在它的鼎盛期，同样也不能免俗地、适时地出版了一本探寻"三株神话"的书，书名与当时正风靡国内的、由几位热血青年诗人所撰写的一本时政批判读物《中国人可以说不》相类似，曰《中国人可以说富》。这部书的主人公便是任职三株总裁的"奇人"吴炳新。在书的封面上还赫然印着一些煽情的文字："3年赚100亿元的吴炳新之谜""一部中国民营企业的商战教程""他宣称——3年成为中国第一纳税人，他发誓——10年进入世界同行100强"。

这样的书名和这样的注脚，是很可以吸引正在为发财致富而苦苦打拼的中国人的目光的。与很多自娱自乐式的、平庸的企业经验小册子不同，这本书在当时竟闯入了畅销书的行列，摆上了很多城市的书摊，销量据说在10万册以上。由此可见，人们对"三株神话"的好奇以及三株在形象策划上的成功。

据这本书披露，吴炳新的家境十分贫寒。他5岁丧父，6岁失母，可以说是天生地养，从懂事起就是在苦日子里熬过来的。他共有兄妹8人，最后活下来的只有年长他17岁的大哥和年纪最小的他。到11岁时，他才好不容易读上了小学，然而他天资聪慧，仅用4年时间就完成了6年的小学课程。小学毕业后，拮据的家庭经济条件迫使他退了学。1958年，20岁的吴炳新来到包头矿务局工作，一段时间后肯干且善动脑筋的他被提拔为销售科长。据说，当时正逢国家经济困难，在矿上工作的最大好处就是每年能发一套衣服，但吴炳新决意为国家分忧，整整11年没去领一套工作服。当年的老工人回忆说，"炳新当时穿得真不如一个叫花子"。

或许正是这样的出身，养成了吴炳新坚忍不拔的个性，为了达到一个目标自己可以无所不用其极。在公司内部，每年他都开展一次勤俭节约运动，而当三株口服液面市之初，他提出的第一个品牌形象口号便是，"争当中国第一纳税人"。应该说这些举措，都与他的早年经历和某些理念是分不开的。

还是据《中国人可以说富》这本书披露，吴炳新最初是以200元起家的，最早的时候他做的是豆芽生意。20世纪80年代中期，国家有关部门出台政策允许个人承包亏损的国有企业，他力排众议大胆承包了一家糕点厂和一家小商场。1989年，他跟已经大学毕业的儿子吴思伟来到了安徽，在淮南开发区注册了淮南大陆拓销公司。当时生物制品"851"刚刚问世，大陆公司成为该制品的代理商，这也是吴氏父子涉足保健品产业的第一步。他们很快尝到了充满暴利的保健品市场的第一口甜水。也是在这一年底，上海市松江县五里塘乡工业公司与上海交通大学合作推出的"昂立一号"口服液问世，吴炳新又主动与之联系，成功地承担了宣传、推广和销售的任务。1990年，自认为已经赚到了"第一桶金"的吴氏父子决定离开经济不甚发达的安徽，实行战略转移，吴炳新北上山东济南，吴思伟转战江苏南京。

接下来的这段故事，便在那本"说富"书中没法找到了。

吴思伟到江苏后，组建成立了南京克立科工贸有限公司，以经销"昂立一号"为主营业务。在随后的两年多时间里，吴思伟业绩显赫。1992年，"昂立一号"在江苏的年销售额达到1500万元，第二年更跃增至1亿元，遥遥领先国内其他市场。吴思伟的营销才能在此时初露锋芒，俨然成为江浙地区首屈一指的"保健品大王"，这也引爆了他内心潜伏已久的独立门户的创业激情。

随后到了1993年8月，南京克立科工贸有限公司与江苏纺织工业总公司合资成立了一家新的生物制品有限公司，生产与"昂立一号"功能相似的凯拉口服液。至此，吴家与"昂立一号"的蜜月期宣告结束，随后出现的是一场势不两立长达数年的、席卷整个中国保健品市场的恩怨对决。吴思伟在江苏市场迅速拉开阵势，展开了一场声势惊人的凯拉口服液广告战，其市场战略十分明确，完全以"昂立一号"为市场假想敌，大有一举取代后者的昭然雄心。

1994年1月，不堪攻击的昂立公司向上海市中级人民法院起诉，状告南京克立科工贸有限公司以不正当的竞争手段攻击昂立一号。据起诉状透露，南京克立科工贸有限公司对昂立的攻击性行为包括，以公开比较的方式诋毁"昂立一号"的浓度只有凯拉口服液的1/10，以患者来信的方式贬低"昂立一号"效果不如凯拉口服液，自称凯拉是"昂立一号"的更新换代产品……昂立公司以刚刚颁布不久的《反不正当竞争法》起诉南京克立科工贸有限公司，并要求其赔偿经济损失1100万元。当时，此案以其全国诉讼标的

让吴氏父子走上保健品之路的"昂立一号"和影响吴氏父子一生的三株口服液

最高而引起了社会的轰动。

然而，就在这起反不正当竞争诉讼还没有一个结果的时候，南京克立科工贸有限公司又遭遇了另一场更为棘手的官司。

在昂立状告南京克立科工贸有限公司的1个月后，《江苏健康报》以侵权为名把南京克立科工贸有限公司告到了法院。诉状称，南京克立科工贸有限公司盗用该报刊名刊号，私自出版了与真正的第322期、323期《江苏健康报》完全不符的"凯拉口服液专刊"，并印刷了600万份在市场上广为散发。原告要求南京克立科工贸有限公司在全国及江苏省有影响的新闻媒体上公开赔礼道歉，赔偿经济损失100万元。

更让南京克立科工贸有限公司深陷尴尬的是，有人对专刊中一篇题为《魂系凯拉》的文章提出了质疑。这篇文章用生动形象的笔调介绍了6位留洋博士合力研制凯拉口服液的动人过程，并煞有介事地配发了6位留洋博士的照片和简历。可是，一些知情者很快披露道，这则有名有姓有照片的报道纯属子虚乌有。6位博士全部都是"冒牌货"，其中名列第一位的"留美微生态博士"刘荣生先生真实身份是南京克立科工贸有限公司的一位普通雇员，家住南京尧化门，且真名不叫"刘荣生"。

不正当竞争案、盗用报名案、假冒博士案——一连串的诉讼和丑闻迅速地击倒了刚刚小试锋芒的南京克立科工贸有限公司。很快，南京克立科工贸有限公司在南京消失。1994年，吴思伟北上山东。按《中国人可以说富》一书的编年记载，8月8日，以吴炳新为首的济南大陆拓销公司与吴思伟的南京克立科工贸有限公司实现了"南北整合"，成立了新的三株实业有限公司，以公司名称为品牌的三株口服液亦同时宣告研制成功。

从一开始吴炳新就被宣布为三株口服液的发明人和"首席科学家"。尽管它日后获得了各种各样的科研荣誉，可是，三株口服液是怎样研制出来的，一直是一个语焉不详的"商业机密"。其公布的主要成分为"双歧杆菌",与昂立一号相同,其医学效果是"通过口服进入肠道并繁殖,从而达到治理人体环境之目的、保健之功效"。①

独一无二的行销模式

当吴氏父子在山东济南祭起三株大旗的时候,中国的保健品市场已经进入退潮期。在此前的七八年间,太阳神、娃哈哈、中华鳖精以及各种花粉、蜂蜜口服液构成了第一轮保健品销售浪潮,然后,乐百氏的生命核能、巨人的脑黄金以及东北的沈阳飞龙延生护宝液等也已经品尝到了从鼎盛到衰落的跌宕。消费冲动、刚刚度过温饱期的中国民众对一向钟爱的保健品开始起了怀疑,也是在这一年,持续增长了将近七年的中国保健品市场首度出现滑坡。

就是在这样的大背景下,三株来了。

拥有丰富的保健品拓销经验的吴氏父子自然深谙保健品市场的"广告依赖症",跟巨人和飞龙一样,三株义无反顾地选择了"人海战术"和"地毯式广告轰炸"。与前辈们不同的是,三株的营销理念更呈系统化、多方位化,在广告、推广及市场定位上采用了一种更为极端和大胆的做法,便是这些做法使三株以令人瞠目的速度迅速做大。

在广告策略上,三株从来不吝啬广告的投放。与众不同的是它采用一种更为巧妙的组合,除了常规的产品广告之外,三株还把大量的费用投放到形象广告中。三株是国内最早将企业电视形象片作为广告进行投放的企业,它在中央电视台及一些中心城市电视台购买了大量的非黄金时间的广告段位,用以播发拍得并不精美却充满了语言诱惑的三株系列形象片,其中最突出的一个主题便是,"三株争当中国第一纳税人"和振兴民族工业。

---

① 根据1995年8月山东省卫生厅审批的"药品广告审查表"。

　　三株还在一些带政治色彩的主流报刊上整版整版地刊登三株的形象文章，传播三株的民族工业理念。与别的企业完全不同，在跟很多报纸的接触中，三株很少在价格上讨价还价，而它提出的唯一一个要求往往是，不要在版面的上方打上"广告"的字样，最好是以新闻的版式照排，最不济的，也应当作为"企业形象"版来处理。然后，三株又把这些文章连同那些显赫的报纸名字以新闻报道的方式放进它的各种广告宣传小册子中，仿佛一夜之间，三株成了中国主流媒体最关注的企业。同时，三株还十分热衷于赞助各种学术、科技研讨活动。这些活动为三株带来了良好的舆论曝光度，使三株决策层迅速接触到了中国最优秀的名流，此外，还顺带为三株捧回了无数的头衔、奖章和证书，这些后来都无一遗漏地出现在三株的宣传作品中。

　　很显然，这样的广告策划和组合，在20世纪90年代中期的中国是十分到位和高超的。比如说电视广告的组合，就在当时的其他国内企业还在为昂贵的黄金广告段位及所谓的标王你争我抢的时候，三株却选择了被人视为鸡肋而价位又十分低廉的非黄金时间段位，这不仅非常适合三株的长达数分钟乃至10多分钟的企业形象广告的大密度投放，而且起到了出乎意料的收视效果，使三株企业迅速地拥有了知名度。此外，三株对企业形象的包装和提升，使它一开始就具有较好的品牌印象。在假货充斥、品牌纷杂的保健品市场，三株的"中国第一纳税人"及"以振兴民族工业为己任"的形象，无疑更胜人一筹。

三株当时的创新式广告

在广告传达上，三株也极为大胆和富有创造性地走出了一条"让专家说话，请患者见证"的道路。三株首创了专家义诊的行销模式，在中心城市，每到周末，三株就会聘请一些医院的医生走上街头开展义诊活动，而其主旨则依然是推销三株口服液；到后期，三株更把这股义诊风刮到了乡镇、农村。据不完全的统计，三株每年在全国各地起码要举办上万场这样的义诊咨询活动。

在三株的各种广告单页或册子中，三株往往会引用来自天南海北、国内国外的各种医生的话语来为三株喝彩。到1996年，三株甚至与国内数十家科研机构合作，推出了一本10万字的《三株口服液临床验证论文》，全书分为理论、临床、机理、基础和病例五大部分，对三株的广告传达进行了一次全方位的科学规范。在最后的病例部分，该书收集了近百位患者的服用效果，其中不乏神奇、令人匪夷所思的功效描述。三株的这些首创性做法，后来被其他企业一再地仿效和发扬光大，最终也酿成了一场让中国保健品市场轰然崩溃的信誉危机。

在市场推广上，三株并没有缠绵于中心城市。相反，在1995年，三株口服液刚刚在北京及华东沿海站稳脚跟，吴炳新就大胆作出了挺进农村市场的决策。可以说，三株是迄今在中国农村市场取得过最辉煌业绩的企业之一，农村市场的告捷让三株成了真正的保健品大王。

中国农村，地广人多，貌似最具市场潜力，可是低下的消费能力、不通畅的广告通路特别是十分不健全的销售网络，一向让对此垂涎三尺的企业徘徊再三，最终

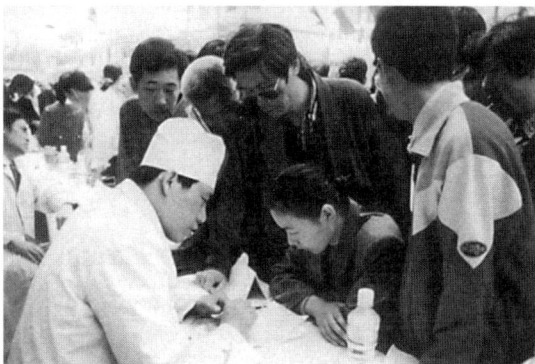

以专家问诊的方式促销产品,是三株的重要发明之一

刷在农村茅厕墙上的三株广告

无功而返。崇拜毛泽东"农村包围城市"思想的吴炳新显然更具战略家的能力，他并没有匆忙地靠硬性广告开路，而是花了将近一年的时间来构筑他的农村营销网络。他为三株的农村市场推广设计了四级营销体系，即地级子公司、县级办事处、乡镇级宣传站、村级宣传员。他利用中国低廉的人力成本优势，开展人海战术，聘用了数以十万计的大学生充实到县级、乡镇级的办事处和宣传站。同时，他还创造了一种"无成本广告模式"，即发给每个宣传站和村级宣传员一桶颜料和数张三株口服液的广告模板，要求他们把"三株口服液"刷在乡村每一个可以刷字的土墙、电线杆、道路护栏、牲口栏圈和茅厕墙上。以至于当时每一个来到乡村的人都会十分吃惊地发现，在中国大地的每一个有人烟的角落，都几乎可以看到三株的墙体广告。

这肯定不是大卫·奥格威们想象得出来的广告创意，在专业的广告人士看来，没有什么比在飞满苍蝇的茅厕墙上刷口服液广告更为恶劣和恶心的了。可是，这在20世纪90年代中期的中国农村市场却是神奇的一招。哪怕就是在10多年后的今天，恐怕也没有一种广告方式比这更为经济并适合中国农村。

吴炳新的努力得到了回报。从来自三株的统计资料看，到1996年底，农村市场的销售额已经占到了三株总销售额的60%，这是一个了不起的营销业绩。1994年，三株公司的销售额为1.25亿元；1995年达到了20亿元；在农村市场获得巨大成功的1996年，三株销售额一跃而达到了巅峰的80亿元。在资产增值方面，三株在1993年底的注册资本金为30万元，到1997年底公司净资产为48亿元，且据称资产负债率为零。

三株的成功可以用这样的一句话来概括：一个不安分的企业，在一个不规范的市场用一些不规范的做法，获得了不可思议的成功。

中国第一营销网

以区区30万元，在短短三五年之内，便开创了资产达40多亿元的三株帝国基业，吴氏父子无疑有着超出一般企业家的抱负和理想，他们也是国内最早提出要把企业办成百年老店的企业家之一。

在企业战略的设定上，父子俩在认识上有一定的差异性。销售科长出身、经历了"文化大革命"洗礼的吴炳新是毛泽东战争理论的狂热崇拜者。而年轻的大学生吴思伟则滔滔不绝于彼得·德鲁克理论，他特意聘用了南京大学日本企业管理研究所的专家为三株设计了一种"矩阵式的管理结构"，然后又委托北京大学的美国企业管理研究所进行修正，最后得出了一个让他满意的糅合了日本和美国管理精华的三株管理模式。

正是在吴氏父子这种反差迥异的管理理念的支配下，三株的管理体系发生过多次的转型，其间也造成过一定的紊乱和冲突。在不同的时期，吴氏父子轮换出任总裁和董事长，在三株分别进行了各自的实验。而最终的事实是，吴思伟的管理思路更多地体现在对经理层的改造上，而三株整体的公司管理框架，特别是最重要的营销体系思路，仍是由吴炳新一手塑造的。

从一开始，吴炳新就为三株打造了一种区域管理式的模型，他把中国市场分割为四个大区——东北区、华北区、西北区和华东区，四个大区设战区经理，也叫作"专员"。四个大区没有财务权，它们的财务监督、市场范围及经费划拨均由总部统一协调。吴炳新把这种体系归结为"中央集权"，他称之为"六统一"，即思想统一、组织统一、政策统一、企划统一、行动统一和管理统一。为使集权体制具体化，他采纳吴思伟的提议，引进了日本"贩卖、人事、总部、制造"四个轮子框架结构，成立了制造中心、营销中心、财务中心、组织人事中心。

伴随着三株机构的日益庞大，喜欢创新的吴思伟又提出了"支薪经理阶层"理论，并在三株进行尝试。按照这种设计，三株形成了八级干部体制，一级是总裁，二级是副总裁，四大中心主任是二级半，三级是各个省的总经理，一些重要的沿海中心城市如杭州、苏州公司的经理则是四级，依此类推，总部先后与大约5000名各级经理签订了"终身合同"。在某种意义上，这是日后盛行的经理入股权、期权制度的雏形。至少吴思伟已经意识到，稳定经理骨干层是保证三株事业长盛不衰的根本所在。

其后，三株公司的派生产品日益增多，组织结构也发生了新的调整，颇有研究价值的是，三株最终形成的组织形态是集西方事业部制与中国解放战争时期军队建制于一体的杂交物。一方面，根据新产品的推出，总部成立了不同的事业部，各部各自建制，独立运转，实行垂直领导。而在各大区及主要省份，为了保证三株产品的协调运转，又成立了"市场前线指挥部"，在总部则成立"市场前线总指挥委员会"。吴炳新描述道："市场前线总指挥委员会相当于国家军委，各省机构变成市场前沿指挥部后，相当于前敌委。以军事化管理模式运筹商战，意味着军事化的行动，而军事化的最大特点就是绝对服从命令。"

且不论吴炳新的这些推理是否有真实的内在逻辑性，至少在市场推行的初期，这种军事化的体制是起到了一定的作用。据称，最鼎盛时，三株在全国所有大城市、省会城市和绝大部分地级市注册了600家子公司，在县、乡、镇有2000个办事处，各级行销人员总数超过了15万，这恐怕是一个前无古人、估计也将后无来者的骇人纪录。吴炳新曾豪言，"除了邮政网以外，在国内我还不知道谁的网络比我大"。1996年，正是凭借着这样一支庞大的营销铁流，吴炳新发动了所谓的夏季、秋季、冬季三大战役。三株的传单、横幅、招贴和标语贴遍全中国，一举实现销售额80亿元，这个数字如属实则超过了当年全国保健品销售总额的1/3。三株公司大有吞吐天地、冠盖宇内的气概。

"增长速度回落到400%"

超常规的发展速度，诱发了企业家超常规的膨胀雄心。在1994年8月南北联合之时，三株提出的经营目标是：当年度销售1亿元，第二年保3争5，第三年保9争16。可是，转眼到了1995年，三株的目标突然放大了上百倍。在《人民日报》上刊出的三株第一个"五年规划"中，吴炳新提出的目标是："1995年达到16亿元至20亿元，发展速度为1600%~2000%；1996年增长速度回落到400%，达到100亿元；1997年速度回落到200%，达到300亿元；1998年速度回落到100%，达到600亿元；1999年以50%的速度增长，争取900亿元的销售额。"

这一连串的"增长"和"回落"，赫然以新闻和专题报道的方式刊登在中国最著名的新闻报纸上，带来了令人晕眩的惊诧。很多企业界人士小心翼翼地把这些数据剪下来，毕竟那都是一个个转眼就将到来的年份，他们都十分好奇地想验证三株神话到底是一个泡沫还是一个真实。也就是在这时，一些清醒的专业人士开始了对三株的认真关注。吴炳新可能没有想到，尽管这些豪情数据在某种程度上将激发市场的热情和员工的激情，可是，他也将承担公布这些数据所必须承担的企业家的预期信用。

　　或许正是为了实现这些惊人的目标，三株"向前切入销售，向后切入科研"，开始了多元化的经营。在接待巨人集团史玉柱时，吴炳新曾经说道，"你不该挣的钱别去挣，天底下黄金铺地，不可能统吃，这个世界诱惑太多，但能克制欲望的人却不多"。言犹在耳，可是真的到了自己的天地里，吴炳新似乎也很难分辨清楚哪些是属于他的"黄金"，而哪些不是。

　　在吴炳新的设想中，三株应该走的道路是，首先研制出一个成功的拳头产品，并为此设计出一套全新理论，以产品加理念铺开一个庞大的营销网络；在网络四处蔓延的同时不断开发出一个又一个新产品，填装进这个网络之中；待每个新产品成熟后，又裂变出一个个子系统；最终形成"大医药大保健"的产业格局，把三株建设成一个不衰的"日不落生物制品王国"。

"帝国"的光芒在徽章上闪耀

　　这个宏伟设想是无所谓对与错的，成功了便自然是对的，失败了则肯定是错的，就好像他在农村的牲口栏圈和茅厕墙上刷广告一样。在1996年这一年，三株先后推出了"赋新康""生态美""心脑康""保腾康""吴氏治疗仪"等产品。1997年上半年，三株一口气吞下20多家制药厂，投资超过5亿元，之后又计划再上一个饮料厂。

　　吴炳新在一次研讨会上说："就连世界名牌可口可乐也无法与我们相比……将来与可口可乐比高低，去占领国际市场。"很快，三株的产业触角延伸到了医疗、精细化工、生物工程、材料工程、物理电子及化妆品这六大行业。

与此同时,三株的组织队伍也出现了超常的膨胀,在短短的4年时间里,其母、子、孙公司管理层扩张了100多倍。

著名财经记者方向明先生曾形象地描述道:

创业之初三株的体制是一种"长颈鹿结构"——细长的颈部支起高昂的头,使之中心能高瞻远瞩,而大区、省级指挥部是精干的身躯,地级子公司一插到底是其灵活的四肢。虽然整个体形略显修长,但由于结构紧凑依然健步如飞。

但是,这种体形随着躯干臃肿而演化为"恐龙结构"——省级与地级变成效率不高的中间管理阶层,而县至乡村的办事处和工作站变成行动迟缓的手足,由于陷入大量琐碎管理事务,高度集中的小脑袋也不再那么灵敏,随着市场环境的陡变,这个恐龙结构的应变能力就显得十分的弱小了。

"长颈鹿"与"恐龙"的描述仅仅是对三株组织结构上的一种反思。就深层次上剖析,更为致命的似乎是,从一开始三株就被设计成了一个战斗型的团队,它的营销建制是战斗队化的,它的管理是全员军事化的,如同一台快速旋转中的机器,自然会惯性地产生强烈的向心力和凝聚力。然而,任何机器毕竟无法始终处于这样的状态,其机体肯定会因此而快速老化,除非这台机器是一台"永动机"。否则一旦因为某种原因而发生停顿,便不可避免地会轰然解体。就企业而言,除非它始终处在一种创造热浪中,它不断有轰动性的、能够产生巨额利润的新产品出世,并且每一个新产品都拥有广阔的市场深度,而且还能够避开所有的人为或非人为的侵扰事件。否则,一个始终处于战斗状态的企业是无法维持长久的,它必然会产生疲态,必然会发生摩擦,必然陷入激情的过燃和早耗。

一个成长过快的企业,是一个十分危险的团队,如同一队为了利益而啸聚在一起的强人,他们从一个高地呼啸着冲向大江南北,迅速地抢取到了巨大的财富之后，便不可避免地会各奔前程，一哄而散。三株审计部门发现，在1995年公司投放的3个亿广告费中，有1亿元因无效而浪费掉了。在不少基层机构中，宣传品的投放到位率不足20%，甚至一些执行经理干脆把宣传品当废纸卖掉了。在三株的4年鼎盛期，至少有数以万计的经理、经销商、批发商、零售商因为销售三株产品发了大财、中财、小财，可是作为三株企业，却缺少真正的维护者，始终没有来得及培养起自己的传统、文化和精神。

最终，它之所以能够运转支撑下去，依赖的仅仅是企业家本人的毅力、商业智慧和人格感召，仅此而已。

"有病治病，没病防病"

令人望而生畏的形象塑造、铺天盖地的广告轰炸、充满狂热的人海战术，在某种程度上造就了三株神话，在所有的对手都还没有来得及反应过来的时候，三株已跃然而上，在华山之巅傲视群雄了。

然而很快，这些造就了三株神话的奇功异技，其内含的种种毒素也在渐渐地散发出来。

早在1994年，国内一些城市的工商行政管理部门就开始注意到了三株广告的不规范性。在三株的广告中经常出现一些擅自引用专家言语、夸大功效及诋毁同行的词汇。这年5月，中国科学院上海生物工程研究中心的一位叫尹光琳的研究员在《新民晚报》刊登声明，指称三株在《三株广场》宣传册子中刊发的以其署名的《三株——人类微生态平衡的飞跃革命》一文属冒名作品。

1995年5月，广东省卫生厅专门发出了《关于吊销三株口服液药品广告批准文号的通知》，该通知称，"济南三株保健品厂在《珠江经济信息报》上刊登的药品广告，超越了《药品广告审批表》审批的内容，出现获奖内容，擅自增加'防治肿瘤''有效预防和辅助治疗肝炎、肝硬化'……从即日起吊销三株口服液的药品广告批准文号，暂停在我省做任何形式的广告宣传①。

应该说，这是一份十分严厉、在某种程度上等于宣判了三株口服液在广东省"死刑"的通知。尽管事后经过三株各方面的活动，三株口服液仍然得以在广东销售，此事也没有被媒体曝光放大，可是，危机的导火线无疑已露出了狰狞的端倪。当时，三株口服液已经取得了相当好的市场业绩，而其营销队伍也开始庞大起来，一些地方的营销人员为了扩大产品的消费面，便擅自夸大三株口服液的功效，凡是常见病、急性病等等，都拿来跟三株口服液挂上钩，终而把本来对肠道清洁有一定功效的产品夸大成包治百病的灵丹妙药。在一则广告宣传单中，甚至宣称三株口服液可以治疗"老年糖尿病、胃癌、直肠癌、食道癌、胰腺癌、白血病、风湿性心脏病、高血压"等40多种疾病，并出现了"有病治病，没病防病，无病保健"等充满江湖气息的字眼。

到了这年的9月，《杭州日报》记者潘宪发表《济南三株公司屡屡发布虚假广告 三株杭州撞克星》一文，国内先后有近10家报纸进行了转载，引发出一起全国性的新闻事件。据这篇新闻稿报道，当年8月15日，三株在杭州地区的《富阳报》刊登广告，宣称三株口服液可以治疗霍乱病，而当时该城市正受到急性肠道传染病的困扰。三株的广告一出，马上引起杭州市的高度紧张，工商行政管理部门、卫生部门当即进

三株口服液成了包治百病的灵丹妙药

---

① 根据粤卫药政〔1995〕30号。

行了查处。潘宪还在这篇新闻中披露三株公司曾经有过盗用《开发时报》刊名、在广东及河南等省份遭到查处的事实。

此文在国内各媒体发表后，山东三株公司当即以诋毁罪为名把潘宪告到了法庭。有意思的是，其状告的理由不是因为新闻稿严重失实，而是因为潘宪在新闻中一再提及"山东三株"，而三株公司认为在杭州发布广告的是具有独立法人资格的"杭州三株公司"。这是吴炳新考虑得比较"超前"的一个策略：三株在各地设立分公司时均将其注册为具有独立法人资格的有限责任公司，这样各家分公司在各地的所作所为便在法律意义上与"济南三株"没有任何关系，而传媒则很难预想到这一点，因此往往会陷入被告的境地。

这样的辩驳，在法律上可能有一定的依据，然而在情理层面上毕竟十分脆弱。最终，潘宪与济南三株的官司拖了将近一年，以淡化和解了事。

绝密的"利益共同体"理论

在这里我们必须专门来研讨一下三株与政府的关系。这是一个非常微妙的话题，在体制转型期的中国，一家企业如果没有与政府部门取得并保持一种协调性的关系，那将是非常难壮大的。反之，如果过于亲密，也可能发生一些意料之外的灾难。

在处理政府与企业的关系上，三株有一套秘不示人的理论。这一理论在当年的三株公司内部被列入"绝密"级。

从三株创业那日起，三株在公共关系的处理上就从不吝啬。为了扩大三株的影响面，结交天下名流，三株经常召开各种主题和规格的专题研讨会，聘请政府、传媒的主要官员出任三株的顾问等等，在短短一两年时间内便编织了一张十分庞大的关系网络。很显然，三株的最初动机是单纯的，由于国内消费市场，特别是保健品市场的竞争十分惨烈，三株通过这张关系网自然可以为自己避开不少的陷阱和障碍。

在尝到了甜头之后，三株突然发现这其实是一个非常巨大的资源。

于是，从1995年下半年开始，在三株的一些内部文本中便出现了很多与此相关的言论。

吴思伟在1995年6月的三株地区经理扩大会议上便谈道："……我们对下半年的第二项重点工作现在做一个部署。要求各指挥部，在所有的省与卫生厅、工商行政管理局、医药管理局建立经济共同体关系。时间定在7月30日以前。怎么建设，各有千秋，情况不同。但原则上讲，大家先去接触，根据实际情况，可以提出……对竞争激烈的地区一定要设立信息科，有专门的组织机构，配备两名专职干部，从事这方面的专职工作。"①

7月，吴思伟在沈阳公司再次对他的"利益共同体"理论进行了阐述。他说："中国的民营经济从晚清直到民国就是一个官商结合的经济，现在正开始着第二次官商结合，公私合营也合进去了，民国是官商结合，到现在又出现了官商合营的问题。现在的情况是政府的职能部门在改革，要求它作为一个经济实体，有自己的利益，即便没有这个，它也需要有自己的福利等方面的要求，所以现在是官商结合的又一个年代。企业要想蓬勃地发展，必须与官方结合起来，政府在合法的前提下倾注全力给你支持，它给你支持还是漠视不管，对企业发展是至关重要的。"

同时，他还具体地谈到了如何组成利益共同体的方法："……跟他们搞合作搞联营，药政部门每个月都要搞宣传，你宣传我出经费，跟你一起协办，有各种各样的形式。与工商行政管理部门，每年广告

① 摘自《三株实业》第18期，三株集团1995年6月地区经理扩大会议专刊。

法的宣传我都出钱，由他们去操作，劳务费等都打进去……我们协助你进行广告法的宣传，怎么花都是你的事，而费用我们全包了。必须建立与这些部门单位间的良好关系，然后再建立个人间的良好关系，这些工作做不好，不要想做任何事情。"①

与吴思伟相似，吴炳新在一篇由他署名的《三株营销新思路》一文中，明确提出了一个"让基层卫生局做我们的代理商"的工作目标。他写道：

"最近，我们接待了××卫生局局长的来访。他提出要做我们××地区的代理商。卫生局找上门来跟我们合作，这是我们巴不得的，我们认为可能他是有代表性的，将这一经验在全国推广，就使我们打开了另一条销售渠道。

"现在的基层政府机关、医药部门都很困难，都想着搞点额外收入增加机关的费用开支来源，跟我们合作，将使他们有一笔可观的收入。按常规来说××卫生局的做法是有代表性的。

"卫生局既管医院，又管医药商店，连医药批发公司都归它管，那么由它往下推，一切都合法化了，经营渠道一下就打开了，这是件好事。

"按照这个思路，各个公司在向周边进军的同时，都要注意卫生局这里，争取他们的合作。就要他们发财嘛。我们就给它出厂价，让他们往外批发，我们再派上一个人给他们进行指导，给他们印上报纸，告诉他们怎样进行宣传，这样来看，我们在开拓周边市场方面，很可能走出一条捷径。我们觉得这是个很好的思路。"

在可以收集到的三株公司内部文件中，我们不时可以读到这样的文字：

"北京刚结束的全国卫生厅局长会议通过了整顿医药市场的决定，小聪聪母液已被查封，这对我们是一个警告。因此，总部要求加强社

---

① 摘自《三株实业》第19期，1995年7月25日。

会环境建设，搞卫生厅、药政处、卫生局、药政科是近期工作重点。想尽一切办法，运用巧妙的形式，去与他们搞关系，共建、合作、宣传药政法10周年等等……此项工作是重点之重点!!"①

"让卫生局牵头进医院，一方面共同的经济利益把我们双方绑在一起，这样外部环境问题可彻底解决，另一方面震慑了其他经销商。鉴于此，7月份我们公司决定开展'红十字'行动，通过各种相关部门、卫生局、工商行政管理局下属的实体，大规模向医院进军。"②

这些言论和观念以内部文件的方式在三株中高层管理人员中灌输、传播，自然便生发出一些具有"三株特征"的公关行动。比如，三株的不少分公司在一些地方的人民检察院设立了"明察秋毫基金"，在公安局设立了"保一方平安基金"，在一些县市设立了"见义勇为基金会"。三株口服液能够在很短的时间内席卷全国，并如此轻易地开展各种引人注目的大型活动，不可否认，吴氏父子所谓的"利益共同体"理论及实践在其中起到了相当关键的作用。

在与政府部门建立这种不无暧昧、隐晦的公共关系的同时，三株在对竞争对手的态度上则是十分坚决和无情。1995年8月，三株公司专门发出了一个编号为第25号的关于《三株公司信息工作规范》的文件，文件要求：

根据信息，进行系统分析，结合当地实际情况，出对策（例如，对其违法广告进行举报，对其义诊活动进行破坏等）。

特殊使命：

1. 与各地区经理紧密配合，通过我们的公共关系，通过种种手段拉拢、瓦解竞争对手的公共关系，使其为我们服务。

---

① 摘自1995年5月26日三株营销企划中心发给各地区总经理、各直属公司总经理、各子公司经理的传真件。
② 三株某分公司发表在《三株实业》1995年6月27日第17期上的经验介绍，文末有吴炳新的批示：同意试行。

2. 力争在较短的时间内，在对手的内部建立"线人"。

（1）对竞争对手内部人员进行耐心细致的调查，寻找合适人员，通过直接、间接方式，联络感情、施以恩惠、建立长期关系，为我们提供对手的内部信息。

（2）针对部分竞争对手有关招聘启事，派人应聘或通过他人介绍进入对手内部任职，建立我们自己的情报员。

从这些充满敌意和战斗气息的文件，我们可以窥见20世纪90年代中期中国保健品市场竞争之惨烈和戏剧化。或许，在这样的竞争氛围中，三株并不是唯一在进行这些操作的企业，它肯定也有自己的难言之隐。只是从这样的一个侧面，我们对"三株神话"会有一个更为人文及社会化的考察。

所以，我们说，研究一家中国企业的兴衰，往往应当多考虑非经济的因素。很难说这些企业是被谁击败的，关键在于，企业与整个社会及市场均处在一种不规范的动荡的大气候中。恩格斯说过，"原始积累的每个毛孔都充满了血腥"。在某种意义上，企业在初创期为了攫取超额利润和加快原始积累的速度，或多或少地会采取一些非正当乃至不可告人的战术。然而，在企业跃上平台，步上稳定发展道路之后，企业家则应迅速修正，以更为透明化、规范化的方式来从事企业的经营活动。

一个与此相关的话题是，中国的民营企业家似乎有"道德分裂"的病症，他们往往是旧体制的冲决者，他们对社会的进步、民族的复兴有着一份十分纯朴的信念和责任感。可是，在具体的经营活动中，他们则又往往是经济秩序的破坏者，是完全忘却了哪怕是最起码的品格道德的功利主义者。这样的分裂，最终损害了作为一个阶层存在的社会认同。三株集团在其晚期稍稍出现市场危机后，便爆发了大规模的人员逃亡，由此可见，有相当多的三株员工对这家公司缺乏由衷的文化认同和道德归属。

三株的 "15大失误"

1996年，三株集团宣布完成销售额80亿元。自此，三株便患上了一种十分典型的 "综合紊乱征"。

这种 "综合紊乱征"，表现为企业与政府、与传媒、与市场以及内部管理的种种不协调。以 "利益共同体" 为理念构筑起来的企业与政府的生物链是十分脆弱的，一旦在市场上出现或大或小的动荡，政府必然会以自我保护、规避嫌疑为前提而退出合作；三株与相当部分传媒的关系也是通过高额的广告投放来维系的，如果市场发生波动，广告款项一旦出现拖欠，一些传媒会立即 "翻脸不认人"。而在市场方面，由于10多万人、数千个大大小小的指挥部在前线作战，种种夸大功效、无中生有、诋毁对手的事件频频发生，总部到最后已疲于奔命而无可奈何。单在1997年上半年，三株公司就因 "虚假广告" 等原因而遭到起诉十余起。吴炳新曾明文要求各地 "带疗效的广告宣传倒给钱也不能干，我们这样做，等于给别人送炮弹来打我们"。可是，尽管三令五申，却已经无法转变近乎失控的市场局面。

这种综合性、多方位的紊乱并发，其实与三株的经营思想、组织结构及公共关系的理念设定等等均有十分密切的关系，换而言之，其独特的思想、结构和理念促成了三株的暴发式的增长。可是到了某一阶段，它们又必然会对企业自身造成如此种种的反作用。

在内部管理上， "恐龙结构" 所带来的弊端尤为突出。到1997年，三株在地区一级的子公司就多达300多家，县级办事处2210个，乡镇一级的工作站则膨胀到了13500个，直接吸纳就业人员15万以上。

看上去，三株的营销铁流浩浩荡荡，实际上却是机构重叠，人浮于事，互相扯皮，在下属机构甚至出现一部电话三个人管的怪现象。

三株所崇尚的高度集权的管理体制造成了种种类似 "国有企业

病"的症状。为了统一协调全国市场，总部设计了10多种报表，以便及时掌握各个环节的动态。但具体到一个基层办事处，哪来那么多变化需要填，上面要报，下面就造假。在一次总结会上，吴炳新气愤地说："现在有一种恶劣现象，临时工哄执行经理，执行经理哄经理，经理哄地区经理，最后哄到总部来了。吴炳杰（注：吴炳新的弟弟）到农村去看了看，结果气得中风了，实际情况跟向他汇报的根本是两回事，他在电话中对我说，不得了，尽哄人呀。"

为了避免重蹈巨人、飞龙集团后期资金失控的覆辙，制止日益呈现的官僚主义、贪污和浪费现象，吴炳新可谓想尽办法。他对三株的全国营销网络实行了计算机联网，试图用现代化手段促成总部的"现场管理"。同时，他把三株各级机构的开户行确定为中国银行一家，以便借用金融网络监控资金走向。此外，他还在三株的西方化的组织框架中，注入了中国传统企业管理的某些精髓，诸如"鞍钢宪法""三老四严""四个一样"的"大庆经验"。他还建立了山东省第一家民营企业党委，借鉴毛泽东"把支部建在连上"的经验，在每个有党员的基层单位都设立了党支部，总部增设政治工作部，各级政治工作人员主要在部队转业干部中聘请。为反腐倡廉，三株公司一律不准买进口轿车，一律不准配女秘书。吴炳新还多次在企业内部开展"全员洗澡""三查三反"（自下而上和自上而下查、自我查、互相查，反对浪费、反对非组织活动、反对贪污受贿）"一打五反"（严厉打击经济犯罪活动；反贪污，反腐败，反浪费，反非组织活动及反软、懒、散）等活动。然而，尽管吴炳新不断地亡羊补牢，仍未能力挽颓势。1997年，三株的全国销售额出现大幅度滑坡，比上年锐减10个亿。吴炳新在年终大会上做了一个他称之为"刮骨疗毒"的报告，痛陈三株"15大失误"，首度把三株危机曝光于天下。

到这一年底，在中国企业圈，一个悬念已经幽灵般地浮出了水面，人们都好奇地想看到谜底：谁将是三株"帝国"的终结者？

可是没有一个人会想到，这位终结者竟会是湖南乡下的一个叫陈伯顺的老汉。

"八瓶三株喝死一条老汉"

陈伯顺一案发生在三株鼎盛的1996年，而其引爆则是在山雨欲来风满楼的两年后。

1996年6月3日，湖南常德汉寿县的退休老船工陈伯顺在三株"有病治病，无病保健"的广告承诺打动下，花428元买回了10瓶三株口服液。据陈家人介绍，患老年性尿频症的陈老汉服用了两瓶口服液后夜尿减少，饭量增多，但一停用又旧病复发，当服用到三到四瓶时，老汉出现遍体红肿、全身瘙痒的症状，第八瓶服完，陈老汉全身溃烂，流脓流水。6月23日，老汉被送到县医院求诊，医院诊断为"三株药物高蛋白过敏症"。其后，病情不断反复，9月3日死亡。

陈老汉死后，其妻子、儿女一纸诉状把三株告到了常德市中级人民法院。

此案发生时，正值三株口服液红遍全中国，跟其他许许多多与三株有关的诉讼案件一样，它只在湖南当地很小的范围内传播，远远还没有演变成一起全国性的新闻事件。案件的审理，也因种种原因而一拖再拖，几乎要不了了之。可是到了1997年底，案件突然峰回路转，出现了戏剧性的高潮。当年初，常德市中级人民法院把陈老汉未及服用的两瓶三株口服液送至中国药品生物制品检定所作检定，该所最终拿出一份检定号为SJIS970667的报告，称："未检出双歧杆菌等活菌；豚鼠过敏试验阳性；小鼠安全毒性试验阳性并经病理检查，心、肺、肝、脾、肾和胸腺均有病理改变。该检品为不合格制品。"

据此报告，1998年3月31日，常德市中级人民法院作出三株公司败诉的一审判决，要求三株向死者家属赔偿29.8万元。

到此时，由于各种原因，常德一案已引起了国内媒体的普遍关注。一审判决后，当即有20多家媒体进行了密集的报道，其标题均为《八瓶三株口服液喝死一条老汉》。

这条爆炸性新闻，对于已经处在风雨飘摇中的三株公司无疑是毁灭性的一击。吴炳新承认这是"三株陷入创业以来最困难的时期"。据说，他在得知这一判决后大病20天，医生下达了病危通知书，病中他还喃喃道："我不要求什么，只想给民族做点事，如果不让我做，我就不做了。"

"吃死人"新闻的曝光对一家完全依靠信誉和质量来支撑品牌的保健品公司而言意味着什么是不言而喻的。从当年4月下旬开始，三株的全国销售额急剧下滑，月销售额从数亿元一下子跌到不足1000万元。从4月到7月全部亏损，生产三株口服液的两个工厂全面停产，6000名员工放假回家，口服液的库存积压达2400万瓶，相当于市场价值7亿元。5月，江湖上四处传言，三株已向有关方面申请破产，由于欠下巨额贷款，其申请最终未被批准……

如同一位内功虚弱的"强人"，仅仅遭遇轻轻一击，三株集团便委顿失神，陷入了可怕的"病危期"。昔日那些对三株的作风和做法敢怒不敢言的同行和企业界人士终于找到了发泄的机会，一股前所未见的"墙倒众人推"的怒潮迎面汹汹而来。

1998年6月16日，首届中国企业成功与失败案例综合剖析会在北京召开。会上，一家名不见经传的陕西金花集团的副总裁金迪安突然上台对三株发难。而此时，大病初愈的吴炳新作为代表正端坐台下。

金迪安显然是有备而来。他开口就指斥三株集团是中国保健品市场走向衰落的"罪魁祸首"。

据他调查，三株的营销体系是建立在销售人员给别人回扣基础上的，这给社会带来不好风气的同时，也给自己堵了后路。"因为虽然三株营销体系很大，但这不是强有力的网，而是一个用沙子垒起来的塔,沙子毕竟不牢靠,塔将很快倒掉。"

这位言无禁忌的副总裁还十分生动地用"十天十地"来为三株画了一幅像:声势惊天动地,广告铺天盖地,分公司漫天遍地,市场昏天黑地,经理花天酒地,资金哭天喊地,经济缺天少地,职工怨天怨地,垮台同行欢天喜地,还市场经济蓝天绿地。金迪安最后说:"总裁吴炳新应该痛定思痛,如果不悬崖勒马,就死定了。我奉劝三株老总读一读王朔的小说《过把瘾就死》。"

迄今中国企业界,没有一家企业的领导者曾以这种不无刻薄、尖锐的语言,面对面地批判另一家知名企业。据亲临剖析会采访的《名牌时报》记者称,金迪安发言时现场掌声最响,笑声不断。由此亦可见,三株在当时确乎已成"众矢之的"。

会后,吴炳新对金迪安的发言表现出罕见的宽容。他发表了一份数百字的、让人读后如坠云雾的《吴炳新告白书》,其中唯一一句让人读懂并完全体现了吴氏经营理念和作风的是告白书的第一句话——"没有利益,就没有存在的意义"。

"这个企业怎会如此脆弱?"

一家年销售额曾经高达80亿元——迄今中国尚无一家食品饮料或保健品企业超过这一纪录——累计上缴利税18亿元、拥有15万员工的庞大"帝国"就这样轰然崩塌,淡出舞台,竟听不到一声惋惜和同情。

让人更唏嘘、慨叹的是,到烟消云散、往事随风散去的1999年4月,突然传出一条新闻:三株公司在汉寿县老汉陈伯顺的官司中二审胜出。

一篇来自新华社的新闻稿(新华社北京4月2日电)中写道:

三株公司董事长、总裁吴炳新日前在此间向新闻界出示了一份盖有"湖南省高级人民法院"公章的民事判决书。这一终审判决书说，现有证据不能认定陈伯顺死亡与服用三株口服液的因果关系，原审判决认定事实、适用法律错误，应予改判，撤销常德市中级人民法院民事判决，驳回三位原审原告的诉讼请求……据中日友好医院、中国康复研究中心等专业单位提供的检定报告和学术研究结果综合表明，三株口服液是安全无毒、功效确切、质量可靠的高科技产品。

这是一个迟到的"胜出"。对于已经陷入万劫不复深渊的三株公司来说，它除了能够证明自己在陈伯顺一案中的确是清白的之外，已不能再证明什么了。此时，三株的200多个子公司已停业，几乎所有的工作站和办事处都关闭了。

吴炳新痛言，一起不明不白的官司，让三株损失数十亿元。数以百计的新闻媒体也纷纷报道了三株胜诉的新闻，可是，整个舆论的走向却已经显得十分冷静了，大家在谈论的似乎是一件已经十分遥远的前尘旧事了。曾经在1年前率先刊发了《探寻三株破产传闻》的《中国经营报》在这条新闻的最后加了一条余音袅袅的"记者附记"：

一件消费纠纷案件几乎毁掉了一家大型企业，这个案件所爆发出的能量应该说是毁灭性的。这件事情促使我们思考，消费者走上法庭、维护自身权益的方式是不是有些问题？但是，反过来我们也许要问：一个年销售额达80亿元的企业如何轻易地就被这样一个消费纠

"帝国"在传闻中崩塌

纷案打败，这个企业怎会如此脆弱？

2000年2月，美国人托马斯·斯坦利出版了《百万富翁的智慧》一书，对美国1300位百万富翁进行了调查。在谈到为什么能成功时，受调查者竟没有一位归结于"才华"，而最普遍的一个回答是：成功的秘诀在于诚实、有自我约束力、善于与人相处、勤奋和有贤内助。

诚实，在这里被摆在了第一位。

这里的诚实，似乎并非指某个人的禀性，而更在于一个企业或团队的共同的素质，一种生存的基因。

三株

大事记

1994年8月，以吴炳新为首的济南大陆拓销公司和其子吴思伟的南京克立科工贸有限公司合并，成立了济南三株实业有限公司，三株口服液同时宣告研制成功。

1994年，三株第一年的销售额即达到1.25亿元。

1995年，三株利用其四级营销体系挺进农村市场。同年，三株在《人民日报》上刊出了第一个"五年规划"，吴炳新提出的目标是：1995年达到16亿～20亿元，1996年达到100亿元，1997年达到300亿元，1998年达到600亿元，1999年争取900亿元。

1995年5月，三株口服液因在《珠江经济信息报》上刊登的药品广告超越了《药品广告审批表》中审批的内容，而被广东省卫生厅吊销了三株口服液的药品广告批准文号，暂停在广东省的广告宣传。

1996年，三株公司的销售额达到了80亿元，而农村市场的销售额占到了三株总销售额的60%。在鼎盛时期，三株在全国所有大城市、省会城市和绝大部分地级市注册了600个子公司，在县、乡、镇有2000个办事处，各级行销人员总数超过了15万，与此相应的是，公司内部部门林立，层次繁多。

1997年上半年开始，三株公司开始向医疗、精细化工、生物工程、材料工程、物理电子及化妆品等行业发展，一口气吞下20多家制药厂，投资超过5亿元。

1997年，三株的全国销售额比上年锐减10个亿。吴炳新在年终大会上痛陈三株"15大失误"，首次把三株危机曝光于天下。

1998年3月，湖南省常德市中级人民法院在一消费者诉三株公司的案件中，一审判决三株公司败诉，要求三株公司向原告赔偿29.8万元。此事有20多家媒体进行了密集的报道，其标题均为《八瓶三株口服液喝死一条老汉》。

1998年4月下旬开始，三株的全国销售额急剧下滑，从4月到7月全部亏损，生产三株口服液的两个工厂全面停产。

1998年5月，社会上传言，三株已向有关方面申请破产，由于欠下巨额贷款，其申请最终未被批准，吴炳新否认这一传闻。

1999年，常德事件二审三株胜诉。但此时，三株的200多个子公司已经停业，几乎所有的工作站和办事处都关闭了。

2000年，三株企业网站消失，在全国市场的销售近乎停止。

后续故事

2000年之后，三株集团和吴炳新陷入长时期的沉寂。三株集团虽犹在，但已日渐式微，而吴炳新自称是"阶段性地退出了激烈竞争的海洋，进行修整，让路给别的船队奋勇前进"。2005年春，有媒体报道吴炳新意图"复兴"：他宣称彻底退出保健品行业，转而成立三株医药集团，专攻医药产业。在这一轮新闻后，市场上并不见三株集团有引人注目的动作。

2008年，70岁的吴炳新出版三卷本、字数多达150万字的《消费论》，这对于只有小学毕业水平的他来说，无异于创建另外一个三株。他对前来采访的《中国周刊》记者说："我是英雄，我就是顶天立地的英雄，世界上哪有这样的英雄？"

2013年，已经75岁的吴炳新依然没有退休，他期待着能够带领三株二次创业："三株这么多年不得已退出了市场，有人说三株失败了，但我说三株从来没有失败过。"

到2017年底，早已淡出公众视野的三株仍然在进行着各种商业试验，吴炳新家族创办了三株医院、三株福尔制药厂、上海生态美化妆品科技发展有限公司、南京入信田医疗器械……

这个时代，一个人有没有缺席，只需要证明给自己看。

档案存底一

三株营销宝典：一大方针、十大原则

在三株创业初期，帮助三株公司在市场上所向披靡的根本指导思想是被三株人奉为宝典的"一大方针、十大原则"。

一大方针：

站在高科技的角度，宣传一种产品的理论、技术、功能、消费理念，以优异的服务满足消费者的需求。

·核心：满足消费者的需求。

·角度：以高科技为依托。高科技产品，是产生于传统的中医药学、微生态学、营养学基础上的，是生态医学发展的必然产物，代表着保健品发展的方向。

·基本方式：以观念—效果广告为线索，以服务营销为手段，通过理论宣传占领消费者的思想阵地；通过效果宣传激发消费者的购买欲望，产生购买行为。通过服务，提高消费者的满意度，增强消费者对三株的忠诚度。

十大原则：

1. 普遍宣传为主，重点宣传为辅，普遍宣传与重点宣传相结合。

这是三株公司启动市场的首要原则。普遍宣传就是针对整个目标市场所进行的宣传，对消费者不进行区分，强调的是宣传的覆盖率、到位率。

重点宣传就是有针对性地对目标消费者进行宣传，在医院门诊、病房直接对患者进行宣传，在目标市场"三株"已具有一定知名度的基础上，再对目标人群进行深度的宣传。

2. 观念、机理、疗效宣传为主，形象宣传为辅。

三株公司的成功在于擅长塑造观念，并引导消费者接受观念，根据不同的市场环境推出不同的观念。形象宣传是建立在功能宣传基础之上的，也就是说功能宣传是形象宣传的基础，保健品只有在功能宣传的基础上进行形象宣传才会收到效果。

3. 以报纸、电视的科技生活栏目为主，以广告栏目为辅。

三株公司市场初期的广告多是以电视专题片和报纸软性文章的形式在公开媒体的生活栏目上刊发，仅在广告栏目上播放少量的标版广告，用于提醒消费者注意三株品牌。

4. 跟踪调查病例为主，培养典型病例为辅。

在每一个市场启动的初期，三株公司市场经理都会尽可能地对购买三株口服液的患者进行登记，随后进行跟踪访问，以便能随时了解患者的服用情况，对患者的各种心理变化及时作出反应，能有效地解决患者服用的实际问题。

5. 广播宣传与专家讲座宣传相结合。

6. 科普宣传与义诊宣传相结合。

三株口服液刚问世时，是一种新型的保健品。消费者对其是一无所知的，于是三株公司就首先教育消费者，聘请了一些专家学者撰写科普文章介绍三株口服液的科学机理，播放科教电视专题，举办科普知识竞赛等一些形式多样的科普宣传工作。

人有了病，首先相信的是医生，然后才是医生推荐的药品。义诊在当时真不愧为保健品极好的宣传方式，作为三株公司宣传的三大法宝之一，对三株公司初期的市场推广起了相当大的作用。

7. 终端宣传中"硬终端"与"软终端"相结合。

三株不仅对药店进行"硬终端"的包装，而且培养了较高素质的促销员队伍，促销员促销的目的是为消费者提供服务，使消费者获得最大限度的满意，从而获得消费者的信任，也为三株产品赢得了忠诚度。

8. 利用各种机会来宣传。

每年的春节、中秋节都是商家促销的热点时机，三株公司也不例外，春节时举办"三株送福到万家"，将"福"字贴到所有家庭的大门上，利用五一劳动节举办"百名医生大义诊，向劳动者献爱心"活动，等等。

9. 宣传的可信性、可读性与宣传的到位率相结合。

10. 以治疗宣传为主，同时预防宣传与保健宣传相结合。

档案存底二

吴炳新自述"15大失误"

1. 市场管理体制出现了严重的不适应，集权与分权的关系没有处理好。1994年、1995年、1996年，我们对市场采取的是"集团军式"的管理模式，高度中央集权；对子公司采取的是"填鸭式"的管理。这种管理模式在1997年，出现了严重的不适应。1997年初，我们实行了放权，但许多子公司不会用权或者滥用权力，出现了较为严重的问题。

2. 经营机制未能完全理顺。转轨以前，我们实行的是中央集权式的核算管理，它保证了公司的最大利益。但随着公司的急剧发展，子公司内不讲工作效率、不讲经营效益的现象越来越严重，盲目扩张，盲目投入。而且在这样的经营机制下，无法对此进行有效约束、有效控制。

3. 大企业的"恐龙症"严重，机构臃肿，部门林立，等级森严，层次繁多，程序复杂，官僚主义严重，信息流通不畅，反应迟钝。在公司总部，几大体系是大中心套小中心，各体系之间、各中心之间画地为牢，互成壁垒，各自扩充人员，增加职能，争权夺利，形成了一个个割据分立的小诸侯。

4. 市场管理的宏观分析、计划、控制职能未能有效发挥，对市场形势估计过分乐观。

5. 市场营销策略、营销战术与市场消费需求出现了严重的不适应。1997年与1996年相比，市场环境虽然发生了很大变化，但是我们的营销策略、营销战术仍采取了过去的方式：强力推进农村市场，对城市市场缺乏开拓，没有培育起新的经济增长点。对投入产出比强调不够，仍旧坚持大规模的投入，造成无效投入和广告费的严重浪费。在营销战术上，仍旧是老一套——传单、专题、活动，总体上创新不大。广告制作的品位、档次、质量不高，可信度下降。有些子公司还在随意扩大疗效范围，宣传三株口服液百病皆治，引起消费者很大的反感。对消费者变化了的需求不调查、不研究、不分析，为宣传而宣传，是我们1997年市场营销策略的最大失误。

6. 分配制度不合理，激励机制不健全。在转轨以前，是"干的不如坐的，坐的不如躺的，躺的不如睡大觉的"；转轨以后，虽然情况有所转变，但分配不公的问题并未根本解决。有的公司经理和财务部长的岗位工资是3000元，在5%~10%的范围内浮动；一线市场员工的工资是300元，在50%~60%的范围内浮动，员工一两百元钱的收入，生活都无法保证，谁还去干工作？

在整个1997年，我们的思想政治工作大大淡化了，对员工的思想教育少了，企业理念没有了，激励机制畸形发展。这是我们应深刻总结的教训。

7. 决策的民主化、科学化有待于进一步加强。过去，我们采取的是中央集权制，决策权过分集中，缺少"智囊团"，所以决策出现了一些失误，对公司的整体影响很大。

8. 相当一部分干部的骄傲自满和少数干部的腐化堕落，导致了我们1997年许多工作没有落实到位。有些干部，晚上逛歌舞厅，进夜总会，白天睡大觉。尤其是放权以后，总部对下面的控制减弱，这种现象更是普遍存在。有个别子公司经理居然喊出了"子公司经理就是比办事处主任懒，办事处主任就是比业务主办懒，业务主办就是比宣传员懒"的怪调，真是腐败透顶。有一家子公司经理，公司有一辆车，他又租了一辆桑塔纳，每个月的租金是3000元。还有一个经理，一年没下过几次市场，办事处在什么地方都不知道。他手下有一个办事处主任，招聘来了4个月，他都不认识。

9. 浪费问题极为严重。由于财务、法纪的监督制约没有及时跟上，浪费现象在许多子公司表现得极为严重：

首先是广告费上的浪费。（1）由于投入缺少了针对性，缺少了效果分析，广告费打水漂的现象十分严重。（2）广告费的管理出现严重失控。许多子公司巧立名目，向总部套取广告费。（3）吃广告费回扣的现象十分严重，而且屡禁不止。

其次，产业兼并造成了较大的浪费。对兼并企业缺乏认真的论证，尤其是对产品的市场潜力、市场前景缺乏认真的调查分析，导致产业兼并出现较大失误。

再次，人员上的浪费也相当严重，尤其是转轨以前，人员急剧膨胀。有的公司70%的广告费被用作劳务费，哪里还有钱做广告？人员的增多还造成了许多内耗，相互攀比，公司的团结没有了，战斗力减弱。

此外，行政费用上的浪费也十分惊人。有的子公司一年的电话费达39万元，招待费达50万元。转轨以后，有的子公司招待费仍居高不下，去年（1996年）8月、9月两个月就达7万多元；有的子公司外事干部一天报4顿餐费；还有的子公司墨水成箱成箱地买，保温杯一次就买400多个，干什么用？手机、BP机乱配。我们的司机，甚至工厂管接待的小姑娘都配上BP机了，他们有多少业务需要BP机？浪费问题不解决，我们的家业再大，也会被它蛀蚀掉。

10. 山头主义盛行，自由主义严重。不是从工作需要出发，而是从个人的利益出发。利用职权，打击异己，拉帮结派，培养个人势力。

此外，自由主义还表现在应付上面的要求，符合我的观点、我的利益的就贯彻；不符合的、对我不利的就不贯彻。

11. 纪律不严明，对干部违纪的处罚较少。公司"干部终身制"盛行，能上不能下，在这个地方犯了错误，过几天，又到另一个地方去任职了。

12. 后续产品不足，新产品未能及时上市。

13. 财务管理出现严重失控。部分财务人员的责任心差，没有认真履行"当家人"的职责，有的甚至与经理串通一气，共同"作案"。货款和欠条仍掌握在业务主办手里，随时都可能携款潜逃。在许多公司，呆死账很多，而且难以处理。有的子公司的分配方案存在明显的比例不合理和严重的"亏总部，富个人"的现象。

14. 组织人事工作与公司的发展严重不适应。（1）人事考评机制不规范，没有制度化的考评程序。（2）干部培训工作没跟上。（3）招聘把关不严，一批素质不高的人甚至是社会渣滓混进了公司，给我们的工作造成了很大的负面影响。

15. 法纪制约的监督力度不够。（1）法纪工作的最大问题是事前防范措施不力，忙于事后控制。（2）法纪人员的专业素质与工作要求之间也存在一定差距。（3）惩处力度不够。（4）信息反馈不及时，许多违法违纪行为未能及时发现。（5）干部的约束机制不健全，尤其缺乏严格的法律性的合同约束。（6）总部、省指挥部个别领导对法纪工作的干预较多，给法纪工作带来一定的难度。（7）市场秩序混乱，冲货越来越严重。审计归属各省级指挥部领导后，出现了地方保护主义，个别领导甚至徇私枉法，客观上纵容了冲货行为。

档案存底三

吴炳新告白书 /吴炳新

没有利益，就没有存在的意义，我办企业的目的就是尽匹夫之责，为了党的事业、民族的事业而奋斗。

我创办企业有一个企业理念，那就是无私奉献，三株的实践也逐步完成这种理念的实现。现在我们生产的是高科技产品，目的就是把科技成果尽快转化为社会生产力，以此奉献社会，振兴民族经济，促进市场经济蓬勃发展。当然，我相信凭着三株人的奉献精神和党的政策，三株有能力实现争当中国纳税楷模的愿望，这本身难道不是一种奉献吗？

从宏观到微观，从宇宙到地球，从物到人，运动是不停息的，管理的运动也是不停息的，我们是在运动中加强管理，在管理中去运动，掌握规律，运用规律，为企业发展服务。

我是一个有30多年党龄的老党员，对党有着特殊感情。在招聘员工时，把共产党员作为我们招人、用人的优先条件，三株公司现在已建立了党委，贯彻党的路线、方针、政策。其实我经营的目的当然是来源于社会，服务于社会，回归于社会，奉献于社会。

追求效益、提高利税是发展企业的目的。从这个意义上讲就好比养母鸡，养母鸡是为了让母鸡多产蛋，如何使母鸡多产蛋，这其中大有学问。

三株要争做中国经济的典范，要做头羊，要做辽阔森林中的一棵参天大树，只有辽阔的林木汇聚起来，才能成为森林。

（资料来源：《名牌时报》第102期，1998年6月26日）

新新观察一

苍狼终将消失

2005年，中国台湾明基公司董事长李焜耀去土耳其。那边的人告诉李焜耀，他们与中国是有血缘关系的。而有些当地的朋友，他们的姓就真的叫"窝阔台""察哈台"等等，他们就是蒙古人的后裔。在历史上，有着草原苍狼性格的蒙古人，带着他们的铁骑横扫欧亚大陆，在元朝时，因为追逐扩张草原势力，逐步迁徙到土耳其。但这些原本是追逐水草的游牧民族后裔，在土耳其落地生根之后，逐渐形成了农耕民族的生活方式。而到了现代，土耳其人不再逐水草而居，而是更加积极地融入全球文明体制中，他们寻求加入欧盟的机会，寻求一种与现代文明紧密结合的生活方式。

李焜耀从这个例子中得出的感慨是：蒙古人的例子，真的可以让我们思考，那种游牧式的产业形态，对台湾制造业究竟是利还是弊，将怎样影响长期的生存，又能为台湾社会留下什么。台湾现在的产业主流价值已被严重扭曲，大家看到的都是成功以后的故事，去赞扬甚至效法这些苍狼式、游牧式的经营模式。但大家不知道，或是刻意忽略的是，在这些成功故事背后，可能用了很多的社会资源，以及不尽合理、不一定合法、不见得合情的手段。如果这样的成功故事被大肆歌颂或称道，而没有展现出背后的完整面貌，并探讨这种营运模式的利弊影响，这对社会是不公平的。

对于大陆读者来说，读这样的文字一点也不会陌生。跟台湾的产业界相比，大陆企业界的浮躁与苍狼化态势只能说有过之而无不及，甚至，那种"狼文化"现在正成为商业思想的主流。

"中国的机会太多，以至于很难有中国的企业家专注于某个领域，并在该领域作出卓越的成绩。"说这句话的人就是亚洲最好的战略家、日本人大前研一。多年以来，他对中国公司的观察一直喜忧参半。"我认为中国人有点急躁。"大前研一举例说，他曾在一家中国书店看到过一本书《西方百部管理经典》，百部经典竟然浓缩在200页的篇幅中。"只想阅读管理书籍的摘要，只想在5年之内就赶上日本花了50年所学的，这正是中国企业打算做的。可是，管理是一个连续反馈的过程。如果你只是这样'浓缩'地学习，然后匆匆忙忙地采取行动，或者是让其他人来对组织进行改造，这简直就像个'人造的孩子'。"

急躁、功利、凶猛决然、见到猎物就上、从不顾及生态，这种"狼文化"据说正被很多中国企业家奉为"图腾"。在过去的20多年里，我们目睹过太多的血腥传奇，我们看到太多的公司一夜崛起，攻城略地好不痛快，所谓的商业道德、公共责任都成为利益的"祭品"。我们看到太多的产业在最短的时间里被砍杀成一片焦土，以狼为荣的中国企业家们正把任何一个可能的领域都变成价格战的"红海"。中国和地球都实在太大了，杀遍东南沿海，还可驰往内陆腹地；砍尽华夏大地，又可远征南洋彼岸，似乎总是有耗用不光的物资能源、开拓不完的市场疆域、剥削不尽的低廉劳工。

当尖刻的郎咸平教授把中国高科技企业戏称为"科幻公司"的时候，我们其实并没有开始认真地反省。这些年来，我们曾经"创造"和"发明"过多少蛊惑人心的高科技概念，可是直到今天，我们甚至不能完整地掌握一台电冰箱或彩电的所有零配件技术，即使是技术含量极为低下的微波炉，我们也只能实现99%的国产化，那剩下的1%已成为中国企业界的耻辱。

与产业的游牧化相比，一个更可恶也更可怕的现象是，一场"洗脑运动"正席卷中国企业界。"不问任何理由地执行""只关注自己岗位的细节""像狼一样地为公司攫取利益"，对这些理念的推崇，正让中国公司陷入空前的功利误区之中。在很多著名中国企业的公司文化中，充斥着伪善、轻浮和言不由衷。可以说，自2000年以来，一种奴役式、麻痹式的洗脑文化正笼罩着中国公司，中国企业家们更希望用这种文化来改造所有的员工。

我不知道众狼横行的时代什么时候会走到它的悲凉尽头。李焜耀在不久前的一篇文章中写道："苍狼最终在历史上的下场都是会消失的，因为草原总会有被吃尽的一天。最后生存下来的会是什么呢？我几乎可以肯定地说，不会有狼，只有懂得生活文明的人类，用更文明的手段、更有文化的思考、更具有历史观的企业经营模式，才有条件继续生存下来。"

此言凿凿，可以铭石，立在这个商业年代的某些显眼角落。

新新观察二

"冷酷打击，坚决消灭"，这几乎是中国企业对待同行竞争对手的共同作风。在兴盛期，三株如此待人，在衰落期，人家也如此待三株，一切都天经地义。然而，这种"对手观"正是中国市场无法步入健康期的最大障碍。学会尊重对手，是中国企业家亟待补上的一课。

对手

对手是什么？

最简单地说，你是一匹赛马，那么对手就是竞马场上的另一些赛马。

有时，一个产品的开发、一个市场的拓展，正是由于对手的存在才得以实现的。对手之间的公平竞争和精彩对决，创造出令人目不暇接的商业神话，才使我们这个商业世界热闹非凡，市面繁荣，充满了勃勃生机。

因此，在某种意义上，永远不要试着去消灭你的对手，有时候更要乐于看到对手的强盛。

对一个产业和企业家而言，最具危机的，不是看到对手的日益强盛，而是目睹对手的衰落——在很大程度上，这预示着一个产业正走向夕阳，或市场竞争方式的老化。

对手又是什么？

如果说，你是一对拳击手套的这一只，那么对手就是另一只。

因此，一个相称的对手的选择过程，就是一个产品的市场定位过程。

在百事可乐最初的70年里，它一直是一种地方性的饮料品牌。直到20世纪初，它找准了一个对手——老牌的可口可乐，并相应制定出"年青一代"的品牌策略。一个新的时代开始了。

于是这对伟大的对手，从彼此的身上寻找到了灵感和冲动，并造就了一场伟大的竞争。正如后来的经济学家所评论的，"百事可乐最大的成功是找到了一个成功的对手"。

对手还是什么？

如果说，你是一枚硬币的这面，那么对手就是硬币的另一面。

因此，尊重你的对手，尊重彼此之间的游戏规则，就是尊重你自己。

在20世纪70年代的美国新闻界，《华盛顿邮报》和《华盛顿明星新闻报》是一对竞争最激烈的死对头。

1972年，水门事件最初被《华盛顿邮报》披露。为了表示惩罚和恐吓，总统尼克松表示只接受《华盛顿明星新闻报》独家采访，而把《华盛顿邮报》记者赶出了白宫。

就在这样的时候，《华盛顿明星新闻报》却发表了一篇大大出乎白宫意料的社论，表示它不会作为白宫泄愤的工具来反对自己的竞争者，如果《华盛顿邮报》记者不能进入白宫，他们也将停止采访该机构。

这样的对手，这样的竞争，20年后说起来还不禁让人悠然神往。

好朋友难找，而好对手似乎更难寻。

尊重你的对手——如果是一个好的对手，你更要珍惜它，甚至热爱它。

然而，在当今的中国市场上，却很难找到堪称楷模的对手。相反，在竞争中给对手出难题、"射暗箭"、"使绊子"，乃至互相拆台制造丑闻的小动作倒成了"不二法门"，颇为流行。

而所有这些，还都被看成是市场竞争意识强烈的表现。

我有时候便想，我们在呼唤一种成熟的市场竞争观的同时，是不是应该先培养一种成熟的"对手观"？

日本三洋电机创始人井植，在向客人介绍自己企业的同时，总要带着尊重的口气，花几乎相同的时间来介绍同行业的强劲对手：索尼、松下、夏普电器……

或许就是这种"尊重"，才使日本电器能以一种集团的态势傲然纵横于世界市场。

而对中国企业家来说，什么时候学会了尊重对手和按牌理出牌，学会了选择和研究对手，学会了以世界性的眼光来看待中国的产业进步和产品竞争，这才是真正地走进了现代经济的殿堂。

太阳神

逝水难追『太阳神』

太阳神和娃哈哈的故事似乎告诉了人们这样一条经营真理：

如果你是一个身无分文的创业者，你不妨到那些充满了暴利和游戏规则不健全的产业中去捞取你的「第一桶金」；可是如果你又是一位胸怀大志的企业家，那么，你就必须马上把双手洗干净，然后尽快而永远地离开那里。

2000年3月，中国几乎所有的都市媒体和新闻网站都在同一天刊登了一条不长的新闻："太阳神集团指控可口可乐公司侵犯其广告著作权。"

来自中国新闻社的消息是这样的：

"中新社北京3月31日电：中国太阳神集团有限公司指控美国可口可乐公司涉嫌使用太阳神集团的企业听觉识别系统，侵犯其广告的著作权，已在北京市高级人民法院提起诉讼。

"太阳神集团发言人今天在北京介绍：从1999年6月份起，在中央、地方各种传播媒介上，美国可口可乐公司播出的'雪碧'广告歌曲《日出》，与太阳神集团广告歌雷同，造成对其极为不利的社会影响。

"太阳神集团认为，其广告歌曲《当太阳升起的时候》已在广东省版权局注册，获得50年保护的著作权，并在中央电视台及其他媒体上广为播放。而美国可口可乐公司擅自采用该歌曲用于雪碧的广告宣传，不但侵犯了太阳神的权益，同时在社会上造成许多误解，如两公司是否合作关系或其他附属关系等。太阳神集团希望可口可乐公司尽早向公众澄清事实，而不是寻找借口逃避责任。"

已经很久了，人们在传媒没有读到太阳神的名字，在电视上没有看到太阳神的广告，在商场的保健品柜台，也已很难觅其踪迹，哪怕找得到也不过躲在下层的一个角落里。

　　曾几何时，它却是全中国叫得最响亮的、最富文化和市场魅力的品牌，一度，很多人把"创造属于中国的国际名牌"这一重担搁在了太阳神的肩上。

　　它是中国第一个系统化引进品牌形象识别系统的现代企业，在这个意义上，它堪称典范。它的无形资产一度高达26亿元。迄今，尽管企业江河日下，但太阳神的品牌仍然不可低估。

　　它被尊为中国新兴企业的"黄埔军校"。在20世纪90年代的南中国，几乎所有稍上规模的保健品、饮料和食品企业，都与太阳神有着这样或那样的渊源，在这些企业中都找得到曾经在太阳神受过熏陶的青年才俊。

　　它曾经创造了独享全国保健品市场份额63%的惊人业绩，这肯定是一个后无来者的绝版纪录。

　　"其兴也勃焉，其衰也忽焉。"为了展现命运的生动，我们把太阳神与它的一个多年劲敌——杭州娃哈哈集团放在一起来研究。这对"欢喜冤家"几乎是在同一时刻闯进企业舞台，它们之间的竞斗在相当长的时间内构成了中国保健品市场夺目的风景，然而，不同的经营战略造就了迥然不同的企业命运，可谓是最好的教案。

灿烂升起的"双子星座"

　　如果时光可以倒流，我们会发现，20世纪80年代中后期的中国，是一个充满了暴发渴望的年代。沿着中国的黄金海岸线，大大小小的工厂如雨后春笋般冒出来，如今在中国叱咤风云的企业人物相当多的是在这个时期登上历史舞台的。他们有的掌管了一个濒临倒闭的国有小工厂，有的则东拼西凑了几万元钱小心翼翼地开始了他的充满艰险的创业之路。他们的年龄当时都在35岁左右，绝大多数是插过队的城镇青年，或在国有企业里度过了花样青春的不安分知识分子，命运给了他们最后一次勃发的机遇。因此，他们都具有一种狼一般的坚韧个性，一旦发现猎物，必定会不顾一切地扑击而上。

1987年底，在长江三角洲的杭州市上城区，一家叫"娃哈哈"的校办企业经销部诞生了；而在珠江三角洲东莞县黄江镇，几乎同时，挂出了一块"黄江保健品厂"的木制招牌。

它们同时涉足的是当时刚刚处于萌芽期的保健品产业，黄江厂生产的是一种商标名为"万事达"的生物健口服液，其主要原料从动物身上提取，工厂启动的资本金仅为5万元。而娃哈哈的产品定位则更细致一点，直接面向儿童，其原料则是红枣、桂圆、米仁和枸杞等，它的生产场地与其说是厂房，不如说是一个作坊。

颇有意味的是，这两家小工厂尽管资本少、规模小得可怜，可是其经营者则都志向高远且颇有战略家风范，在起步之初，他们都不约而同地把"宝"押在了当时还十分陌生的"策划"和"广告"上。就在娃哈哈刚刚走上柜台的时候，杭州当地的一家晚报发表了一篇采访营养专家的新闻稿，文章传递了这样一个信息：目前我国3亿多儿童的营养状况不容乐观，由于溺爱而造成的厌食、偏食现象相当普遍，营养不良、身体素质之差实在令人担忧。就在这篇新闻刊出之后，"全面促进儿童食欲"的娃哈哈儿童营养液的广告便随之而来了，据称，当时娃哈哈的账户中只有10多万元，厂长宗庆后把它全部投进了公关策划和广告宣传。而黄江厂在此时却去参加了由国家体委举办的全国第一次保健品评比活动，不久一条新闻在各地报纸和黄江厂的广告上出现了：名不见经传的"万事达生物健"一举荣获"中国运动营养金奖"。

利用新闻、广告和获奖效应，推动产品的销售，这在20世纪80年代末的中国市场几乎是最高超的营销智慧了。很快，这两家小工厂从众多的保健品企业中脱颖而出。1988年初，生物健技术的持有人怀汉新辞去公职，全心投入"生物健"，这年8月，黄江厂正式更名，将厂

怀汉新

名、商品名和商标统一为"太阳神"（英文为"APOLLO"，意即阿波罗太阳神）。两个月后，宗庆后的杭州娃哈哈儿童营养食品厂也正式挂牌了。

当时，国内的宏观总需求还处在一个总需求膨胀、产品供应不足的短缺经济状态。在当时，企业只要能生产出产品，就能卖掉，就会有赢利。如果你的管理更好一点、促销手段更灵活一点、成本更低一点，那么，你的赢利就更大一点。由于当时保健品刚刚为公众所接受，市场处于"开荒期"，在广告和品牌意识上超出同行的太阳神和娃哈哈自然获益匪浅，同时，其民营体制更是为其制定灵活的营销策略提供了制度上的便利和保障。当年度，太阳神实现销售收入750万元，比预期整整高出了10倍以上；娃哈哈也实现了产值翻番，达到488万元，利税总额210万元。从其产值、利税之比，可见当时保健品销售的毛利之高。到1990年，两家企业均跃上了"大哥"级的位次，娃哈哈的产值过了亿元大关，太阳神的销售额则是达到了2.4亿元，市场份额最高时达63%，创下迄今无人可以超越的纪录。

就在这一时期，这对"双子星座"开始在市场上发生冲突和碰撞，一场20世纪90年代初在业内非常受人注目的明争暗斗开场了。这些角斗在今天看来似乎是十分幼稚和初级的。比如，一家企业到某城市开拓市场，在召开客户会议的当天，它突然发现当日报纸的所有广告版面都被另一家企业包走了，而无意中它又会发现召开客户会的宾馆的服务员竟可能是对手派出的暗访人员；再比如，一家企业的广告在A城市突然被宣布为未经审批的非法广告，而很快，另一家企业的产品则在B城市被查出含有不利儿童的激素。

这样的富有戏剧性的、针尖对麦芒似的事件在那些年此起彼伏地发生着，**也就是从那时开始，中国的许多经营者为了市场的功利可以无视一切道德秩序和游戏规则，而其破坏的技巧竟被普遍地看成是他们的商业智慧的一部分。**不过，由于双方的袭击重点都小心翼翼地避开了对方的致命处，再加上当时的国内传媒还不够发达，恶炒习气尚未生成，所以，这样的争斗无非是给已经有点激烈的市场氛围平添了一些紧张刺激的硝烟味而已。其最终的结果毕竟是，太阳神和娃哈哈的对垒造就了两个全国性的品牌，同时期的其他竞争对手尽管在某些区域市场仍然苟且生存着，可是在全国市场上已逐渐丧失与太阳神和娃哈哈对抗的能力；同时，中国保健品市场被彻底激活，巨人、飞龙、三株、乐百氏等一一登场。

CI导入第一家

1989年到1993年，是太阳神和娃哈哈的黄金岁月。在这期间，它们的销售额每年均保持了翻番增长的超常速度，在华东、华南均被视为奇迹型企业。一段时间，太阳神的日均现金入账高达300万元，厂内基本无库存，客户找上门，货款先入账，厂门前提货的车辆排成长队。1991年，两家企业同时进入"中国500家最大利税总额工业企业"序列。

相对而言，太阳神的表现更令人回味。

此时的中国新兴企业还处在一种十分原始的状态中，整个中国经济刚刚从产品经济向商品经济转型，当时在主流经济界和舆论的观察视野中，人们更关注的是企业家在内部机制上的改革、生产环节上的成本降低和管理的创新，诸如"张兴让满负荷工作法"等管理典型被大树特树，而企业与市场之间的课题倒显得有点冷门。因此，那些凡是肯在媒体投点广告、肯每年开一两次产销见面会、肯稍稍在产品包装上动点脑筋的企业，均获得了"意外的成功"。很显然，在这一方面怀汉新具有很强的超前意识。

"太阳神"的包装车间(1992年)

太阳神地处珠江三角洲，在对外开放方面一向得风气之先。怀汉新从创办太阳神起便十分注重企业形象和品牌的包装，很早就接触到了一个全新的概念：CI战略。

CI的全称是"企业形象识别系统"，包括视觉识别系统、企业经营理念系统和员工行为识别系统，是现代企业的一种经营管理方法。它起源于20世纪50年代的美国，80年代初期由日本的广告专家进行了提升和规范，并在全球企业界广为传播。怀汉新在接触到这一新概念后，便直觉地意识到它的价值。很快，一个全新的太阳神CI识别系统设计完成了：用象征太阳的圆形和"APOLLO"

中国第一套CI手册

首写字母"A"字的三角变形组合，设定了"太阳神"的商标图案，用单纯的圆与三角构成既对比又和谐的形态，来表达企业向上升腾的意境，同时体现"人为中心"的企业经营理念。红、黑、白三种标准色，形成强烈反差，代表健康向上的商品功能、永不满足的企业目标、不断创新的经营理念。[①]

这个充满了内涵和现代气息的形象甫一诞生，便如鹤立鸡群般地从众多平庸而简陋的国产品牌中脱颖而出。

在一些广告人的协作配合下，太阳神的CI系统导入工程激起一轮引人注目的新闻冲击波，由此，在中国掀起了所谓的"CI战略策划风暴"。企业形象识别系统被渲染得如同神秘的绝代宝典，数以百计的企业南飞广东取经。CI系统的导入，成为现代企业的标志性工程，一家企业一旦召开新闻发布会，宣布自己导入了CI系统，便被视为步入了现代新兴企业的殿堂。这也的确让一些广东的广告公司赚得盆满钵满。这一轮CI热浪持续经年，至今余波荡漾。北京的经济学家魏杰在回顾这段历史时曾评论说，不少企业没有扎实地从各个方面建立自身的现代化管理体制，而是热衷于简单的CI设计，用CI代替管理，似乎只要能在新闻媒体上进行火爆的炒作，就会成为名牌企业，结果是不少企业因此而走向破产。CI设计是必要的，但不能过分地夸大它的作用，企业要成为百年老店，最终是要有扎扎实实的管理，建立现代化的管理体制。[②]

作为领先者的太阳神伴随着这轮CI冲击波，也迅速成为中国新兴企业的财富榜样。这一耀眼的形象为太阳神吸纳了一大批南飞广东的青年才俊，使太阳神成为一所汇聚天下英雄的大本营；同时，这一形象也造成足够的广告效应，大力地推动了太阳神的市场营销。1993

---

① 摘自《太阳神CI规范手册》。
② 摘自《中国企业二次创业》，中国经济出版社2000年版，第122页。

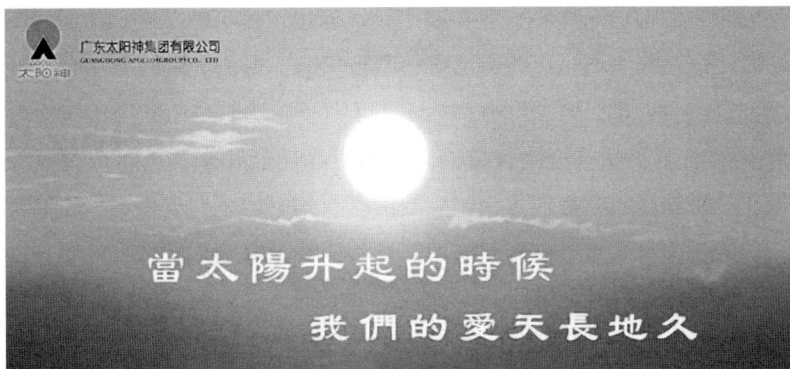

太阳神广告

年，太阳神的营业额达到创纪录的13亿元。要知道，在那一年，后来成为中国新兴企业旗舰的海尔、联想、万向集团等的营业额没有一家超过10亿元的，太阳神以一种前卫、先锋的姿态远远地领跑在所有中国企业的前面。

1994年7月，美国世界杯足球赛期间，太阳神在中央电视台的直播节目中播出了一条长达45秒、名为"睡狮惊醒"的形象广告：黄河千年冰破，长城万里鼓鸣，一头东方雄狮昂然而起，仰天长啸。"只要努力，梦想总能成真——当太阳升起的时候，我们的爱天长地久。"宣言体般的广告词和精致壮美的画面，构成了一股撼人心魄的激情冲击力。据说这条广告片的拍摄费用为150万元，这在当时堪称天价，创国内广告拍摄成本最高的纪录。尤为可贵的是，太阳神第一次把理想主义的光芒照射到了平庸的商业广告之中，至今让人回味无穷。

在实施"以形象促销售"的市场运动的同时，怀汉新也开始内部机制的完善和创新。1990年，在他的毅然决策下，两年前跟他一起创办太阳神的九位元老级高层人物被"杯酒释兵权"，让出了自己的位置。与此同时，怀汉新不惜重金聘用了一大批能人贤士，一批有才华的年轻人脱颖而出，走上了高层管理岗位。这一举措在当时被称为"太阳神人才大换血"，为人所津津乐道。

跟太阳神的这些骄人业绩相比较，杭州娃哈哈的发展尽管也毫不逊色，但其在中国企业界所造成的声响却似乎要小一点了。

1991年9月，因销售量倍增而出现生产场地不足的娃哈哈以有偿兼并的方式吞并了连年亏损、负债达4000万元的一家当地国有老厂——杭州罐头食品厂。由于娃哈哈属非国有体系的校办工厂，而被兼并的杭州罐头食品厂是一家曾名列国内四大罐头企业之一的老牌国有企业，因此，这起"小鱼吃大鱼"的并购事件被当时国内的主流媒体广为关注。娃哈哈仅用100天左右的时间就让杭州罐头厂恢复了生产并在财务报表上一举扭亏，创造了一个让人惊叹的奇迹，娃哈哈也由此确立了一个较为高大的改革形象。这一形象与太阳神通过广告、CI运动所形成的前卫形象显然有很大的区别，这也在一定程度上体现了两个企业在形象塑造和发展思路上的差异性。

1992年、1993年，娃哈哈的年销售额均仅为太阳神的1/3，被太阳神远远地抛下了一大截。然而，娃哈哈在这一阶段的一个战略转移却决定了两家企业最终的不同命运。

在那个所有的保健品企业都大赚其钱的时候，娃哈哈便已经意识到了保健品产业的成长局限性。宗庆后很早就发现，中国的保健品市场的消费群心理及同业竞争都处在一种很不规范、很不健康的状态中，企业或许很容易在这里捞取充满暴利色彩的"第一桶金"，可是却很难在这里取得正常的、稳定的发展。因此，宗庆后在兼并杭州罐头厂之后，就毅然地决定从保健品产业逐步淡出，开辟新的战线。他在原来的罐头生产线的基础上改造完成了一条果奶生产线，开始推出娃哈哈果奶，悄然完成了从保健品向饮料市场挺进的战略转移。

事实证明，他的这个判断无疑是英明的，后来巨人、三株、飞龙的迅速暴发和衰落以及太阳神的命运为此举作了生动的注脚。

南派北派各有风范

太阳神和娃哈哈的掌门人，均属于个性鲜明的强人型企业家。怀汉新（后改名为骆辉）被太阳神内部员工称为"最难说服的人"，而宗庆后至今在集团拥有说一不二的强势威望。尽管他们年龄相仿、所经历的大年代相同，又在同一时期登上历史舞台，可是，他们在经营决策上的思想则有着很强烈的反差。

在新产品的开发战略上，太阳神与娃哈哈堪称两种典型。

从1988年创业开始，太阳神的主打产品就是太阳神生物健口服液和猴头菇口服液，这两只产品创造了太阳神的辉煌，可是在随后的10多年里，太阳神几乎就再也没有推出过一个成功的产品，这跟怀汉新的产品开发战略有很大的关

在20世纪90年代，宗庆后的知名度远远不及他一手抚育大的"娃哈哈"

系。怀汉新曾经对传媒表达过一个观点，他认为可口可乐仅凭一个"神秘配方"就打造出一个饮料帝国，而且百年如一，长盛不衰，太阳神口服液完全可以成为中国的可口可乐，只需要在浓缩液的基础上作些新的调配就可以了。正是在他的这一理念的支配下，企业在新产品的开发上注意力始终不集中。

太阳神有专门的科研中心，也集中了一批具有较强开发能力的科研人员，可是科研中心无法从市场上获取有价值的反馈信息，没有取

得决策层明确的开发方向，因此，数年间开发研制并报批的20多个新项目无一成为企业征战市场的利器。而总部在销售政策的制定上，从来没有对新旧产品实行不同的刺激政策，因此，营销人员自然热衷于销售已形成市场的老产品，而对需要培育的新产品毫无兴趣。多年下来，在兴奋点频繁转移、广告大战异常惨烈的保健品市场，太阳神的两大支柱产品自然出现老化，市场兴趣衰退。企业步入夕阳，绝非偶然。

而娃哈哈在产品开发上则显得十分积极。宗庆后在儿童营养液尚处旺销高峰期的1992年便推出了果奶，实现了战略上的一次转移。其后，他的新产品一直层出不穷。仔细分析，娃哈哈的产品开发战略有三大特点：

一是以大众化产品为目标，进行频繁的尝试。宗庆后在这一点上非常坚决，往往在一个产品达到旺销顶峰的时候，他已经作出了推出新产品的决策。在开发出果奶之后，娃哈哈也曾一度陷入方向紊乱。1993年到1995年，在果奶旺销的前提下，娃哈哈进行了多次尝试性的新产品推广活动，相继推出过平安感冒液、酸梅汤、燕窝、关帝牌白酒乃至娃哈哈榨菜等近十种产品，并前后投入过巨额广告进行推广，可是均没有取得预期中的市场反应。然而，由于企业有一个当家产品在赚钱，这些尝试无非是交了一些学费而已，使宗庆后对中国市场和消费群体有了更为深刻的认识。在每一种产品的推广尝试中，他均在广告和人力资源的投入上保持一定的度，一旦到了这个心理界限还没有启动迹象，他即决然断臂，全身而退，以保证企业不陷入泥潭。跟很多看到项目就眼红、发现机遇就冲动的企业家不同，宗庆后不是一个市场滥情主义者，相反，他有着一种与生俱来的克制、干脆、冷酷的秉性，是一个市场直觉十分之好的经营天才。1996年，在多次尝试未果后，他又试探性地推出娃哈哈纯净水，在市场上取得良好反响，他当即大举进军水市场。1998年，在纯净水持续旺销的前提下，他又推出非常可乐系列，在可口可乐、百事可乐称雄多年的碳酸饮料市场摆下一步"非常险棋"。

二是在产品开发上实施跟进策略。在宗庆后的办公室里，一度摆满了世界各地的罐头、饮料和食品包装袋，这是他自己出国或委托他人搜集的，他很善于从市场的消费趋势上寻找到属于自己的商机。宗庆后对中国市场有其独特的理解，娃哈哈迄今开发的所有产品，均属于低价位大众产品，而且没有一项是由它首推的。他时刻关注着国内饮料食品市场的微妙动态，观察别的企业的新产品开发及市场反响。他从来不做代价昂贵的市场创造者，只有在他认为消费群体已经形成的时候，他才会起而行之。而他一旦进入某一领域，必定会展开惊天动地的广告轰炸，然后以其实力将成本大幅下降，使产品价位大力拉下，迫使那些先期进入市场的中小企业无利可图并最终退出。在这些策略的设定上，娃哈哈无人可敌。因此，在业内有一句话广为流传：凡是娃哈哈在做的产品，最好不要做，因为已经没有暴利；凡是娃哈哈退出的市场，最好不要进入，因为已经没有利润。

三是通过不断推出"更新代"，延长产品的生命周期。娃哈哈所有销量全国第一的产品，从儿童营养液、果奶、八宝粥到纯净水，没有一个的单瓶（盒）零售价格是超过5元人民币的。由于价位低廉、消费者广泛，因此在产品换代上，不可能有太大的成本增加。而娃哈哈很善于在口味、配方、包装及概念等方面动脑筋，并通过高频率的、可以诱发参与热情的广告活动使产品常见常新，延长生命周期。单是果奶产品，在问世的8年间，其容量、包装、口味和营养概念等至少进行了数十次的"更新换代"，其频繁和出奇让竞争对手望尘莫及。

在广告路线及品牌策略方面，太阳神和娃哈哈分别算得上是南派、北派的扛鼎代表。

20世纪90年代初，太阳神的广告和品牌推广，在一定程度上催熟了幼弱的中国广告产业，具有文化人气质的怀汉新也十分甘心于让广告人拿太阳神来做"试验品"。因此，在CI导入和形象广告策划初战告捷之后，太阳神一度走上了一条歧途，其推出的广告以追求新时代、推广新理念为主旨，充满了艺术化的气息，然而，却大大弱化了广告的商业功能。与太阳神的充满现代气息、华丽辉煌的广告路线不同，娃哈哈基本上走的是一条实战性的平民路线。其最为著名的广告词"喝了娃哈哈，吃饭就是香"及"妈妈我要喝"等都非常口语化、功能化，独成一派，哪怕是最没有文化的农村消费者都十分容易接受。在1998年之前，娃哈哈的报纸平面广告的创意和创作绝大多数出自其公司内部员工之手，它的电视广告片也拍得较为粗糙，与太阳神在广告投放上的一掷亿金相比，注重市场营销的宗庆后在电视片摄制和平面广告的创作上一向吝于投入，直到近年推出纯净水、非常柠檬之后，公司先后力邀歌星王力宏、李玟出任形象代言人，才在这方面稍有改进，但其电视广告在拍摄成本和美感度上仍然与国内一流公司无法媲美。

在市场拓展上，太阳神采用的是全线推进的策略，而娃哈哈则主要扎根在广袤的农村、城镇市场及次中心城市，娃哈哈至今在北京、上海及广州等少数的中心都市缺乏进入的能力和决心，这自然跟它多年来形成的营销思路有相当大的关系。而在这些大城市之外，娃哈哈则编织了一张稳固的营销网络，多年以来，宗庆后一直十分注重维护与经销商的长期关系，并实施让利于经销商的策略。因此，娃哈哈每推出一个新产品，都能够迅速地实现理想的铺货面和到达率，为其成功提供了良好的基础。

在人才的使用上，太阳神与娃哈哈的风格也迥异。

太阳神的人才体系是才俊型的。1990年怀汉新"杯酒释兵权"之后，便开始大量招募天下英才，让这些青年才俊分管太阳神的企管部、办公室、人力资源部、财务部、市场部、科技部、事业发展部等要害部门，并由这些一级部门共同组成宏观管理部，太阳神的每个决议都要由七名一级经理签署才能生效。这种严格的层级结构在公司快速成长时确实发挥过积极作用，但不容否认的是，它最终也导致了企业内部管理的僵化和决策的迟疑摇摆。同时，这些青年才俊大多是一些大学毕业没有多久的高材生，他们雄心万丈却缺乏必要的市场经验，在太阳神，他们各自试验着各自的理想，把公司当成了一块试验田，以至于太阳神的管理模式、经营理念、营销政策一年数变。他们的这种一步三计、坐而论道的作风，在一定程度上也造成了战机的贻误。1995年，一向对创新十分宽容的怀汉新也终于不能忍受，他痛下决心，采取挂职下放的方式将这些夸夸其谈的高级行政经理全部推到基层担任省级分公司副经理，以直接了解市场一线的竞争情况。

与此同时，太阳神的开放式的人才培训体制也的确培养出了一大批营销能人，可这些人在成熟之后又因种种原因在随后的几年里先后离开太阳神，或自立山头，或以高昂身价投靠同行企业，最终在市场上开始对太阳神进行围剿。因此，又有人将太阳神那句著名的广告词稍加修改来描述这一现象："当太阳升起的时候，我们的兄弟都成了对手。"这样的反叛，成了一道颇为引人关注的风景。在20世纪80年代中期，一大批能人从原来的国有老企业中叛逃而出，造就了中国第一代新型企业；而进入90年代中期之后，又有一大批青年才俊从这些企业中叛逃，去构筑新的梦想。

在娃哈哈，我们看到的是一个实战型的人才体系。宗庆后在用人上喜用熟而不喜用生、喜用专才而不喜用通才、喜用执行型而不喜用才俊型。至今，娃哈哈的很多高级干部都是宗庆后创业时期招纳而至的杭州籍部下，其变动更替远没有别的企业那么频繁，而且其中相当一部分是女将，如市场部、公关部、财务部、供应部及办公室等重要部门的经理均为勤恳忠诚型的女性干部。1992年，娃哈哈也曾决心面向全国招聘英才，宗庆后半蹲在北京宾馆的床沿前，亲自一笔一画地修改"人才宣言"，其求才之迫切可见一斑。"人才宣言"在《人民日报》等报纸登出后，在国内刮起一股旋风，当时有2000多人前去应聘，其中不乏博士、市长助理等人才，娃哈哈留用数十人，然而一两年后，这些人几乎全部离开了娃哈哈。

宗庆后在用人上十分审慎和独断。1996年，娃哈哈以4500万美元的价格将50%以上的股份出让给法国达能集团，然而占大股的达能在入股后的几年间却没有一个人参与到娃哈哈具体的经营决策中，这在中国的合资企业中堪称特例。

从万丈雄心到万丈深渊

如果说产品开发乏力和市场创新能力不足是造成太阳神在保健品市场节节败退的原因的话，那么，多元化的经营战略则最终把太阳神推下了万丈深渊。

20世纪90年代中前期的中国经济圈出现了这样一个现象：一方面传统的国有企业出现全面的经营危机，国有运营体制遭遇到全方位的质疑；另一方面，新兴的民营企业表现出蓬勃的生长活力，在先锋的理论界和很多开明的地区出现了一种以新经济力量全面改造、接收旧企业的思潮。一开始，是一些效益较差的亏损企业被推向市场，让外资、民营企业来兼并、控股，后来，又出现"靓女先嫁"的理念，一些效益尚可的国有企业也被拿了出来。在这一过程中，民营企业所具有的体制优势被认为是企业取得市场成功的决定性乃至唯一的因素。"体制决定论"甚嚣尘上。正是在这样的大氛围中，民营企业家们的自我意识极度膨胀，纷纷扮演起"拯救者"的形象，开始了大规模的多元化投资和种种"空手套白狼"式的经营活动。

作为新兴企业的领军人物，怀汉新的万丈雄心也被太阳神的超常发展激活了。1993年，就在公司销售额达到13亿元巅峰的时候，太阳神吹响了多元化的进军号角。怀汉新将"以纵向发展为主，以横向发展为辅"的战略口号改为"纵向发展与横向发展齐头并进"，一年内上马了包括石油、房地产、化妆品、电脑、边贸、酒店业在内的20个项目，在新疆、云南、广东和山东相继组建成立了"经济发展总公司"，进行大规模的收购和投资活动。怀汉新对这些项目寄予厚望，甚至提出了近乎"人有多大胆，地有多大产"的豪言壮语。

在短短的两年时间内，太阳神转移到这些项目中的资金达到了3.4亿元，然而，非常不幸的是，这些对于怀汉新而言十分陌生的项目竟没有一个成为一轮新升起的"太阳神"，这3.4亿元几乎全部打了水漂。怀汉新日后曾痛切坦言："在追求高速发展时，没有进行专业化体系的建立，没有注重建立规范的投资审核、操作与跟踪、评价、监控体系，导致了混乱及一些不必要的资源损耗。"

1995年12月，太阳神在香港上市，招股价每股1.5元港元，认购比例只有公开招股数的22%，首日上市即跌破招股价，每股1.17港元，下跌22%，后在基金经理的强力推介下曾在1996年3月涨至2.2港元的历史最高价。1996年5月上市后首次公布业绩，公司6名董事在股价2港元时大手沽售，套现1051万港元，造成市场信心丧失而大量抛售太阳神股票。这一年，太阳神出现创业以来首次亏损，亏损额为1100万元。1997年，亏损急剧增加，全年亏损1.59亿元，股价一度下跌到惨不忍睹的9分港元，沦为垃圾股。

太阳神的多元化之路，无疑是一条通往悲剧之路。在当时的中国，几乎没有一家知名的企业没有犯过多元化的错误。即便如一向审慎的娃哈哈竟也没有幸免。娃哈哈在1992年5月通过社会募集的方式融得资金2.36亿元，发起组建了娃哈哈美食城股份有限公司，在杭州闹市中心吃下一块黄金地皮用于房地产开发，准备建造一座华东最大的美食城。然而，由于从来没有操作过类似项目，美食城工程建建停停，竟拖了6年之久，这期间不仅耗去娃哈哈巨额资金，而且延误了上市的良机。

我们看到，像太阳神、娃哈哈这些在短缺经济状态中成长起来的

一个项目每年赚 100 万元,10 个项目……

新兴企业,在完成原始积累步入持续发展的时候,往往下意识地产生扩张冒进的冲动,自以为无所不能:一是"微观精明、宏观盲视",企业家在规划企业发展蓝图时往往无视整个宏观经济的整体走向,根本不注意宏观经济的预期,以致造成中长远的经营策略与宏观经济走向相扭曲、相背离;二是"自信过度、危机淡漠",已往的成功使企业家对自己的决策和直觉过于自信,往往忽视市场变化,有时甚至有"领导市场、创造需求"的雄心壮志,似乎是其企业的生产规模和发展方向决定着市场的走向,而不是市场决定其企业的生产规模和发展方向;三是"理想宏大、盲目扩张",早期的草创经验使缺乏专业训练的企业家产生一种强烈的、白无畏惧的错觉,什么领域利润高就想进入什么领域,似乎他是万能的,什么经营活动都能搞、都敢搞,于是,盲目追求多元化便成了一个绕不过去的陷阱。

著名的《兰德手册》中有这样一段话——似乎每一位杰出的领导者都遵循这样的"惯例":一旦他们征服了一个难题,他们往往对已经到手的成功失去兴趣而寻找下一个更大的挑战。而这样的"惯例"常常被视为一种美德而被人津津乐道。这是他们杰出之所在,可也常常是他们走向滑铁卢的开端。

总觉得,这段文字应该贴在每一位杰出的企业家的书橱上。

跟太阳神相比,娃哈哈幸运的是它在多元化的道路上走得并不太远。1993年前后，娃哈哈曾经为了"品牌多元化拓展"开过多次研讨会，会间形成两大派意见：多数专家认为，娃哈哈品牌有明显的儿童品牌特征，应当围绕儿童用品进行系列开发，吃穿玩用各个领域一块上；而少数专家认为，娃哈哈还是应当发挥自己的营销网络和经验优势，在食品饮料领域谋求拓展。后者的意见中存在一个很大的疑问点，即"娃哈哈"是否能够被当作成人品牌来推广，生产成人饮料？宗庆后在百般权衡之后，终于选择了后者的意见，决心实施以食品饮料为主领域的"同心圆"战略。从今天看来，"真理"的确掌握在少数人手里。

"空降兵"无力挽狂澜

1997年前后的太阳神，已经显出夕阳无奈西下的迹象。这时候，一个引人注目的人物出现在集团总部。怀汉新从总裁宝座上引退，让出身哈佛大学MBA工商管理硕士的王哲身替而代之。

一家濒临危境的企业外聘"空降兵"以求力挽狂澜，这是西方现代企业经常采用的一个策略，怀汉新摒弃个人声誉得失出此绝招，可谓胸襟宽广。

此时的太阳神尽管已日薄西山，可是仍有复兴的火种存在。据公司内部分析，至少尚有四大条件：一是无形资产评估高达26亿元的太阳神品牌在消费者中仍持有良好的信誉，并未在市场上遭遇毁灭性打击；二是集团尽管在多元化进程中屡战屡败，可是并没有陷入致命的债务纠纷，其资产负债率仅为10%，处在一个安全的经营界面；三是储汇丰厚，据称集团在香港汇丰银行至少有3亿~5亿元的存款，粮草之忧尚未燃眉；四是人才素质优秀，"黄埔军校"的风范隐约依存，一线的营销队伍尚未溃不成军。

这样的四个条件，对于担负重任的"空降兵"王哲身而言，应该都是利好面。集团上下也对这位哈佛MBA寄予了厚望。然而，在随后的一年里，这位"洋教头"却没有给人们带来期望中的喜悦。

首先，是他的高薪让集团内部其他的高层人士心生不平。据称，王哲身的年薪高达140万港元，这个数字远远高出了其他一级经理的待遇。其二，王哲身入主太阳神后，连炒数位高层管理人员，大批更换中层人员，在企业经营尚无复苏迹象的情况下，却人为地酿造了一出人才大逃亡的乱剧。另外，当时的王哲身看不懂中国文字，听力也不在行，在与员工的沟通上有一定的障碍。另外，他毫无在中国保健品行业工作的经验，对与中国消费文化息息相关的保健品市场缺乏现实、深刻的认识。

1998年，太阳神的市场销售额仍然在下滑通道中坠行，怀汉新的"空降兵"计划再次落空。8月8日，集团在冷清、落寞的气氛中度过了它的10周年华诞。在这场被定名为"励志会演"的庆典会上，怀汉新感慨万千地说："我们仍处于商品经济的大海中学游泳的阶段，几乎不可避免地面对许多值得反思、总结的挫折与教训。"此后，他又曾数次提出太阳神的改组方案，如将太阳神总部改造成控股公司，引进外来资本共同参股，再如允许集团内部人员在体制外建立非紧密型企业，欢迎离开的员工带项目回太阳神共同创业，如此等等，却大多因操作困难而不了了之。

随后几年，退隐的怀汉新深居简出，与社会和员工处于半隔绝的状态。有些老部下在离开太阳神之前想见他一面竟不可得。

而当年同为"双子星座"、一度还被太阳神抛下一大截的杭州娃哈哈则以其现实、稳健的经营思路而日益壮大，公司连续数年雄踞中国食品饮料制造业利税总额第一位，其出品的果奶、纯净水、八宝粥的市场占有率均为全国第一，2000年的销售总额超过50亿元，可谓一骑绝尘，后者难追。

太阳神

大事记

1987年，太阳神集团的前身广东省东莞县"黄江保健品厂"成立，生产一种商标名为"万事达"的生物健口服液。

1988年1月，"生物健"在国家体委举办的一次全国保健品评比活动中，一举获得中国运动营养金奖。年初，生物健技术的持有人怀汉新辞去公职，全身心投入"生物健"。这年8月，黄江厂正式更名，将厂名、商品名和商标统一为"太阳神"。稍后，太阳神推出其著名的企业形象识别系统。

1990年，太阳神的销售额达到了2.4亿元，市场份额最高时达63%，创下了迄今无人可以超越的纪录。同年，太阳神人才大换血，与怀汉新一起创办太阳神的9位元老级高层人物被迫让出自己的位置，与此同时，一批有才华的年轻人走上了高层管理的岗位。

1991年，太阳神进入"中国500家最大利税总额工业企业"序列。

1993年，太阳神的营业额达到创纪录的13亿元。同年，太阳神向多元化进军，怀汉新将"以纵向发展为主，以横向发展为辅"的战略口号改为"纵向发展与横向发展齐头并进"，一年内上马了包括石油、房地产、化妆品、电脑、边贸、酒店业在内的20个项目，并进行大规模的收购和投资活动。太阳神向以上这些项目投入资金达3.4亿元，而这3.4亿元几乎全部打了水漂。

1994年7月，美国世界杯足球赛期间，太阳神在中央电视台的直播节目中播出了一条长达45秒、名为"睡狮惊醒"的形象广告。据说这条广告片的拍摄费用为150万元，这在当时堪称天价。

1994年，太阳神集团在全国大型工业企业500强评比中名列第270位，经国家体改委、中国证监委、国家统计局、中国股份制企业评价中心评审，太阳神集团被评为1994年度中国最大300家股份制企业之一。

1995年12月，太阳神作为中国内地首家保健药品和健康食品生产企业以"红筹股"概念在香港挂牌上市。首日上市即跌破招股价，下跌22%。

1996年5月，太阳神上市后首次公布业绩，市场大量抛售太阳神股票。这一年，太阳神出现创业以来首次亏损，亏损额为1100万元。

1997年，怀汉新辞去总裁职务，出身哈佛大学MBA工商管理硕士的王哲身替而代之。

1998年，太阳神的市场销售额持续下滑。8月8日，太阳神在冷清、落寞的气氛中度过了它的10周年华诞。

2000年3月，太阳神指控可口可乐公司侵犯其广告著作权。4年后，北京市高级人民法院审判太阳神胜诉。

2007年2月，太阳神获得商务部颁发的直销牌照，从而进入直销领域。

档案存底

"这些经济威猛强劲的现象就像肺病患者两颊的潮红一样，是一种假象，这些产业的内部已经开始腐朽。它们并非缓慢地趋向停滞或衰退，相反，它们往往是在一个最不经意的危机中被一击而溃的。在很短的时间里，它们就会从利润空前的佳境陡落到濒临破产的境地。"

这是俄国著名异端经济学家尼古拉·康德拉蒂耶夫描述"长期经济停滞"景象的一段文字，我觉得用它来描述中国保健品产业的命运竟是如此地贴切。

对太阳神而言，除了自身的策略失误之外，它最大的不幸似乎还在于，在过去的10年里它始终沉浮在这个竞争激烈、缺乏理性和诚信度、永远不按牌理出牌的保健品市场风暴之中，它可能是所有竞争对手中最规范、最守信和充满理想主义的一个了，可是在这样的乱世之中，它的这些秉性竟显得如此地柔弱和被动。在那些"两颊潮红"、粗暴疯狂的对手——倒下的时候，中国保健品江山也早已支离破碎得惨不忍睹了，荷戟而立、遍体鳞伤的太阳神又岂能独幸？怀汉新曾经十分惨痛地呼吁道：对于任何一个行业内部的企业来说，维护行业的整体信誉非常重要，没有自律精神，无异于短期内自毁"长城"。确实，正是由于保健品行业的不规范竞争，给行业市场的整体信誉造成了周期性的严重打击，使保健品行业陷于重灾之中。

保健品市场10年备忘录

1987年，以杭州保灵为代表的蜂王浆产品拉开中国保健品市场的帷幕。

1988年，太阳神、娃哈哈分别正式挂牌。生物健口服液、娃哈哈儿童营养液掀起中国保健品市场第一轮热浪。

1989年，"851"生物制品、"昂立一号"相继问世。

1990年，飞龙集团以飞燕减肥茶与延生护宝液起家并走红。

1991年，史玉柱注册"巨人"公司。

1992年，深圳太太集团成立。

娃哈哈推出果奶，逐步淡出保健品市场。

1993年，马俊仁的"中华鳖精"带动保健品市场的热潮。

乐百氏以1000万元代价购得马俊仁一纸配方，推出"生命核能"，并在全国尝试经销权拍卖转让。

史玉柱建立康元保健品公司，"脑黄金"横空出世。

姜伟凭借飞龙成为亿万富翁。

太阳神以创造13个亿的销售纪录进入鼎盛期。

武汉红桃K集团成立。

1994年，保健品市场处于全盛时期。全国保健品企业有3000多家，保健品种有近3万种。

红桃K的卟啉铁工艺，被国家科委列为1994年的火炬计划项目。

1994年8月，三株口服液在济南问世。

1995年，史玉柱推出12种保健新产品，生产总值超过1个亿。

益生堂三蛇胆胶囊被指控混淆了食品与药品的广告用语，罚款6万元。

1995年下半年，卫生部对212种口服液进行抽查，宣布不合格率为70%。保健品市场从峰顶滑入谷底。

1996年，巨人的"巨不肥"出产后销量大幅攀升，但史玉柱仍无法力挽狂澜，下半年巨人宣布财务崩溃。

姜伟发表《总裁的20大失误》。

太阳神销量急剧下滑。

三株口服液在农村市场获得巨大成功，年销售达80亿元，成为真正的"保健品之王"。

1996年6月1日，全国实施《保健食品管理办法》。

1997年5月1日，国家技术监督局实施《保健（功能）食品通用标准》。从此，许多民营企业销声匿迹。

1998年3月31日，常德事件发酵，名噪一时的三株口服液从此一蹶不振。

1999年，常德事件中三株胜诉，但三株已无力回天。

1999年4月，久违了的太阳神突然推出"风景减肥胶囊"，试图东山再起。

姜伟重出江湖，推出"伟哥开泰"胶囊。

"脑白金"以其十分怪异的行销模式热销市场。

2000年，史玉柱重出江湖接受记者访问。神秘"脑白金"的身世之谜引起传媒无限猜测。

附：口号与广告

当太阳升起的时候，我们的爱天长地久

——广州太阳神

喝了娃哈哈，吃饭就是香

——杭州娃哈哈

大风起今龙腾飞，五洲遮日起飞龙

新生活的开始，延生护宝

——沈阳飞龙

巨人要成为中国的IBM，东方的"巨人"

请人民作证

让1亿人先聪明起来！

——深圳巨人

争当中国第一纳税人

把三株做成"日不落生物制品的王国"，确立"大保健大医药"的产业格局

——济南三株

做今日之事，创今日辉煌

——广东今日

只有逗号，没有句号

——武汉红桃K

今年过节不收礼，收礼只收脑白金

——珠海康奇

案例研究

可口可乐依靠一个百年如一的"神秘配方"打造出全球最大的饮料帝国，这是世界营销史上一个最著名的案例。太阳神也一度梦想在中国创造出一个可口可乐式的奇迹，可是它最终失败了。其实，在日趋新潮化的今天，可口可乐的"神秘配方"战略正面临越来越严重的挑战和危机。在2000年全球市值最高公司排行榜上，可口可乐公司已经从20世纪90年代中期的前5位一直下滑到了第26位。下面这篇发表在《商业周刊》上的文章便对此进行了评述。

迷茫的品牌 /南妮特·伯恩斯等

在整个20世纪80年代和90年代初期，"可口可乐""宝洁"等曾是众多企业艳羡不已的超级品牌中的佼佼者，这些企业不遗余力地在世界各地树立其美国形象。它们曾经被誉为发明创造的中心、求职者趋之若鹜之地，同时也是投资者慷慨挥金的增长股。

然而风光的年代早已成为历史。这些超级品牌多年来随波逐流，人们对它们早已熟视无睹。Mercer管理咨询公司的约翰·卡尼亚指出："如果你回顾一下七八十年代的市场创新，可口可乐、宝洁和麦当劳无疑是开路先锋，那么今天呢？它们都是一些迷茫的品牌。"

一家名为Interbrand的英国咨询公司在2000年全球最知名品牌分析中发现，在名列前5位的品牌中有4家属于高科技公司，它们是微软、IBM、英特尔和诺基亚。可口可乐虽然名列第一，但其品牌价值却狂跌了110亿美元，仅为725

亿美元。毫无疑问，昔日的成功之路已经画上句号。多年来，随着消费者们消费目标的转移，传统大牌公司的魅力早已今非昔比。RFA/Dismal Sciences公司研究人员提供的资料显示，汽车、饮料、食品、化妆品、洁净用品等在目前的家庭开支预算中所占的比重较10年、20年前大为降低。Wollf Olins咨询公司负责人乔纳森·诺尔斯认为："消费者的忠诚度出现了裂变。"

正因为如此，传统大牌企业正在顽强挣扎，力图高昂自己的头颅，它们之中的捷足先登者已经成功在望。尽管只是刚刚起步，投资者们并非视而不见，好收成似乎指日可待。当宝洁公司收成不佳的消息引发的消费品股票春季狂泻之时，金伯利—克拉克公司、高露洁棕榄公司等已经告别泥潭，重拾山河。

东山再起的秘诀何在？这些公司正全力拥抱一种全新的商业模式：抛弃麦迪逊大道上的广告规则，以硅谷为榜样，潜心从事创新和机构改革。为了更好地了解消费者（特别是年轻消费者）并缩短产品生产周期，它们重视团队协作，讲究效率，有效利用数据信息，采用精明的在线营销战略。南加州大学资深研究员杰伊·康格认为："硅谷模式是有效的、成功的。"

在当前的品牌危机中饱经苦乐的莫过于可口可乐公司。历经数年的蹒跚之旅后，去年2月上任的首席执行官道格拉斯·达夫特正重整旗鼓，挥师回马。达夫特的战略是：追随高科技公司战略模式，放弃曾一度使可口可乐登峰造极的高度集权化机构管理模式。他正试图对可口可乐公司的战略（从消费者口味、新品设计开发到营销节奏）——进行重新审视和评估。

今天，可口可乐公司破天荒地鼓励当地经营者们开发包括无碳酸饮料在内的各种新产品，并在世界各地开设一系列当地化的"创新中心"，鼓励科技人员在当地直接参与市场开发、包装设计和新品促销。到目前为止，可口可乐公司在土耳其的桃味饮料、在德国的果味芬达以及仅在比利时和荷兰的Aquarius运动饮料等都已应运而生。尽管上述努力只是刚刚开始，但投资者们早已捕捉到了商机。今年3月，公司股票价格曾跌至一年来的最低点，每股仅为43美元，如今已攀升42%，达到61美元。可口可乐公司市场部负责人史蒂芬·琼斯说："我们的巨大成功来自于市场。我们每天都在研究消费者的心理，每天都在调整公司的营销模式。"

企业何以知道他们提供的正是消费者们真正需要的呢？Eddie Bauer公司

营销部负责人杰克·圣索洛回忆道：不久前他的信息还只是局限于根据区域划分大众口味，今天，在线战略已使其能通过目录和网络跟踪每一位顾客与零售商之间的交流。该公司的在线泳装春季预演有效地增加了部分款式的订单。圣索洛称："我可以了解每个消费者了。"

　　尽管人们并不认为当前的品牌危机预示着像宝洁、可口可乐之类的行业巨人将寿终正寝，但是在网络年代的今天，老牌公司要想东山再起，找回昔日的品牌光环，必须搭上时代快车。否则的话，代价将十分惨重。

（摘自《商业周刊》中文版2000年第10期，有删节）

南德

一个『堂吉诃德』的中国版本

转型社会中，企业家扮演着怎样的政治角色？

转型社会中，企业家的政治话语权在哪里？

企业家应该有怎样的政治距离感？

中国需要有怎样的有政治意识的企业家？

牟其中没有作出正确的回答，但他提出了问题……

2000年5月30日，一条来自湖北省武汉市的新闻占据了国内各大媒体的醒目版面：牟其中今日被判处无期徒刑。

这条新闻称，牟其中曾在中国商界创造过"罐头换苏联飞机""放俄罗斯卫星"等"神话"。他于1999年1月7日因涉嫌信用证诈骗被武汉警方在北京抓获，同年2月5日被批准逮捕。11月1日，牟其中案在武汉公审。检察机关指控牟其中于1995年7月至1996年7月间，采取虚构进口货物事实的手法，从中国银行湖北省分行骗开信用证总金额8000余万美元，承兑总金额7500余万美元，其行为已构成信用证诈骗罪。此案开庭时，吸引了境内外约百家媒体前来采访。[1]

"九人踏雾入山来，重登太白岩。一层断瓦一层草，不似当年风光一般好。"几十年前牟其中揖别故人出川闯荡时挥就的半阕《虞美人》，竟在此刻为他的跌宕生涯作出了宿命般的注脚。

牟其中是企业家吗？

在开始动手写下本章的时候，我常常问自己一个问题：牟其中算不算是一个企业家？

很多人说他不算。

---

[1] 据中国新闻社5月30日报道。

曾任南德经济集团
"首席顾问"的顾健先生
撰文说：如果把牟其中
定义为一个企业家，则
不但真正的企业家不愿
与他为伍，牟其中本人
也不会同意，因为他志
不在此。他并不是一个
企业家，而是一个充满
野心的政治投机分子，
他的素质与他巨大野心

牟其中

之间的落差以及他所处的环境，注定了他不可能有成功的机会。所
以，牟其中的失败不是一个企业家的失败，而是一个政治投机分子的
失败。①

曾多次采访牟其中并因在新闻发布会上咄咄逼问而让其十分不快
的《南方周末》记者方进玉同样认为：牟其中根本就不是企业家，他
对自己的人生定位是政治家，比如说他的南德集团也要搞南水北调工
程，计划炸开喜马拉雅山，引雅鲁藏布江的水入黄河。他还说将来可
以请某位中央领导人退下来以后一起做，口气之大一般人绝对达不
到。②

连港台的媒体记者也以异样的眼光描述牟其中，香港《ASIA
INC》杂志一篇题为《牟总裁奇怪的崛起》的文章写道：牟其中真正
的兴趣不在于商业，他的终极目标是从政，而南德只是他进入政界的
发射架。那个梦想可以解释为什么他会如此追求宣传，为什么他在外

① 摘自"中华网"相关报道。
② 摘自《南方周末》相关报道。

公开宣讲其他人小心避开的政治问题。

在更多的人眼里，牟其中是"狂人""疯子""伪思想家""轻度精神病患者"，他被排斥在企业家的范畴之外，顶多只能算是一个"披着企业家外衣的骗子"。

连牟其中自己也对自己的定位很模糊，他说自己是一个"三不像"：半个经济学家加半个社会活动家加半个企业家。

然而，牟其中确乎又是一个企业家。

他创办的南德集团一度是中国最著名、发展最快的私营企业。他所从事和拓展的领域基本上在经营投资开发的范畴。他被美国《福布斯》评为中国个人资产最多的十大富豪之一，他还是第一个受邀参加在瑞士举行的世界经济论坛年会的中国私营企业主。他的所谓"1度理论"①"平稳分蘖"②"第四产业"③等，也是资本经营方面的新观点。即便那个最后让他身败名裂的刑事官司也是一起纯粹意义上的经济案件。

1800年，当法国经济学家J. B. 萨伊杜撰出"企业家"这个名词时，他是这样下的定义："将经济资源从生产力和产出较低的领域转移到较高的领域。"

如果按这样的定义来理解，牟其中应该是一个最正宗不过的企业家——他毕生的梦想和所有的理论都是为了"转移"。与工业文明不同的是，牟其中认为他所进行的是"以知识、信息和智慧为第一要素、为主要资本的新型知识经济形态"的转移。

---

① 牟其中关于资本经营的一种形象化的描述，即社会存量资产犹如烧到99度的水，只要再加1度就可以沸腾了，而这"1度"就是南德的智慧经济。

② 牟其中提出的一种经营方式：南德集团希望与国内外一切渴望建功立业的人士合作，愿意为他们提供良好的发展机会与条件，也即为他们提供最基础的条件，创立新的项目公司，在条件成熟的时候，将该公司的大部分股份赠给其主要成员。

③ 牟其中认为南德公司所从事的事业既不是投资生产，也不是投资金融业，而是"组织和策划智慧"的"第四产业"。

许多人常常用凯恩斯那句 "没有免费的午餐" 来揶揄牟其中的空手套白狼。可是，的确还有很多杰出的经济学家的理论与牟其中的观点不谋而合。比如，世界上最早预言了亚洲金融风暴的美国著名经济学家保罗·克鲁格曼在《萧条经济学的回归》中就曾经提出过一个新的经济学悖论——世界上存在着免费的午餐。他说：只要我们伸出手来，就有免费午餐，因为这时大量闲置的资源就有用武之地……真正短缺的不是资源，不是美德，而是对于现实的理解与把握。

牟其中显然会对这段文字深有感触。

具有讽刺和悲剧意义的只是：自以为智商之高无人能比的牟其中直到身陷囹圄也没有完成一件他所渴望的 "转移"，自以为对中国现实有最深刻的理解与把握的牟其中恰恰成为对现实经济和政治的最可笑的狂想者。

世无定势，遂使牟某成名

在牟其中的一生中，有两部作品让他品尝了两种截然迥异的人生况味。一部是由一位新华社资深记者撰写的《大陆首富发迹史——牟其中》，它使牟其中一跃而成为中国新兴民营企业的领军人物和 "精神领袖"；而另一部由他原来的部属写的《大陆首骗牟其中》，则一棒子把他打进了 "斯人不亡，天理不容" 的万丈深渊。

其实，真正应该为牟其中写书的时间是今天。因为一切已经尘埃落定，作为一个奇特的转型社会中的奇特型的企业家，我们终于可以用一种理智的、全景式的思考来观察牟其中的商路历程了。

1940年，牟其中出生于巴山蜀水间的重庆万县。他的父亲牟品三是当年川蜀知名的银行家，故牟其中自小就认为，"钱是商品，而银行是卖钱的商店"。跟同时代绝大多数的中国人一样，牟其中自幼有很浓厚的政治热情，且敢言敢为，百无禁忌。1975年，他因组织 "马列主义研究会"被判反革命罪入狱。在狱中，他与狱友合力写出过一篇题为《中国往何处去》的万字文，并差点被判死刑，这成为他日后炫耀的最得意的政治资本。

1979年的最后一天，牟其中从万县沙河监狱获释。两个月后，他领到了一张"江北贸易信托服务部"的营业执照，自称"自愿充当中国经济改革的'试验田'"。1983年，他从重庆一家半停产的军工厂弄出一批座钟销往上海，结果被司法部门以"投机倒把"罪又关了一年监狱。

1989年，牟其中在从万县到北京的火车上认识了一个河南人，从他口中，牟其中得知正面临解体的苏联准备出售一批图-154飞机，但找不到买主。于是，异想天开的他在京郊租了一间民房，到处打听有谁要买飞机。他对航空一窍不通，像无头苍蝇一样到处钻，一个月后，终于让他打听到一年前刚开航的四川航空公司准备购飞机的消息。牟其中找到四川航空公司，七拐八弯之后，四川航空公司同意购进4架图-154飞机。然后，牟其中又在四川当地组织了500车皮罐头、皮衣等商品交给俄方以货易货。这笔贸易到1992年宣告成功，牟其中说他赚了8000万元到1个亿。

日后人们发现跟牟其中有关的所有数字都是"仅供参考"的，牟其中从"罐头换飞机"中到底赚了多少钱，只有天知道，不过这件事使他完成了原始积累并迅速地名闻天下倒是事实。有意思的是，无论在当年还是在今天的中国，飞机贸易都是一个有进入限制的领域，牟其中此举的合法性何在却始终没有人提出来过。直到他被第三次判刑后的2000年7月，四川航空对外拍卖牟其中替它购的图-154飞机，其名义是"走私飞机"。

以最原始的以货易货方式而获得匪夷所思的成功，使牟其中也突然间对自己刮目相看起来。也就在1992年前后，一位叫黄鸿年的印度尼西亚华商以"为改造国有企业服务"为大旗在国内一口气收购了数百家国有企业，并在海外上市倒卖成功，是为"中策现象"。①黄鸿年以资本收购获利的事件在当时国内掀起惊天波澜，争议、赞赏声交错四起，中国经济界第一次目睹了"资本经营"的魅力。牟其中对黄鸿年惊羡不已，他很快将自己的"罐头换飞机"也归入到资本经营的大筐子里，以中国"第一个吃资本经营这只螃蟹"的企业家自诩。一时间，外有黄鸿年，内有牟其中，内外辉映，风生云起。

由此生发开去，善于宏观思辨的牟其中提出了一套"智慧文明"的牟式理论："从1992年以后，我就发现，过去的经济规律已经在市场经济中变得十分地可笑了，工业文明的一套在西方落后了，在中国更行不通，我们需要建立智慧文明经济的新游戏规则。有人说我搞的是'空手道'，我认为，'空手道'是对无形资产尤其是智慧的高度运用，而这正是我对中国经济界的一个世纪性的贡献。"②

是牟其中让"空手道"这个原本颇有贬义的名词蒙上了神秘的橘黄色。

在北京南德经济集团的大厅门口，书写着牟其中的一句格言："世界上没有办不到的事，只有想不到的事。"的确，在以后的数年里，牟其中以资本经营的名义做了很多别人想不到，甚至想也不敢想的"大事"——用牟式语言表达就是"智慧型项目"。

1992年，牟其中提出由南德公司出资150万美元独家赞助召开"华人经济论坛"，每年在大陆举办两次，邀请全球各地华人企业家和华人经济学家参加。

同年，他宣布与一位民营科技企业家合作在北京建立1000亩的高科技开发区，准备进行高技术项目的开发生产，南德投资5000万元，计划在全国每个县建立一个高蛋白饲料加工厂。

---

① 见本章所附"案例研究"《黄鸿年与"中策现象"》。
② 摘自1998年10月《中国企业家》刘东华等对牟其中的访谈。

1993年4月，南德与重庆大学在重庆宾馆签署了联合办学协议。同时，双方还决定将重庆火锅快餐化，推向世界各国，在5年内做到销售收入1000亿元；南德投入2亿元成立重庆麻辣火锅快餐公司，将从1000亿元收入中拿出15亿元建立重庆大学教育基金。同时，南德宣布收购重庆当地的一家柴油车修配厂。

同年春天，牟其中宣布投资100亿元独家开发满洲里，建设"北方香港"。

同年11月，南德又与张家界市签署了一张协议，计划投资10亿元进行区域开发。

1994年，牟其中提出建一个118层高的大厦，地点考虑在北京或上海，下边的广场就叫邓小平广场，投资100亿元。

同年，牟其中走马考察陕北，情绪激动地表示：准备在陕北投资50亿元。

同年3月，南德宣布要搞三大项目，分别是中华巨塑、世界华商大会和南德别墅。

1995年，牟其中在一次演讲中提出要办一所"南德儒商大学"，投资5亿元。

1996年，牟其中宣布对辽宁的三家国有企业进行2亿元的投资改造。

如果南德是牟其中手上的那只皮球，这样的玩法是不是很惊险？

同年3月，牟其中提出将喜马拉雅山炸开一个宽50公里、深2000多米的口子，把印度洋的暖湿气流引入我国干旱的西北地区，使之变成降雨区。继而，他又提出采用定向爆破的办法，在横断山脉中筑起一座拦截大坝，可以为黄河引入2017亿立方米的水量，投资额为570亿元。

同年9月，南德宣布投资控股总造价为1亿美元的"国际卫星-8号"。

……

这一个个惊人的投资项目，一次次地在国内传媒上炸开，一次次地把牟其中聚焦在耀眼的镁光灯下，使牟其中和他的南德公司光芒夺目。尤其跟一般企业家不同的是，牟其中以机敏善辩著称，是一个天才的演说家，他对中国的经济体制改革有着自己独到的观点和思路。在对新经济现象的观察中，他善于敏锐地捕捉到兴奋点，将其提升到理论的高度，并用其独特的语言进行表达。他先后提出了"99加1度""平稳分蘖"等颇让人耳目一新的观点，尽管这都是一些对经济活动的形象化描述，并不构成一个新的理论发现，可是在当时还是很有启蒙意义，在经济界一次次地受到关注。那些年，牟其中周游全国，布道演说，四处考察，八方许诺，所到之处必掀起一股牟旋风，被尊为"资本经营大师""中国民营企业的先行者"。

1993年，南德集团公布其资产和债务：总资产8.6亿元，净资产4.8亿元，固定资产2.9亿元。1995年2月，《福布斯》杂志将牟其中列入1994年全球富豪龙虎榜，位居中国大陆富豪第4位。同年，中国的一本名为《财富》的民间杂志把牟其中定为"中国第一民间企业家"和"大陆超级富豪之首"，牟其中称其资产"至少20亿元，也可能是100亿元"。

1996年1月，一本由新华社记者撰写、厚达450页的《大陆首富发迹史——牟其中》由作家出版社公开出版，牟其中的名望达到顶峰。在书中，他还宣布了南德公司的新目标是，5年到10年内跻身世界十大企业行列。①公司的业务路线被确定为："从1998年起，用3年的时间，在西方发达国家建立起50家商业银行、投资银行、保险公司、证券、基金等金融机构；充分利用外资，在全世界购买高新技术，在国内大规模地与国有企业合作建成股份公司，进行体制改造，并用上述高新技术对其技术改造；充分利用中国人的聪明才智和低成本劳动力，生产出世界第一流的产品，在全世界销售；最终建立起几十个高新技术垄断、行业垄断的大型跨国企业集团，再对这些优秀的企业进行国际金融操作，获得更多资金，又开始新的一轮循环。"

然而，在整个20世纪90年代漫长的经商经历中，除了"罐头换飞机"之外，牟其中到底还做过什么赢利的商业项目，至今仍是一个谜。一个很可能的事实是，南德从来就是一个靠贷款维系着的吸氧型企业，他所宣布的那些"智慧型项目"都是向银行求贷的理由之一。早在1991年初，当顾健被牟其中请去当南德顾问后不久，他就发现了这个真相：

当时，南德经济集团还在北京羊坊店的地下室里。但据它散发的材料介绍："业务范围横跨航空服务、租赁、航运、金融服务、风险投资、贸易、工业、房地产、高科技、工程开发、信息咨询等10多个领域，在国内外设有20多家分公司、子公司和7个主要研究所，贸易伙伴遍及世界各地。"牟其中的"分公司""子公司""研究所"都是空的，一个单位只有一个人，甚至几个单位只有一个人。

牟其中与外国记者谈话，顾健大多在场。顾健亲耳听到他在几十天里把自己的资产越吹越大，"3亿""6亿""10亿""13亿""20亿"，甚至"50亿"。顾健问他："你的钱在哪里？你怎么赚来的？你缴多少税？"他得意地说："谁来查我？怎么查我！"

---

① 这个新目标的可参照背景是，1994年，中国最大的企业是大庆石油管理局，它当年销售额为42.22亿美元，而这个数字同排名世界第500位的日本一家企业相比，尚差36.22亿美元。

四大错位 多重失信

一个大企业家，首先应该是一个思想家，是一个善于进行政治思考的社会精英。

正如很多人所观察到的，牟其中是一个讲政治的企业家，牟其中本人对此也从不讳言。在他自撰的一篇题为《企业也要讲政治》的文章中，他写道："这是非常危险的。中国是一个政治与经济不能分离的国家，这是我们历史的一部分。不过，我即使感觉到危险，我还要干。"以经济——具体到南德公司就是资本经营和智慧经济——的手段，与政治资源相嫁接，通过改造现实的方式推进中国现代化的进程，最终实现其早年就有的所谓改造中国的抱负，这大抵是牟其中心目中最高的经营境界。

客观地说，企业家牟其中的每一步都是在这条大道上行走的。那位最终把牟其中推向"坟墓"的《大陆首骗牟其中》的作者吴戈先生也承认："我想到牟其中这个人，心里会有种感动，甚至很想哭。作为一个人，牟其中的一生是很坎坷的，可能有人愤恨牟其中的流氓行为；但作为一个人，他又是一个大写的人，他很有才华，但最终他被自己的智慧和勇气毁灭了。他的政治自卑感很强，同时又有很大的政治梦想，他喜欢以搞经济的名义操练政治，这是他们那一代企业家的通病。"

事实上，在那些与牟其中同时代的企业家中，他并不是唯一一个具有强烈政治情结的人。甚至在改革开放的初期，"商而优则仕"还是无数传统的国有企业经营者的最理想的归宿。有媒体在1997年对10年前荣获首届"全国优秀企业家"称号的20位企业家进行了追踪，结果发现，除4个人尚在原岗位上苦苦坚持外，其余皆已离去，而其中归宿最好的是转而从政的3位。自民营企业崛起之后，这一现象其实已悄然转变，包括牟其中在内的一代民营企业家已很少有人放弃已有的事业，他们更愿意以另一种间接的方式来参与政治、表达自己的政治愿望，这无疑是一个进步。然而，也就在这样的进步中，"企业家应该离政治有多远"成了一个很敏感而迫切的课题。

从牟其中的身上，我们可以看到种种的迷茫和错位。对这些迷茫和错位的思考，才使牟其中在中国企业成长史上不仅仅是一个"笑料"，而且也是一个可以汲取的"养料"了。

第一，角色代入的错位。

牟其中曾经对自己有一段评价："自己有很多缺点，但是有一个优点，就是中国企业家中没有一个人像我经历过这么多当代中国的风波，并且是最尖锐的矛盾。因为我所想的和所做的远远超出了一个企业家应该想的和做的。"这段话或许不无标榜，可是却道出了一点真实，那就是，牟其中的思想的翅膀常常会飞进政治家的花园而流连忘返。

1998年3月，笔者曾专程赴北京采访这位已在人人喊打声中惶惶然的中国首富，两个小时的访谈过程，始而精彩，继而混沌，终而不知所云。最后给我的一个错觉竟是，坐在我对面的似乎不是一家经济集团的总裁，而是"国务院总理"。过强的政治参与意识和超越其身份和能力的政治谋划热情，已经让晚期的牟其中沉浸在一种虚幻的政治家的角色之中而不能自拔。

事实上，这种搞不清自己是企业家还是政治家的角色错位，一直贯穿了牟其中的经商生涯。

比如，他曾提出过两个让人叹为奇闻的投资大设想：一是把喜马拉雅山炸个缺口，让印度洋暖湿的季风吹进青藏高原，让冰天雪地变成万里良田沃土；二是把雅鲁藏布江的水引进黄河，解决中原地区缺水的问题。且不说可操作性到底如何，其设想本身就与正常的商业经营无关，而是一个非常大的国家课题，牟其中一本正经地召开新闻发布会作为一个商业投资项目提出来，与会者除了目瞪口呆实在没有别的感想了。

20世纪90年代初，中国开始了对国有企业的大面积改造。牟其中认为这是一个千载难逢的机遇，而他一出手便又是一派大包大揽的架势，他在南德集团的大厅里赫然立起一条金字标语，"为搞活国有大中型企业服务，振兴社会主义经济"，并以此为南德经营战略的目标。一位经济学家走访南德，见此标语后莞尔一笑道，它实在应立在国家某部委的大厅里。他还提出了一个搞活3000家国有大中型企业的"765工程"，即为每家国有企业注入7.65万美元的启动资金，以达到迅速完成企业体制转型、资产转活的目的。牟其中还具体地谈到执行的时间表："第一年搞它300家，计划引资18亿美元，4年完成整个中国的工业化。"

他的满洲里项目也如出一辙。1993年，牟其中抓住世界多极化的时机，炮制出了一个"中俄美大三角"理论，宣称将在地处中俄边界的满洲里投入巨资开发一个边贸口岸，建立一个保税仓库，并促成中俄双方公路的对接。在牟其中的鼓动下，当地政府还真批给了南德一块10平方公里的土地让其开发，牟其中信誓旦旦要在这块欧亚大陆的起点上，吸引西方的资金，拓宽俄罗斯资源与中国北方相接缘的大市场，进一步再造一个"香港"，即北方香港。在这个项目的新闻发布会上，面对神情激动的中外记者，牟其中又宣布了另一个惊人的投资：他将出资31亿美元给中国海军购买一艘航空母舰。

1999年底，就在他被关进武汉看守所的日子里，他仍然给中央写信提出一个宏伟的"远大规划"：由他毛遂自荐牵头，再造三个"国际特区"，一个建在中国，一个建在俄罗斯，一个干脆建在美国，起步阶段的投资金额至少在10亿美元以上。他还顺带提出自费建一所"南德世界大学"，"在全世界范围内为我国有效地吸引智慧并有效地管理智慧""将南德积累、试验了20年之久的已经成熟的、以经营智慧为主要特征的智慧经济和生产方式向社会展示出来，通过示范效应，推广这一全新的经济增长方式，以期我国国民经济以一个今天无法理解的速度增长"。

这真是一个让人读不懂的牟其中。也许在内心深处，牟其中坚信他的每一个狂想都能成真，也许他从来就没有存心要欺骗谁。这个在30多年前就开始认真思考"中国往何处去"的曾经的爱国者，却从来没有认真思考过作为企业家的自己究竟该往何处去。不知从什么时候起，他竟染上了"舍我其谁"的救世情结，一种远远超出他的认知水平和商业能力的抱负和责任感，把他浸酿成了一个不可救药的自大狂。于是，在这个日益现实的商业时代中单枪匹马闯出了一位堂吉诃德式的骑士。于是，牟先生的四面楚歌的末日，便成了他的必然的归宿。

应该说，在这个激荡的岁月，一代中国人在逼近现代文明时的种种狂想和疯狂，甚至他们的浮躁及幼稚，都是不应该受到嘲笑和轻视的。在另外一个意义上，正是他们的狂想和疯狂构成了中国社会得以一寸一寸地向前移进的精神元素之一。然而，对于一位职业企业家来说，牟其中的种种作为无疑表明他实在是一个没有掌握方法论、认不清时势坐标或者说对现代游戏规则置若罔闻的商人。激越的政治热情与草率的政治表现使他陷入了一种自己毫不察觉而在旁人视之则十分荒唐的错乱，他是一个很典型的集"思想启蒙的'先知者'与商业运作的蒙昧自大者"于一体的企业家。

第二，民间企业家身份与异端的政治姿态的错位。

牟其中基本上是属于在民间生长的企业家，他从来没有获得过哪怕一项来自正统官方机构的荣誉认同，如劳动模范、人大代表、政协委员、全国或某省市优秀企业家等等，他也没有被任何有政府背景的社团组织接纳为理事或会员，这是很罕见的。与他同时代的那些比他知名度要小得多的厂长、总经理们多多少少都有各种各样政治上的待遇，唯独牟其中是颗粒无收。当时一些主流的新闻传媒如《人民日报》、新华社、中央电视台等等，也几乎没有对他有过任何正面的报道或经验介绍。总之，他是一个被主流社会拒绝纳入视野范围的另类企业家。他所获得的一些"荣誉性称呼"全部来自民间色彩浓厚的中小型杂志，如他两度被浙江省体改委主办的《改革月报》杂志评为"中国改革风云人物"，他的"中国首富"和"中国第一民间企业家"的光环也来自于另一份由商业文化人创办的《财富》杂志。

对此，在自以为"思想和实践均对中国改革作出巨大贡献"的牟其中的内心，是十分寂寞和不满的。他渴望获得政治上的认同，渴望成为政治主流视野中的典型。在南德旧部的回忆中，常常提及牟其中在这方面的言论。比如，"现在要设法让某某到南德来支持我，树我为商界典范""谁能把某某请到南德来，我给谁100万元"。他固执地一再给高层领导写信，还不时举办网球赛、桥牌赛等等，千方百计地找上层关系。

牟其中之所以始终无法获得正统舆论的公开认同，其原因是多方面的。首先，他所进行的商业实践，无法被当时的主流媒体所理解和接纳，而他的理论更是玄妙高深，让人不可捉摸，甚至不知道该归入哪一个领域的改革范畴。更重要的是，牟其中所保持的一种异端的政治姿态让那些官方的机构和传媒不敢苟同。

在南德，牟其中拢集了一些在政治上持激进立场的专家作为他的员工或顾问，如温元凯等人。另外，他还出版了一本向外界免费赠送的内部刊物《南德视界》。该刊具有相当高的采编水平，在经济圈和企业界一度颇为风靡，与深圳的《万科周刊》一南一北，交相辉映。然而，与《万科周刊》专门关注企业体制和管理创新所不同的是，《南德视界》更热衷于对中国的宏观经济政策和政治体制改革指点说道、挥斥方遒，其中便不乏一些激烈的、值得商榷的言论和观点。

从本质上来讲，牟其中是一个企图在政治资源与经济领域的灰色地带攫取利益的寻租者。可是，在"见不得阳光"的寻租过程中，他又渴望表达出自己的思想和理论，同时还显示出一种十分醒目的异端姿态，以这种互为矛盾的目的与姿态而渴望成功，难度自然就十分之大了。

在一个转型的现代社会中，企业家阶层是社会进步的既得利益者，它往往以保守的而不是激进的姿态出现，应当是社会改良的稳定剂和润滑剂，而不是兴奋剂。**企业家所持有的政治姿态及角色取决于企业生存所需要的合适的生态空间，也就是说，任何一种政治立场或姿态，都是需要理由的。对企业家来说，最根本的理由就是如何让企业获取最大可能的资源和社会支持。**在这一点上的错位，表明牟其中始终没有对自己的企业家社会角色进行过准确的设定，其结果是造成各方面的尴尬及企业支持力量的真空。

第三，改革主张与企业利益的错位。

牟其中曾坦言："做大生意，做国计民生的生意，哪一件不与政治有关？搞股份制，你说是经济还是政治？"

塞缪尔·亨廷顿在他的著名的《变动社会的政治秩序》一书中表述过这样一个观点：一位企业家的政治意见的价值，并不表现为他的这些意见所能给他的企业带来的经济效益上，而是建立在意见所代表的阶层与其他阶层的利益相异的程度上。牟其中常常以"中国新兴企业家阶层的代言人"自诩，可是他所表达的政治意见或理论观点，常常是他的经营行为的"改革注脚"，有时候甚至是为了某些商业动机而炮制出一些冠冕堂皇的理论来。

这种改革主张与现实利益的纠缠不清，直接导致了经营活动中的紊乱现象，并最终使人们对其理论提出的动机产生了疑问。

在这一点上，比牟其中年轻4岁、成名更早的浙江农民企业家鲁冠球却要成熟得多。鲁冠球崛起于20世纪80年代初乡镇企业异军突起的年代，他一手创办的杭州万向节厂多年来稳步发展，日渐壮大，而他本人更是被誉为"中国企业界的常青树"。

与牟其中类似，鲁冠球也是一个政治参与热情十分高昂的企业

家，同时，他更算得
上是中国政治色彩最
浓重的企业家之一。
在过去的这些年里，
这位学历仅为初中毕
业的农民企业家先后
发表过120多篇学术
论文，早在1987年他
就提出在乡镇企业内

鲁冠球

部建立"企业利益共同体"的机制；1988年提出"两袋投入"论①；
1989年，他提出通过兼并调整资产存量，使乡镇企业走上高效、规模
经营之路；1991年，在搞好国有企业成为新一轮改革主方向的时候，
他又提出"老虎出山好，猴子照样跳"，为乡镇企业大打其气；1992
年，他提出"花钱买不管"，要求通过资产清晰的方式剪断乡镇企业
与当地乡镇政府模糊不清的产权关系；1993年，他提出"对按劳分配
的再认识"和在企业内部实行多种饭碗并存的用工制度改革；1994
年，他提出加快东西部企业的优势嫁接；之后数年，他对乡镇企业的
公司化改造、《乡镇企业法》的修正等等，都提出过许多富有建设性
的观点和意见。

　　鲁冠球深谙一个道理：一位大企业家应该善于保护自己的政治羽
毛，在政治话语上拒绝进行任何冒险。可以观察到，**鲁冠球与政治始
终保持着一种若即若离的关系，他的社会观察始终是以乡镇企业为圆
心、以中国改革的现实阶段为半径、以自身的企业实践为基础而展开
的，而他提出的诸多观点基本上与他所经营的企业利益无关**。这种思
考的起点与方式便与牟其中有着本末之别。其观点便在不同的改革阶

---

① 既重视对职工口袋的投入，又不放松对脑袋的投入。

段发挥了不同的现实效应，鲁冠球也因此成为各方均乐于接受的企业家代表人物，他几乎获得过所有跟企业家有关的数百个荣誉，并出任了中国企业家协会副会长和中国乡镇企业家协会会长。

第四，"泛政治化"与商业承诺的错位。

在20世纪90年代中期的几年里，牟其中马不停蹄地周游全国，谈过数万个项目，签下上千个合同，而其结果，却几乎全都不了了之。他的这些"智慧型项目"往往有以下三个特征：第一，以改革和体制创新为名义；第二，与地方政府密切合作；第三，以资本运作为基本手段。因此，其项目包含着相当大的政治色彩，甚至存在泛政治化的倾向。

牟其中曾经与牡丹江市达成过全面收购该市国有企业的意向，与陕西省洽谈过投资50亿元开发大陕北的计划，与张家界市签下过投资10亿元建立保护区的协议，与满洲里更是达成了建设"北方香港"特区的合同，与重庆大学、上海财经大学和北京大学等等也达成过各种各样的合作项目，这些项目都一一地在社会上造成过轰动，也一一地成为环绕在牟其中身上的传奇光环。牟其中很善于把他的每一个项目都提升为"中国改革的重大试验"，可是对每一次"重大试验"他又虎头蛇尾，说过等于做过，做过等于成功。

在一个又一个的项目出笼过程中，牟其中养成了一种最后置他于死地的随口承诺、风一吹就不作数的恶习。有细心人曾录下1996年2月22日他接受美、法、日、澳等国新闻记者访问时的对答，其信口开河之"风采"也可见一斑。①

问：牟其中先生，你准备在华尔街投资？

答：我在华尔街投资，是要把我的企业摆在华尔街，只要可能，我可以无限地投资，无限地花钱，钓鱼都还要一点蚯蚓（笑声，掌

---

① 以下对话摘自2000年8月《大地》，苏亚撰写。

声），这点请大家放心。

问：你刚才说想改造大量的国有企业，国有企业那么多，你准备选择哪些企业？你能否确保这些企业赢利？

答：重点是选择国有大中型企业。我能从3000元人民币起家到发射卫星，就有理由对未来充满信心，有理由确保这些企业赢利。

问：你觉得投资化学工业是否值得？

答：这位先生很聪明。我可以告诉你：值得。我所改造的企业中有10多家化学工厂，而且都是赢利很大的化学工厂。化学行业不仅因为本身有很大的赢利性质，而且由于环境的污染，很多西方化学工厂关闭了，把大量市场让了出来，我们可以占领这个市场，从中赢利。

问：以前我们和中国做生意很爽快，但是我们现在要等政府的批准，等啊，等啊，只等到卖身了（笑声）。请问牟先生，您有什么方法把速度加快？

答：……我投资国有企业不是一个一个地投，是一批一批地投。我去年先后与7个大城市的政府共同召开了7次大会，每一次都有上百个企业的上百人听我这样讲两个小时，讲完以后就发表格，愿意合作的马上填表，马上签字，效率很高。

牟其中似乎从来没有意识到，在这种严肃的"政治加商业"的活动中，他的"猴子掰玉米"式的恶作剧行为导致了他在政界、经济界、传媒界和社会公众层面的多重失信。在这个意义上，他由一位广受尊重、被视为可以点石成金的"天人"，沦为人人避之唯恐不及的"首骗"，算得上是报应使然、自取其辱。

"倒牟风暴"终结首富神话

1997年9月，一本杂志增刊突然从地下冒了出来，以迅雷不及掩耳之势一夜之间铺遍全中国的书报摊，其名骇人听闻，如同平地引爆了一枚惊人的新闻炸弹：《大陆首骗牟其中》。

这本20多万字的增刊据称是由"三个曾经投奔南德的高级打工仔冒着被追杀的生命危险"写作而成的，它以详尽细致的细节将牟其中描述成一个"上骗中央、下骗地方"的中国第一大骗子。在封面上，它更是以牟其中律师的话高呼：牟其中不亡，天理不容。

这本增刊的出笼，至今是一个谜。在它刚一面世的时候，牟其中就召开记者会宣称它为非法出版物，要求有关部门给予查处。可是，在将近一年的时间里，始终没有得到任何的反应。而在这一年里，牟其中早已被传媒追逼得狼狈不堪，从一位"媒体宠儿""风云人物"沦为人人喊打的"诈骗大师"。牟其中百口难辩，南德集团因此分崩瓦解。颇有戏剧性的是，一直到了1998年的8月，北京市新闻出版局才突然下达《通知》，要求"将盗用《市场法制导报》专刊非法出版《大陆首骗牟其中》一刊的作者及相关人员全部缉拿归案，绳之以法"。

其实这则《通知》并没有被认真执行过。以这种地下刊物、江湖流言的方式对一位企业家进行名誉封杀，实在是发生在我们这个转型社会的一个十分奇异的事件。其间透露出的信息也从一个方面折射出有关当局面对牟其中时的矛盾心理，一方面对牟某人的狂妄和异想天开不以为然，另一方面则又投鼠忌器，唯恐贸然对牟其中进行法律制裁将可能打击刚刚浮

两本决定牟氏命运的"畅销书"

出水面的中国私营企业群体。

其实，在这本地下增刊出版的前后，牟其中已成了有关部门的重点布控对象。一个事实已经在此刻被揭露了出来：1995年上半年，南德集团资金紧缺，牟其中决定以不进口货物方式进行信用证融资。这年6月，牟其中认识了澳大利亚X. G. I.公司的一位何姓华裔职员，两人在南德集团总部商定，由何某寻找可为南德集团开立信用证的外贸公司。7月，何某在武汉联系到可为南德集团开立信用证的公司。此后，南德集团陆续在中国银行湖北省分行骗开信用证，涉嫌诈骗金额总计7507万美元。

1996年3月，牟其中在边防检查的最后一道关口因护照被扣未能跨出国门。1997年1月，有关部门发出紧急通报认定：南德集团"经营不善，已出现高风险、高负债"之迹象。

头戴"首骗"高帽，牟其中度过了十分难熬的一年。这其实也是他的企业家生涯即将终结的一年。在这期间，他又向社会发布了一颗"牟式卫星"，宣称将在6个月至8个月内，生产出运转速度为10亿至100亿次的电脑芯片。结果再次被有关专家认证为"绝无可能"。

1998年秋天，牟其中最后一次公开亮相，在北京千年古刹潭柘寺接受记者采访。牟其中说，在过去的一年里，他每个周六都要到这里的一棵"帝王树"下听松涛、吹山风，他还常常想起家乡峨眉山报国寺的一副对联：竭思悟道，蒲坐说经。接下来，他的一番对答再次展现了这位"空手道"大师的精妙辩才：

——那本叫《大陆首骗牟其中》的增刊让我受到了前所未有的攻击。可是我认为它帮了南德一个很大的忙，第一个好处，弄得天下谁人不识君；第二个最大的好处，是逼迫上面不能不对南德表态，扫除了我前进中的最大障碍，赢得了声誉又扫除了障碍，你说我得到了多大的益处。

——现在老百姓说我是骗子，如果我们接触最尖端的技术，他们说是妖术，这是所有人不可能理解的事。我在想哥白尼、布鲁诺的命运，所有人都认为他们是异端邪说，要绞死他，烧死他。回过头来我想，企业界没有文化。中国的企业家一个一个倒台了，企业家的生命周期可能长盛不衰的只有我一个人，永远待在焦点之中。

——很多人不理解我为什么老是要进入世界10强，现在我觉得这个口号没什么意义。这算什么，我觉得很容易做到，没什么必要，目标太简单。我经营的是一种智慧，我办个学校，全世界的人到这里来，10%的人干成功，来两三万人，两三千能成功，加起来的量有多大。

——我认为我这一生对我们国家最大的贡献就在于"空手道"。我发现了新的东西，我发现了我们国家、我们的民族再次崛起的方法。我做过各种各样的生意，生意做多了便发现：种田不如做工，做工不如经商，经商不如借钱（开银行），借钱不如不还（股票上市），不还不如不管（平稳分蘖）。我所有的失败无一例外是生产某一种产品，我成功的无一例外的共同特征是我绝对不生产产品。现在，我们的企业不应该再生产某种产品了。有人问我，南德欠债3亿元，有关方面是不是盯住南德了，我说，不是这个问题，对上面来说，两三个亿不算个事，他考虑都不考虑。

——回头看，我过去说了太多的话，以后不想说什么东西了，再说就脸红了。我自我评价一下，自己有很多缺点，但是有一个优点，就是中国企业家中没有一个人像我经历过这么多当代中国的风波，并且是最尖锐的矛盾。因为我所想的和所做的远远超出了一个企业家应该想的和做的。

……

无边落木萧萧下。当那些记者坐在潭柘寺千年古槐的树荫里——记下牟其中这些言论的时候，他们的内心尽管还如同松涛山风拂过般会油然生出种种的异样的感觉，但已没有了三四年前如醍醐灌顶般的神圣了。

1999年1月7日清晨，牟其中坐着黑色奥迪车到公司总部上班途中，在门头沟附近一路段，一名交通警察上前拦车。此时，早已布控守候的北京、武汉两地的警员快速跟上，抓获了牟其中，整个过程前后不过3分钟，路人均无察觉。牟其中遭拘捕时似乎并不吃惊。警员在他身上搜出信件，信中牟其中请熟人在自己出事后照顾他的孩子。同年2月5日，因涉嫌信用证诈骗罪，牟其中经武汉市人民检察院批准逮捕。

10月31日，开庭审理牟其中的前一天。《华西都市报》记者探访位于北京市海淀区永定路21号院内的"南德集团"总部。记者的报道称：这是一幢多层大楼，约有几千平方米，主楼3层，辅楼5层。环顾四周，

牟其中被判无期徒刑

让人印象最深的便是四处落满的灰尘和令人窒息的冷寂。一楼餐厅现在也常常借给当地派出所，用来暂时收容外地盲流。最近，他们正忙着将南德集团从部队租来的房子再转租出去，以便筹措资金。

2000年5月30日，牟其中以"信用证诈骗"的罪名被判无期徒刑。谁也不知道，这次他还能不能再次死里逃生。当日，国内网站的BBS对此讨论热烈。一位网友写道：牟其中的存在并不是毫无意义的，他的所言所行都应该视为中国改革的营养或"肥料"。

1992年末，牟其中曾经很感慨地对他的"首席顾问"顾健说起过

当年他坐牢时的一些趣事："我最痛苦的时候是在牢里等判决，到夜晚连警卫也不理我的时候。我为了让警卫半夜跟我说话，我把一只蟑螂放到装过牙膏的空纸盒里。警卫听到哗哗声响，以为我在挖地道，端枪跑来，喝令我站起来。我当时特别高兴，因为我用小小的蟑螂就把警卫骗成功了。"

牟其中可能并没有意识到，他的经商生涯就是在把一只又一只的蟑螂放进不同的空纸盒里，然后弄出很大的、空洞的哗哗声响。

南德

大事记

1980年初，出狱仅一个月的牟其中申领"江北贸易信托服务部"执照。

1982年12月，牟其中与他人合股成立了中德商店。

1983年，牟其中从重庆一家半停产的军工厂弄出一批座钟销往上海，结果因"投机倒把"罪被判入狱一年，中德商店被取缔。

1984年9月，牟其中创办了中德实业开发总公司。

1985年，由于国家紧缩信贷，"中德"濒临破产，牟其中到北京上诉，并试图在天安门前自杀。

1987年8月，牟其中在海南注册成立"南德经济集团"。

1989年，牟其中得知苏联准备出售一批图-154飞机，他找到1988年刚开航的四川航空公司，四川航空公司同意购进4架图-154飞机。然后，牟其中在四川当地组织了一批罐头、皮衣等商品交给俄方以货易货。

1992年，牟其中的中俄飞机贸易成功，牟其中称他赚了8000万元到1亿元。

1993年春天，牟其中提出一个所谓的"中俄美大三角"理论，宣称将在地处中俄边界的满洲里投资100亿元，开发一个边贸口岸，建立一个保税仓库，并促成中俄双方公路的对接。

1994年2月，南德（集团）股份有限公司成立，牟其中为董事长。

1995年2月，《福布斯》杂志将牟其中列入1994年全球富豪龙虎榜，位居中国大陆富豪第4位。

1995年上半年，南德集团资金紧缺，牟其中决定以不进口货物方式进行信用证融资。此后，南德集团陆续在中国银行湖北省分行骗开信用证，涉嫌诈骗金额总计7507万美元。

1996年1月，《大陆首富发迹史——牟其中》一书由作家出版社出版，牟其中的名望达到顶峰。

1996年3月，牟其中在边防检查的最后一道关口因护照被扣未能跨出国门。

1997年1月，国家有关部门发出紧急通报，认定南德集团"经营不善，已出现高风险、高负债"的迹象。

1997年9月，《大陆首骗牟其中》平地而出，并迅速遍布中国的书报摊。

1997年，牟其中宣称将在6个月至8个月内，生产出运转速度为10亿次至100亿次的电脑芯片，但被有关专家认证为"绝无可能"。

1999年1月7日，牟其中因涉嫌信用证诈骗被武汉警方抓获，同年2月5日被批准逮捕；11月1日，牟其中一案在武汉公审。

2000年5月30日，60岁的牟其中在武汉被判处无期徒刑。南德集团陷于瘫痪。

后续故事

2003年9月，牟其中被改判为有期徒刑18年。

在湖北省洪山监狱服刑的他一直没有放弃为自己喊冤，国内法律界对牟案的诈骗认定也有很大分歧。知名的法律评论家、中南财经大学法学院教授乔新生曾在2001年1月的《中国律师》上发表《为牟其中辩护》一文；2004年，《南风窗》刊文《牟其中案迷雾重重难定论》。

据称，第三次入狱的牟其中每天的运动量惊人。他坚持每天早上绕着小篮球场跑几十圈，午休后就来回爬楼梯几十趟，高度相当于一座纽约帝国大厦。此外，即便冬天他也坚持洗冷水澡、做自编的体操，而每周供应的两次肉他却坚持不吃，以此培养体魄，"有机会出狱后把时间补回来"。

牟其中在狱中十分关注中国企业界的动态。2003年，香港教授郎

洪山监狱

咸平批评"国退民进"政策，他写信批驳郎咸平论点，认为"郎咸平以公平为幌子，却挟带着反对国企产权改革和'原罪'论的私货"。2004年，唐万新的"德隆系"崩塌，牟其中专门写信评论此事，他引用成都"武侯祠"的一副楹联："能攻心，则反侧自消，自古知兵非好战；不审势，即宽严皆误，后来治蜀要深思。"2005年3月，他给《中国企业家》写信，称"我更愿意《中国企业家》组织对极具争议的我，展开公开的调查和讨论，我愿意以自己的血肉之躯，再度为中国民营企业的发展铺平前进的道路"。2008年全球金融危机爆发后，牟其中写《狱中书简》："我赞成此次金融危机是世界经济失衡的结果，把危机根源归结为华尔街高管们的贪婪，是肤浅的。"

到2010年，牟其中已满70岁，每次当他从洪山监狱发出声音的时候，中国的企业界仍然会倾耳聆听。

根据《刑法》第81条规定，被判处有期徒刑的犯罪人，执行原判刑期1/2以上，如果认真遵守监规，表现良好，可以适用假释。也就是说，2008年以后的牟其中已经完全具备申请假释的资格。然而，在很长的时间里，他拒绝这样做甚至不愿意申请"保外就医"，因为他"坚称自己无罪，要清清白白地走出去"。到2010年9月，据《中国企业家》披露，在亲属的再三恳求下，牟其中已向监狱提交了假释申请书。

2016年9月，牟其中走出了洪山监狱，这时他已76岁。

出狱之后，牟其中并未打算偃旗息鼓。2017年9月19日，他专门召集南德复业筹备小组成员开会，总结出狱以来的经验、教训和成果。他还新注册了"北京其中科技发展有限公司"。注册后，他做出的第一个决定是为公司注册官方的微信公众号，他将这个公号视为"南德视界"的复刊。

对牟其中而言，重新崛起的最大障碍也许是年龄，毕竟他已经是一位近80岁的老人了。

案例研究

1992年的春天，邓小平南方谈话之后，中国再次掀起开放浪潮。就在这一年的4月，一位44岁的印度尼西亚华裔商人来到了中国。在短短的一年时间里，他大举收购了300家国有企业，并在海外上市"倒卖"。这个叫黄鸿年的商人和他引发的"中策现象"，哗地打开了"资本经营"的第一道闸门，一时间争议四起，效者如云。

黄鸿年与"中策现象"

黄鸿年

黄鸿年大面积收购国有企业，可谓得"天时地利人和"。

1992年邓小平南方谈话之后，举国期盼开放而不得其法，黄鸿年高举"为改造国有企业服务"的大旗，自然一呼百应，是为"天时"。

黄鸿年是印度尼西亚著名华人财团金光财团董事长黄奕聪的次子，早年就读于高干子弟云集的北京第26中。他当年的学兄学弟相当一部分后来担任了领导职务，为黄鸿年的兼并、收购国有企业提供了方便，是为"地利"。

中策集团是香港一家上市公司，据称其取名有"配合中国改革开放策略"之意，除黄鸿年以30.5%控股之外，李嘉诚的和黄公司、金光集团及美国摩根士丹利等大证券商也是其重要股东。资本雄厚，背景强大，是为"人和"。

中策集团在1992年4月到1993年6月间斥资4.52亿美元购入了196家国有企业，随后又收购了100多家，后虽因中国政府干预终止了部分合同，但中策集团仍在短短的时间内组建了庞大的企业帝国。

中策集团收购国有企业的步骤一般如下：投入资金与现有国有企业整体合资，中策集团占股50%以上或以参股方式取得合资企业少数股权，在参股过程中或将被参股企业并入同行业所收购的企业集团中，或再增资上项目，由参股变为绝对控股；取得被收购企业决策权后，任命新的管理层，转换企业经营机制，刺激员工争创利润的积极性；重组被收购企业，调整清理存量资产；引入资金和技术，上马新项目并推出新产品；将被收购企业股权纳于海外控股公司名下，海外上市集资，实现滚动收购。

中策集团收购中国国有企业主要有以下三种模式：

第一种模式是选择经济效益良好的行业骨干企业，加以控股，组成不同行业的中策企业集团，单独海外上市。在橡胶轮胎行业中，中策集团分别控股收购了太原双喜轮胎公司、杭州橡胶厂，将股权纳于在百慕大注册的"中国轮胎控股公司"名下，而后以ADR方式增发新股并在美国纽约证券交易所上市。共募资1亿美元，随后又用所募资金收购了重庆、大连、银川等地的3个轮胎橡胶厂。所收购的5家工厂中有3家是我国轮胎行业的定点生产厂。啤酒行业中，中策集团收购了北京、杭州以及烟台等地多家啤酒厂，组建了在百慕大注册的"中国啤酒控股公司"，在加拿大多伦多招股上市成功。中策集团还策划进入医药行业，后因国家有关部门干预，未能成功。

第二种模式是一揽子收购一个地区的全部国有企业，泉州即为其典型。1992年8月，中策集团与泉州市国有资产投资经营公司合资成立泉州中侨集团股份有限公司。中方以全部37家国有工业企业的厂房设备等固定资产作价投入，占股40%，中策集团出资2.4亿元占股60%。1993年实现利税5000万元，增长80%。中侨公司同时拥有大量土地储备，未来经营房地产的收入前景十分可观。

第三种模式是一揽子收购一个地区某一行业的全部企业控股权。中策集团与大连市轻工业局签订合同，收购101家企业，中策集团分3年投入5.1亿元，占股51%。后因在收购过程中遇到一系列困难，国家有关部门也进行了干预，只对其中两家实施了收购。

不可否认，黄鸿年在运作过程中利用了中国现行法规的某些漏洞。原中外合资法规中允许外资分期到位，中策集团利用此漏洞往往预付15%~20%的投入就控制了国有企业，将头批企业在海外上市后所获资金再投入滚动式收购。又比如，中国法律规定外资合资方不得转让其合资股权，中策集团却转让了持有这些股权的海外控股公司股份。同时，中策集团利用中国对合资企业的各种优惠（如税收上的三免两减）、汇价双轨制等获利匪浅。

在海外倒卖中，黄鸿年也抓住了最有利的经济时机。经济界已经发现，中国与世界发达国家的经济周期是相反的。外国经济萧条时中国兴旺，中国紧缩整顿时外国经济复苏。1992—1994年初西方经济增长缓慢，美国10年期国债收益率从1991年初的9%一路降至1994年初的6%，国际资本相对过剩。而中国在此期间经济增长率年年高达10%以上，以中国题材为口号募集资本十分容易。中策集团正是利用这一特点，在中国经济刚开始复苏，但企业财务数据尚不理想之时低成本收购中国国有企业，并在1993年中下旬国际资本市场上"中国神话"达到顶峰时增资，获取了巨额利润，集中了大量资本。

黄鸿年在本案中也出现了一些失误。中策集团在数百家收购企业中没有派驻一个人，总部仅有两三位财务人员全年巡回审计。收购初期，由于体制解放自然可激活生产力，出现反弹式的效益增长，然而随着大陆经济氛围的日趋市场化，体制优势日渐消失，原有的产业形态落后、设备老化、新产品开发不力、人才结构不合理等国有企业老问题一一凸现。黄鸿年收购有余，整合不足，进入迅速，退出犹豫，以致最后陷入具体的经营泥潭，尾大不掉，如嚼鸡肋。1997年，东南亚爆发金融危机，黄鸿年亦遭遇阻击损失惨重，他遂将大部分股份出让，逐渐淡出套现。1999年，中策集团的中国轮胎及其他在中国的合资公司共亏损2.32亿港元。2000年5月，黄鸿年宣布将中策集团转型至资讯科技和电子商贸相关业务，公司亦易名为"China Internet Global Alliance Limited"。

新新观察

资本经营是以资本为作用对象，通过资本本身的技巧性动作获得增值的经营方式。自1992年的"中策现象"之后，资本经营一度是国内最热门的新经济概念，同时它成为无数企业陷入困境的一大陷阱。下面这篇文章是范恒山博士的观察心得。

资本经营10个偏差 /范恒山

关于资本经营方面的认识偏差体现在多个方面，从主要方面看，需要矫正这样10个在认识上存有偏差的观念：

1. "万能论"。这种观点把资本经营看作包治百病的良方，不仅可以无本套利，还可以扩大生产规模、改善产品与产业结构；不但可以盘活资产，还可以革新体制，等等。有的还认为，资本经营是严重亏损企业扭亏增盈的有效途径。把资本经营的功能神化，不仅会导致忽视其他有效的经营方式的运用，还会使操作者陷入"南辕北辙"的困境。

2. "包容论"。这种观点实际上是把资本经营当作一个筐，什么都往里放。明明是任何经济条件下都存在的经营内容，偏偏要往资本经营上扯；明明是以产品为作用对象的操作，一定要冠上资本运作的名称。似乎联上了资本经营，就显示出操作者的能力、技巧和水平的高超。这种做法，很大程度上是由把资本经营看作高于其他经营形式的观念引发的虚荣心所致。

3. "上市、并购论"。一些地方和部门大力号召所属企业搞资本经营，具体内容则是把企业搞"上市"。而这种做法在一段时间内可以说是不约而同的。于是，千军万马跑北京，万众一心奔上市；于是，"包装"也好，"运作"也好，手段无所不用其极，最后也的确推动了为数不少的企业（其中不乏"垃圾企业"）上了市。把资本经营等同某种操作内容，不仅会脱离客观要求人为造就某种热潮，从而带来经济上的损害，而且会造成许多非经济的不良行为的产生。

4. "高级论"。这一点把资本经营置于其他经营形式特别是产品经营形式之上，认为资本经营是企业经营的高级形式，甚至认为资本经营形式是对产品经营形式的否定，断言企业经营是由产品经营到资本经营再到智力经营逐渐更替的。这是一种很大的误解。产品经营是主体，是永恒的主题，是其他经营形式的出发点与归宿，不存在所谓从产品经营转向资本经营的问题，绝不可把资本经营同产品经营及其他经营形式对立起来。

5. "制度创新论"。这种观点认为，由于资本经营涉及财产关系调整，涉及要素特别是资产置换，涉及企业兼并、收购，所以必然带来制度创新。而这种制度创新既包括"推动单一的组织形式发展到企业集团"的组织结构的调整，也包括"推动现代企业制度的建立"等等。事实上，作为一种经营形式，资本经营的一般目的是实现价值增值，非以特定的目的为导向，除非其他经营方式的有机配合，资本经营不一定能实行制度创新，也不一定需要制度创新。

6. "主题论"。它认为资本经营应当成为当前企业经营的主要形式，或者说，企业应当把从事资本经营当作经济活动的"主题"。这一看法是不科学的。事实上，社会必然是以从事财富生产的产品生产企业为主体，因而，这也决定了资本经营难以成为企业经营的主体，即使是市场经济已发展到了相当高的程度。对于所有的企业来说，资本经营应当是一种服从于特定目的相机而用的经营形式，它构成复杂的生产经营活动的一个方面的内容。

7. "扩张论"。这种观点认为，资本经营是实现企业规模扩张的最有效而又最省事的手段，应充分利用资本经营进行企业规模扩张。事实上，科学的资本经营坚持的是灵活调整、相机吐纳的原则。在把资本经营与企业规模调整联系起来时，要特别重视收缩的一面。贪大求广，面面俱到，很容易陷于尾大不掉、不堪重负、粗放型经营的窘境。在必要的时候，要敢于把对某企业的控股变成非控股，甚至服从总的长远的战略要求，把目前经营得好的企业转让出去。

8. "包装论"。这种观点认为，资本经营在本质上是玩"空手道"，而使"空手道"玩成功的诀窍在于"包装"，即通过构造能满足某种需要且符合交易、经营规则的"壳"来牟取实利。但资本经营从主体上说不等于"空手道"，为了契合运作环境的需要，在某些非本质性环节进行适当"包装"是必要的，但在本质性环节不能"包装"。过分依靠"包装"而忽视操作，最终会把"资本经营"引向绝路。

9. "速富论"。这种观点很流行。很多人以为，资本经营是使操作者在短时期内积聚巨额财富最好的经营方式。在实践中也的确有很多这样的例子。一般来说，稳健而利益丰厚且长久的资本经营活动都是以产品经营为基础并最终以提高产品经营水平为目的的，而这绝非瞬间所能完成的，它是一个过程。的确，也存在某些一夜之间暴富的资本经营活动，但这种投机取巧性的资本经营是以某种特殊的机遇存在和相当高的操作技巧为条件的，否则，对于操作者来说，不会是"速富"，而只会是"速穷"。

10. "市场主导论"。这种观点强调，资本运营应该以市场为主导。应该说，对于较为成熟的市场经济而言，这一观点并不错误，但对于目前我国发展中的市场经济来说，如此强调则失之偏颇。与产品的市场导向不同，从主体方面看，在中国搞资本经营在目前很大程度上还得服从政府引导，以"政策"为主导。当然，政府不可随主观好恶而进行行政性强制的"资本经营"。像"归堆式"的企业组合、"乱点鸳鸯谱式"的好企业与坏企业"捆绑"、"拉郎配"形成的企业集团等类做法，都是极为错误的。

八方说词

近年来，国内有人提出"企业家离政治多远才安全"的命题，并引起了热烈的讨论。其实，这个命题似乎应该重新设定为"企业家离政治多近才安全"，因为，在今天的中国，一位企业经营者要远离——甚至彻底远离——政治也并非是一件不可能的事，只要他决意舍弃某些资源和利益并打算为远离而支付代价。关键在于，经营者既想通过接近政治而获取某些社会资源的配置权，另一方面又不想成为政治的附庸物，那么，如何保持一种若即若离的"接近中的距离"，便成为一门甚难言传的"艺术"了。以下言论是一些经济学家及企业家对此的思考。

企业家离政治多近才安全？

企业家政治化倾向太严重

张维迎（北京大学光华管理学院副院长）：民营企业发展中的最大隐患不是经营问题，而是企业家的政治化倾向太严重。现在我们很多民营企业家的名片上都罗列着一堆政界头衔。从未来的角度看，这对企业肯定是弊大于利的。我们有些部门很爱护我们的民营企业家，动辄就封个职务。可你得明白它并不完全是为了帮助你，一旦你的企业垮了，它可能就不管你了。所以树典型的时候，我们民营企业家的头脑要清楚。在西方，如果你要在政府部门兼职，那你就应该辞去企业的职务。

企业不是为了某种荣誉而生存的政治实体

陈尔程（武汉企业家协会副会长）：一些优秀的农民企业家在经济上能"过五关"，为什么做大了反而垮了？根本的因素是：开始时，他把企业当企业办，后来荣誉多了，光环多了，就把企业办成了向上"送大礼"、为自己捞取荣誉的政治实体。这样的企业，不可能不垮。企业为政府搞样板项目，认为自己垮不了，因为有政府支持呀。可是政府领导对他的支持，其中既有盲目性，也有领导自己的考虑，为了政绩，为了某种需要，这都是非企业的因素。

以职业家精神看待自己的事业

谢仕（武汉东风轻型汽车公司党委书记）：在中国，以职业家精神来看待自己事业的，太少。因为没有一个环境，大家都在追逐名利，权变钱，钱变权，企业和企业家都错了位。

不懂政治的企业家，搞得越大越危险

任志田（北斗集团老总）：在中国，不懂政治的企业家是不合格的企业家，不懂政治的企业家是很危险的，搞得越大越危险。企业家的素质里，本身就包含了很重要的政治成分。在企业的发展过程中，存在着三大风险：政治、行业、投资决策。而政治风险占第一位。对政治要清醒，要有一个度，这是一把双刃剑，是有效的资源。离开了政治，想很好很快地发展，不可能。但企业家驾驭不了政治资源，驾驭不了形势的变化。

（摘编自《中国企业家》《经济日报》《组织人事导报》）

亚细亚

激情燃尽『野太阳』

『四两拨千斤』『空手套白狼』，在很多企业家的经营词典中，这无疑是两个让他们悠然神往的境界。

可是，在绝大多数的状态下，四两是拨不动千斤的，空手套狼是反要被狼吃掉的。那些被我们称之为『奇迹』的经营神话，往往是非理性的、充满偶然色彩的。一个因创造奇迹而迅速崛起的企业，常常会在另一个奇迹的创造过程中收获悲剧。

2 000年底，在中原地区的一些城市网站，人们可以读到这样两条新闻：

——郑州"商界航母"即将沉没，法院受理亚细亚五彩广场破产案。7月28日，郑州市中级人民法院正式受理亚细亚五彩广场有限公司破产一案。据悉，此案是目前河南省最大的一例破产案。亚细亚五彩广场于1996年10月正式开业，当时自称为国内目前规模最大、档次最高的大型零售商场，被媒体称为"商界航母"。1998年5月关门停业。1999年初复业仅1个多月便又草草收场，关门至今。

——郑州亚细亚隆重招商。搏击中原商海浪潮的先驱郑州亚细亚商场，面向社会诚招国内外合作伙伴，谋求共同开发百货业的经营与管理……亚细亚愿与国内外各行业企业合作，具体开发形式可采取合资、独资、合作等多种方式，开发面积可整楼、整层及部分。

这是两条颇有渊源关联的新闻，它们的主角都是一个曾经让中国商界为之动容的名字——郑州亚细亚。而如今，它们则成了这个零售帝国猝然瓦解后遗留下的、少有人问津的残砖破瓦。

可是，在日后所有的中国企业成败教案中，在中国商业成长史上，郑州亚细亚这个名字肯定还会被一再地提及。

"中国最有文化的商场"

1988年的秋天，空军退役政工干部、32岁的王遂舟面临人生最重要的一个抉择：他已经被内定为郑州市工商局铁路分局的副局长，过不多久就可以去上任了；而同时，他又被某企业相中，想让他下海出任一家正在筹建中的百货商场的总经理。

那是一个"经商热""海南热"和"万元户热"正方兴未艾的躁动年代，王遂舟几乎是不假思索地握住了第二双伸过来的手。多年以后，当他兵败如山倒、终日躲债惶惶如丧家之犬的时候，有人问及他是否后悔当年的选择时，他依然不假思索地说："不!"

年轻时的王遂舟更像是一位文雅书生

鼓动他下海的是一家叫中原房地产公司的新兴企业，其总经理晋野是农民出身的企业家。他的发家十分富有传奇色彩：他早年通过关系向供销社借了5万元，然后将5万元存进银行贷得40万元，再将这40万元存进另一家银行，贷得200万元，以此买得一块地开发房地产。不到3年，在郑州同时开工十几家工地，成为当年最显赫的房地产商。他打算请王遂舟下海经营的商场位于郑州市中心的德化街口、二七广场东南侧，原本晋野是计划搞铺位租赁的，可是招商效果不理想，于是他决定请王遂舟来"救局"。

风华正茂、心比天高的王遂舟显然不甘心只当一个"消防队员"，他把这家还是一片白纸的商场看成了实现自己宏大创业理想的起航点。他向晋野提出的唯一要求是，"总公司只管我一人，其他事情全由我自己做主"。在取得承诺后，他仅领了40万元开办费，便毅然上任。

1989年5月6日，营业面积达1.2万平方米的郑州亚细亚商场正式开业。据称王遂舟只用了198天就完成了整个筹备期，创下当时河南商场的历史纪录。从开业的第一天起，亚细亚就以一种崭新而不凡的形象让人眼睛一亮。

20世纪80年代末的中国商界普遍还是一派短缺经济年代沿袭下来的暮气沉沉的景象，商场环境陈旧昏暗，营业员白眼朝天，货物混乱无度，柜台上还一律地贴着"货离柜台，概不负责"的警示条。而王遂舟的亚细亚却让这一切全部倒了一个个儿。

走进亚细亚，人们仿佛进入了一个明亮、豪华的星级宾馆，四处是鲜花绿草，一切都那么地井井有条，那么地清新宽敞，王遂舟还把人工瀑布引到了营业大厅，流水叮咚，平添乐趣。

营业员衣着统一，都讲普通话。见到顾客先鞠躬，后问好，从不说一个"不"字，而且有严格的"三声服务"——迎接顾客有招呼声，接待中有介绍声，顾客离去时有送别声。到营业结束时，所有商场员工、营业员都要停下手头一切工作，立正目送顾客出场。

商场里不但有营业员，还有闻所未闻的迎宾小姐、公关小姐和歌舞演员，中厅设置了琴台，每隔半小时就有乐手登台演出。最具创意的是，每天清晨，商场门口还有仪仗队升国旗，奏国歌，为围观的顾客做队列表演，这一场景一度成为郑州最著名的观赏景点。

除了购物，亚细亚商场还推出了一系列当时人们闻所未闻的服务："缺货登记"服务；成立售后服务车队免费为顾客送货；"购物知识服务"，商场定期举办各种商品知识讲座；为了让带孩子的顾客专心购物,商场专门开设了一个儿童乐园。

开张前夕,亚细亚还公开征集"亚细亚"的商场徽记,将之设计成一轮光芒四射的"野太阳"。为了营造更大的声势,王遂舟在郑州各大报纸投放了数十万元的广告,这是当时所有郑州商场一年广告费的总和,一句"星期天到哪里去——亚细亚"①传遍了大街小巷。

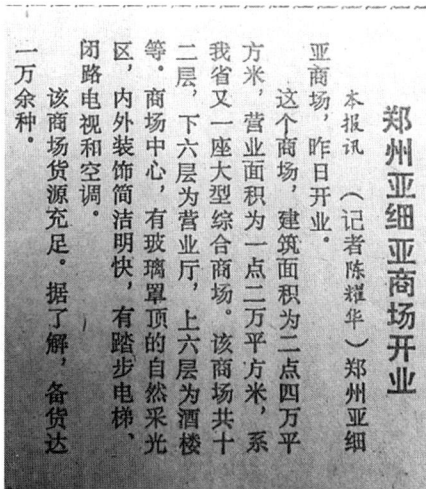

郑州亚细亚商场开业

本报讯 (记者陈耀华)郑州亚细亚商场,昨日开业。这个商场,建筑面积为二点四万平方米,营业面积为一点二万平方米,系我省又一座大型综合商场。该商场共十二层,下六层为营业厅,上六层为酒楼等。商场中心,有玻璃罩顶的自然采光区,内外装饰简洁明快,有踏步电梯,闭路电视和空调。该商场货源充足。据了解,备货达一万余种。

亚细亚开业的媒体新闻稿

在全国商界暮气沉沉之际,亚细亚以清新的形象和服务对沿袭数十年的商场经营模式进行了一次革命性的颠覆。王遂舟当时所提出的众多的服务理念如"微笑服务""服务事故""顾客是上帝"等等,至今仍闪现出智慧的光芒,可为商界后来者咀嚼借鉴。他所创意的很多活动如"不满意退钱换货""设立营业员委屈奖"等等,今天视之仍让人叫绝不已,且可以一再地仿效。同时,他还是第一个在商界引入"商场CI形象策划"、第一个明确提出"目标市场"概念、第一个尝试"开架售货"的经营者。他还在国内商场中第一个将妇女、儿童作为购物主流来考虑,亚细亚单设化妆品部、童装部、玩具部、时装部等做法后来为其他商场竞相仿效。就此而言,王遂舟的确是一个罕见的、天赋极高的商界奇才。

于是,几乎是一夜之间,亚细亚就获得了消费者极大的认同。商场开张当天,郑州城为之空巷,顾客如潮水般涌来,保安人员分批往

---

① 日后,王遂舟在中央电视台投放广告时又将之修改为"中原之行哪里去——郑州亚细亚"。

里放人，共放了十几批。下午6点营业大厅提前关闭，90%以上柜台的货物一售而空。1990年，亚细亚的营业额达到1.86亿元，一跃而名列全国大型商场第35位，是上升速度最快的一匹黑马。此后3年时间里，亚细亚的营业额每年均以30%以上的速度递增，稳居河南第一。

王遂舟用"商业文化"来涵盖他在亚细亚进行的这场创新试验。当时的商业部部长胡平是"商业文化"的首倡者，可惜鼓吹多年一直乏人响应，王遂舟借梯上楼，大力弘扬，顿时成为中国商贸企业的典范。的确，他所营造的这种新氛围，对商界一贯的经商原则、现有的商业秩序甚至政府对企业的管理方式等等都提出了挑战，给人们的服务观念带来了巨大的冲击。

有两则真实的小故事可见亚细亚在当时所造成的震撼。

故事一：一位意欲轻生的外地男青年绑着一身炸药进了郑州最豪华、人流量最大的亚细亚，他想以骚扰滋事的方式来"轰动"地结束生命，在不同的柜台他先后向三位营业员寻衅，谁知她们竟都以同样的热诚和耐心回报了他的无礼，攥着炸药拉环的手放下又抬起，抬起又放下，最终惭愧而去。

故事二：一位营业员给顾客找钱，其中有一毛钱非常破旧，顾客不想要，两人争吵数句，顾客不快离去。第二天，商场副总经理领着营业员颇费周折找到那位顾客当面赔礼道歉，然后营业员遭到开除。顾客得知情况

当一位这样的亚细亚人，是当年很多女孩的理想

后，到商场向王遂舟道歉，并请求其收回开除决定。后来，亚细亚艺术团将此事编成小品演出，两位当事人上台与观众见面，在台上抱头痛哭，情形甚为感人。

这样的富有戏剧性的故事，不断地在亚细亚发生着，然后王遂舟又用艺术的语言加以包装后再传播到社会上，便激起了一圈又一圈的喝彩声。几乎仅仅用了不到两年的时间，王遂舟就让亚细亚从一家创建不久的新商场一举而成为中国商界的楷模和人们对新生活的理想模本。

当年的亚细亚在中国竟是如此地出色，如此地让人神往，以至一位天津市的小学生给王遂舟写信说：语文老师布置我们做一篇作文，题为《我的理想》，班里很多同学写的都是："到亚细亚，当营业员。"

"功夫酒菜外，特色礼仪中"

1992年前后，郑州亚细亚商场的名声达到了辉煌顶峰。

由于亚细亚的闻名遐迩，郑州商界被搅得风生水起。市内的五家国有大型商场先是对亚细亚的那一套颇为不屑，可是眼看着人流渐稀、门庭冷落，终于也坐不住了，于是纷纷起而仿效，展开了一场著名的"郑州商战"。

当时的商战可谓精彩纷呈。亚细亚在店内养花，别的商场就种草植树；亚细亚搞迎宾仪式，别的商场搬来了声音更响的军乐队；亚细亚到中央电视台做广告，别的商场赶紧也去指定时段叫几声；亚细亚搞"桑塔纳巨奖销售"，别的商场马上推出"10万元黄金巨奖"迎战。这样的竞争亦步亦趋，如影追身，却把一个郑州市场给激活了。

这一年1月，中央电视台以亚细亚为主线拍了一部长达6集的电视连续纪录片《商战》。节目一播出，顿时引来巨大反响，"郑州商战"

成为商界最耀眼的风景线。在《商战》播出后的两个月内，全国各地有180多家企业组团来亚细亚商场参观、取经。商场附近的几家宾馆日日爆满、生意兴隆。亚细亚"以一敌五"、敢为天下先的"野路子"经营方法被广为仿效。

也是在这一年的春天，邓小平发表南方谈话，再度吹响改革号角，河南省委、省政府在全省选择五个改革开放典型单位，亚细亚为其中唯一的商业企业。10月，王遂舟当选为"第三届全国十大杰出青年"。他是第一位入选的河南人，也是此届唯一的商界青年。稍后，王遂舟被选为第八届全国人大代表。1993年2月，河南省人民政府发布嘉奖令，对郑州亚细亚商场及王遂舟个人通令嘉奖。

到这时候，亚细亚已经成了河南人、郑州人向外夸耀的一个宝贝。老百姓家里来了外地亲戚，都要领到该商场来逛逛；政府接待中央领导人、外省领导人及秘鲁、塞浦路斯、哈萨克斯坦等外国访问团，也要安排到亚细亚参观、游览。王遂舟喜滋滋地说，自己像个"大接待员"，天天干着迎来送往、陪同介绍的工作。

也是在这时，一些当时还不为人所察觉的危机已经开始萌芽了。

王遂舟在商场形象塑造及商业活动策划方面堪称高手，可是对于管理，他却始终提不起兴趣。在华丽高贵的外衣下面，亚细亚的经营管理却显然颇无章法，缺乏监督约束机制。日后，亚细亚内部高层人士曾坦言：开业9年的亚

当年曾让全国商界为之注目的亚细亚

细亚没有进行过一次全面彻底的审计。在这9年中，亚细亚先后换了四任老总，却没一次审计，没一次交接。商品部的经理更是走马灯似的换，也没审计，没交接。一件事便很有典型性：1993年，有人向亚细亚借了800万元，却只是跟王遂舟口头打了声招呼，既没有合同也没有借条。随后几年，他一点一点地还，最后只还了300万元，其余的就不了了之了。在鼎盛时期，亚细亚每年的营业额1亿、1亿地往上翻，可是企业的纯利润却从来没有突破过1000万元。王遂舟对热闹场面、轰动宣传乐此不疲，可是对每年到底能赚多少钱却看得很淡。一帆风顺时，有人说他这是"战略家风范"，不争蝇头之小利，可是到了穷途末路，这无疑成了最致命的缺陷。

此外，亚细亚对顾客自然是无限谦让，微笑待之；可是对供货商却百般盘剥，十分刻薄，长期拖欠供货方货款，以此作为自己的流动资金。在供货商圈子里，大家对亚细亚既爱又恨，一方面亚细亚名气大、货好卖，可另一方面商场又时刻想着法子用调整柜台、拖延结算等办法卡压厂家。这种缺乏共兴共荣基础的、不正常的关系别别扭扭维系了好多年，生意做得下去固然也没什么，但一旦发生危机，第一个向商场发难的必是供货商。在以后亚细亚连锁商场相继倒闭的风波中，我们可以看到，几乎都是因为供货厂家发难围堵追讨货款而造成了商场的瘫痪和崩溃。而其祸根，其实早已埋下。

亚细亚的一炮打响，使年轻的王遂舟对自己的经营思想和能力十分自负，渐渐地，形成了一种"重名声、轻实效"、华而不实的经营作风。

1991年，王遂舟拍板到当时最火爆的海南海口市开办一家"海南亚细亚大酒店"。他派遣亲信前去经营，所需100多名员工全部甄选自商场的优秀营业员，他最欣赏的商场仪仗队员亦如数开拔，横渡琼州海峡。

王遂舟遵循郑州亚细亚商场的"成功模式"，提出了"功夫酒菜外，特色礼仪中"的口号。酒店尚未开业，便在当地晚报刊登整版整版的广告——"海南亚细亚大酒店、郑州亚细亚商场向全省人民拜年"。酒店还向海口交警赠送20把印有"野太阳"徽记的遮阳伞，当得知海南武警总队正举行新兵大阅兵，总经理即派出仪仗队前去表演，轰动现场。从此，举凡海口市的重大集会、揭幕、庆典等活动，都能频频见到亚细亚礼仪小姐标致的身影。

酒店开张后，每天早上，仪仗队员都要在大酒店门前表演127个动作的"欢迎仪式"。当食客驱车前来时，有迎宾小姐到车前张伞陪侍，门口则是两名礼仪队员举手敬礼。为了标新立异，酒店还让营业员穿着旱冰鞋上菜。另一项更令人瞠目结舌的促销活动是"买单自己算"，即食客可自行决定付款标准——如认为饭菜质量、服务未达到规定要求者，可拒付或少付餐饮费及服务费。

酒菜外的功夫可谓到了家，然而真正吃到顾客嘴里的酒菜却马马虎虎。开业后的第二天，就有八成以上的食客对服务员大骂饭菜质量差，而服务小姐上菜慢、上错桌的现象亦屡屡发生，四五桌客人拂袖而去，真的没付一分钱。当天晚上，酒店里哭声一片。王遂舟得知后，竟认为毛病出在"公关不到位、形象不饱满"上，于是酒店上下又开始为新的策划点子绞尽脑汁。就这样，惨淡经营10个月，酒店终于倒闭。

没有什么比评价一家企业更为冷酷的事了。企业，从来就是一个因为创造效益而存在的机构。一家没有效益的企业，无论你别的工作是如何地出色，你拥有如何先进的管理、技术或理念，你是如何地有文化，都称不上是一家好企业。存在，是证明一家企业价值的最基本的衡量标准。王遂舟在天时、地利、人和一样也不占的前提下贸然出兵，孤军远涉陌生的地域，轻易进入陌生的行业，且在经营过程中重名声、轻业务，如此行为，不遭败绩才是怪事。海南亚细亚大酒店的失败，实际上昭示了亚细亚以后的命运。

就这样,这个旧体制的最勇敢的摧毁者终于从一个僵化陈腐的极端冲决而出,却不由自主地滑到了另一个华而不实的极端。

走上连锁经营的不归路

1993年,就在郑州各大商场受"商战"炒作的鼓舞,纷纷大玩促销花样的时候,一战成名的王遂舟却早已不将这些郑州同行放在眼里了。他没有想到自己会那么快就冲到了华山之巅,山风浩荡,壮我胸怀,试问天下,谁与争锋,他顿时感觉到了绝世高手的寂寞,他要在更辽阔的江湖天地中去找寻更为强劲、刺激的对手。

这种亢奋、焦躁的情绪一直持续到1993年。其间,王遂舟超越本企业狭小天地,惊异地觉察到了中国零售商业整体面临的巨大危机。

1992年,由新加坡新成集团投资的燕莎友谊商场在北京开业,封闭的中国零售业市场被外商撬开了缝角。1993年,日本八佰伴与北京中创公司合营并负责管理的赛特购物中心开业。《光明日报》以重要篇幅连续报道赛特现象,全国商界为之瞩目。

北京赛特开业后,八佰伴集团又与上海第一百货商店合作,筹建浦东新世纪第一八佰伴百货公司,并宣布到2000年,将在中国开设1000家连锁店!

王遂舟因之猛醒,他做出判断:20世纪的最后10年,将是外商全面进攻、占领、瓜分大陆零售业的时代。

此诚危急存亡之秋也。他疾呼:"虽然亚细亚自我感觉在国内还比较先进,但还是低级的、原始的、靠人工的一种管理模式,不过是我们坚持得好一些、管得严一些罢了。赛特的开业,标志着我国一场新的零售革命将要开始。如果小日本把赛特这种模式在中国搞1000个,再在郑州塞上2个,亚细亚马上就傻眼了!那时候再去发展?晚了,谁也不认得你了!"

王遂舟为自己这一惊人发现而激动不已，也为一种"天将降大任于斯人"的使命感而蓦然亢奋。他北上京城，跟王府井百货大楼、城乡贸易中心的老总们讨论此事，但他们均认为"赛特不值一提"。这种漠然的态度更使得王遂舟悲喜交加。"可悲的是中国最知名的零售业大老板们还没有把赛特当一回事——赛特现在只有8000平方米，如果八佰伴在北京再砸上3个大商场，他们就重视了！之所以这样，是这些大老板还死抱着传统的商业观念不放，仍然闭关自守，不想革命。"而喜的是这既是危机，又未尝不是一次巨大商机。亚细亚要趁着国内同行普遍懵里懵懂的时候，先行一步，主动迎接这危机，打破这危机。王遂舟激动地呼喊："咱们亚细亚，要搞就要搞第一：郑州的第一、河南的第一、全国的第一！亚细亚要做的事业绝对不能低于八佰伴。过去王府井是'中国第一店'，现在'第一'成了八佰伴！我们要把这个概念给它扭过来：在一定时间内，要把八佰伴的名字撤下，换上咱们郑州亚细亚！让外国佬统统滚出去！"

当年9月，以郑州亚细亚商场为基础，扩股成立了"郑州亚细亚集团股份有限公司"。股东由2家扩大到5家（后增加至6家），新入伙股东均为此前在海南发迹的金融商及房地产商。他们几乎是簇拥着王遂舟，走上了"连锁经营"的不归路。

在董事会的督促下，王遂舟亲率研究人员，六易其稿，于年底制订出了规模空前的《郑州亚细亚集团股份有限公司1994—1999年发展规划》：

总体目标：2000年前，形成以零售业为龙头，以金融证券和房地产业为两翼，以实业开发为基础的大型企业集团；达到年销售总额500亿元，在全国商界排名第一；综合实力进入全国最大企业前10名，成为对中国经济有重大影响的国际"托拉斯"。

具体目标：

第一，店堂总数：营业面积2万平方米以上的大型零售商场超过

25家；5000平方米以上的中型商场超过100家；2000~5000平方米的超市达到500家（王遂舟谦逊地说："咱没有八佰伴那么大的胃口。咱主要向省会城市考虑，每个省会城市搞10个店，基本上形成一个庞大的商网，在全国可以说是星罗棋布、遍地开花。咱没有考虑小城市、小县城，可是，八佰伴连县城都考虑到了——不然的话，它那1000家店铺怎么摆布呢?"）。

第二，房地产业：（1）在京、津、沪、穗中选一个城市，建造"亚细亚摩天大厦"，至少高68层（后改为120层），"象征亚细亚这样一个历史丰碑"！（2）建造亚细亚集团自己开发、设计、销售、物业管理的项目6~10个，如小区、别墅群、写字楼和商住楼，酒店要搞五星级。（3）每个零售业项目都要以房地产业为先导。（4）期末，房地产业的利润要远远超过零售业纯收入。

第三，实业开发：（1）开办亚细亚服装厂、印刷厂、工艺品厂、包装加工厂、快餐公司。（2）采用投资、控股、参股等形式，成立20家亚细亚的关联企业，生产"亚细亚"牌系列产品。（3）吞并、改造15个工业企业，改作房地产开发用途。

第四，股权投资运用股市技巧，参股、控股8~12家有希望上市的、效益良好的企业。

第五，海外发展：除莫斯科、悉尼外，还要在香港建立货源中转站；在巴拿马插上亚细亚的旗帜；在世界头号强国——美利坚合众国扎上一颗暗钉！

第六，其他：（1）成立"亚细亚海运公司"。（2）合作成立"亚细亚航运公司"。

今天看来，这无疑是一个几近疯狂的"规划"。可是，在20世纪90年代中期，我们已经不是第一次读到这样的"规划"了。这是那个激情时代的产物，一群白手起家的中国企业家看到了自己与国际的距离，意识到了自己所肩负着的责任，他们壮烈地站了起来，企图以一种丧失了理性的激情来完成那"惊人的一跃"。

所以我们说，王遂舟这一代企业家是十分值得尊敬和纪念的。他们绝大多数是从旧体制的堡垒中冲杀出来的，因此他们最了解、最痛恨旧体制，他们拥有"虽百死而无悔"的不无悲壮的批判和摧毁精神，可是他们缺少职业化、系统化的训练，缺少对国际最新商业趋势的系统了解和清醒认识。

"发展大型百货公司连锁店"是亚细亚实现霸业的唯一道路，这是王遂舟作出的最基本的战略判断。他到国外考察，为日本、美国、欧洲的大型百货公司连锁店的气势及经营业绩所震慑，随即认为国内迟早也要走这一步。而亚细亚正是时时、事事走在别人前面的一家"现代化企业"，所以这一次仍然要走到全国各大商场的前列。

可是，什么是连锁商业？为什么要搞连锁商业？与传统的百货模式及超市模式、连锁专业店相比，连锁百货有什么质的区别和优势？

没有人清楚，也没有人打算弄清楚。

他们几乎无暇做这样的思考。他们就这样抢过一个新概念——生怕被别人夺了去——就贸然地在一条从来没有人奔跑过的荒原上奋勇地领跑。

不久后，当亚细亚的连锁商店开遍全中国的时候，俨然以"连锁零售大王"自居的王遂舟在接受记者采访时，曾一再地阐述过这样的观点："我所考虑的策略是先把窝盖起来，然后想办法逐渐地、相对快速地把这个框架搞好，因为这个时代、市场不允许我们什么都学会、什么都懂了、已经取得了连锁商业的实力，然后再发展。到那时，已经不可能了。什么是时机呢？今天？明天？说不清。能够基本把握住，就可以了。我认为连锁发展的时机抓得还比较及时。"

这样的观点，很难用对和错来分辨。在某种意义上，时刻保持发展的冲动和激情，不肯让任何稍纵即逝的机遇从身边滑过，这是一位优秀企业家最可贵的素质。可同时，在没有相对成熟的把握下贸然挺进又往往成为一些天才型企业家遭遇滑铁卢的根本原因。

在亚细亚兵败崩盘之后，王遂舟还曾经仔细地描述过当年决定投资连锁店的决策过程：

"1993年9月份之前，连锁店这个词在中国还没有，9月份以后才在报纸上见过，当时对连锁店的概念还不清楚。我和几位董事长在一起策划，提出三个理论：（1）看准了就上马；（2）生一个孩子是养，5年后再生一个还要作难，干脆放在一起作难算了；（3）当时看过一个电视剧，一个老板在讲述他怎么那么有钱时说，我先办了一个纺织厂，然后用这个纺织厂作抵押，办起了两个纺织厂，又用这两个纺织厂作抵押，办起了四个纺织厂。基于这种情况，我们确立了宏伟的目标，几位老板为亚细亚集团制订的三年规划是在全国搞30~50个商场，年销售额500亿元，我改为100亿元。"

这就是1993年中国最优秀、最具有超前意识的青年企业家的认知和决策能力。他所具有的经营知识基本上是靠他自己的天赋感悟出来的。而那些决定他及企业命运的重大决策，竟全部依据于报纸零星的新闻、无聊电视剧的对话以及日常生活中的一些比喻和经验。

在今天，对他们进行种种的指责和苛求都是不公平的。就如同当年中国股民对股市的所有认识都来自于数十年前左翼作家茅盾的一本《子夜》一样，当时中国的经济发展水平实在与发达国家相去甚远，信息的闭塞、辨识能力的相对低下以及国情的特殊性，使我们根本无法寻找到自己发展的坐标系和可参照物。好在今天我们已经永远地超越了这一阶段，我们需要警惕的是，在客观条件已经大大改良的今天，在中国即将加入世贸组织与国际经济真正接轨的今天，如果经营者在作出重大决策的时候，依然顽固地坚信于自己的天赋和感悟力而不相信科学的分析，那么，就太对不起王遂舟们当年所付出的惨重的代价了。

熊彼特在论及"企业家的工作"时曾生动地将之描述为"创造性

的破坏"。也就是企业家通过富有创造力的行动对旧体制、旧模式给予彻底摧毁，并以此开辟出新的世界。他是第一个将创新视为企业家生命的经济大师。

然而，创新并不意味着破釜沉舟般的冒险，相反，创新需要一种健康、理性的精神，需要系统化的论证，需要有效管理，需要建立在有目的、有规划的认知基础上。

在王遂舟的身上，我们目睹了两种截然不同的创新。

在他创办亚细亚商场的时候，他所提出并实施的各种服务，都是建立在"商业文化"这个大体系之上的，它有明确的假想敌——传统的、僵化的商业零售模式，它有清晰的服务理念——"顾客是上帝"——的支撑，它由各种几乎没有实施风险的子项目有机地构成。因此，他的创新是有效的，是成功的。

而在他实施百货连锁商店的时候，我们看到的是一个对连锁概念一知半解的决策者，看到的是缺乏起码的可行性论证的大规划，看到的是全面出击、缺少协调和控制的无度扩张。这样的创新，从一开始就散发出了悲剧的气息。

"恐怕我的耻辱柱大些"

慷慨激昂，义无反顾。亚细亚的"连锁经营"之梦就这样张开了狂热而躁动的翅膀。

在不长的4年时间里，亚细亚先后开出了15家大型连锁百货分店，其中，省内6家，均以"亚细亚"命名；省外9家，均以"仟村百货"命名。这家自有资本总额不过4000万元的企业却进行着一场投资将近20亿元的超级大扩张。随着北京店、上海店、广州店的相继开张，从表面上看亚细亚帝国版图的疆域似乎在一天一天地延伸着。而且，一些连锁店开张所造成的新闻轰动也的确让王遂舟以及所有的局外人都呼吸到了迎面扑来的炙热和兴奋。其中，投资10亿元的北京仟村百货，在开张之日曾经创下日销售额400万元的奇迹，让京城传媒大大爆炒了一番。

志存高远的王遂舟的确是想打造一艘日不落的"亚细亚帝国"。对每家分店的建筑、装修风格，他都以自己心目中的"头号洋对手"赛特为标准，务求豪华、超前。在建造郑州亚细亚五彩广场时，为了把它建成"国内规模最大、档次最高的大

又一家亚细亚连锁商场开张了

型零售商场"，王遂舟在资金极度紧张的情况下仍然大笔一挥耗资8000万元买下广场前一块1.2万平方米的空地。广州仟村开张后，王遂舟对当地营业员的服务十分不满，于是下令从郑州空运1000名营业员来，让她们长期包住三家宾馆，充当模范，而其成本之高则根本不在他的考虑范围之内了。

由于追求豪华高档，亚细亚连锁商店的建造方案都一改再改，几乎每一个连锁店最后的建造费用都大大超出预算，仅五彩广场一家，其最终结算的费用就高达5亿元，超出预算1.5亿元，超支严重使当初的预算形同虚设。

对投资浩大、负债深重的现状，王遂舟其实也并非没有感觉。可是，他拿到手的每一张经营预测书又都信誓旦旦地向他保证在未来的一到两年内将迅速地收回投资成本，这一切又让他顿感信心百倍。他

知道自己在玩一个危险的游戏，可是他相信只要游戏还在进行，他就必定会有取胜的一天。他所有的信心都建立在"亚细亚的经营模式将战无不胜"这一虚拟的定理之上。

可是，没有一个人会料想到，王遂舟正在奔跑着的这条通往"中国零售连锁帝国"的康庄大道竟是一条不归路。一个十分令人震惊的事实是，亚细亚所有的连锁分店，开业之日即亏损之时，竟无一例外。

1994年5月，南阳亚细亚商厦最早开业，其投资、装修、营业面积都远在郑州亚细亚商场之上，王遂舟对它的预期是日均销售超过100万元，与郑州亚细亚商场相当。而实际上开业第一个月，它只卖了40万元，且呈日渐下滑趋势。

王遂舟岂能让这个亚细亚连锁霸业中的"头胎儿子"出师即遇不利，他马上派出工作组，力求以整顿的方式提高销售，并竭尽集团资源给南阳分店以支持。可是，再多的远水也灌不满无底的大坑。这一年，南阳分店亏损114万元，第二年，亏损额便剧增至623万元；同年开业的濮阳分店，亏损593万元；漯河分店，亏损990万元；开封分店12月19日开业，10个月便亏损1234万元。

这些无情的数字使王遂舟的自信心受到了沉重打击。他认为自己过高估计了这些地级市的消费潜力，加上分店经营者的不够卖力，共同导致了省内分店普遍亏损的局面。于是，他把更大的希望寄托在广州、上海、北京等分店开业后的前景上。如果这些立足特大城市的重量级大店生意兴旺、日进斗金，则省内分店的亏损便不值一提。

为了这些大店的开业，王遂舟和他的部下们算得上是呕心沥血。当时，各城市的筹办人员每天只睡三四个小时，天天晚上开会到次日凌晨，王遂舟轮番到各地亲自坐镇，对几十个部门负责人一一耳提面命，纠正他们的偏差、疏漏并布置新的任务。干部、员工们都熬得眼窝塌陷，脸色发黑，高烧、呕吐、晕倒的现象时有发生。

1996年2月9日，广州仟村百货开业，虽然有许多节目表演，但围观的顾客只有数百人，未出现省内分店开业时的轰动场面。一两个月后，上海店、北京店和成都店相继营业，其开张场面尽管好过广州店不少，可是在经历了一段运营期后，营业额也迅速地滑到了警戒线。

随着战线的拉长，亚细亚连锁店的成员遍布全国，王遂舟已不可能对各分店经营局势有真正切实的了解和紧密控制。王遂舟日后曾感叹："当初只有一家亚细亚商场时可以轻而易举做到的事，现在一下子变得那么可望而不可即，只能听任混乱局面发展到不可收拾。"

在这种常年的转战中，40岁未到的王遂舟已有力不从心之感。从前他的身体犹如钢浇铁铸，似乎从来不生病，从来不知疲倦，甚至从来不打瞌睡，使所有认识他的人都惊叹不已。但这时，他承认自己"感觉身体没有年轻时那么有劲了"。长期操劳带来的颈椎病、脑血栓时常发作，无法强撑的时候只好住院治疗。

同时，他还由原来的极度自信而逐渐变得迷信——从来没有聘请过法律顾问的亚细亚却在1995年正儿八经地请了一位"风水大师"当高级顾问。每一家仟村百货分店开业，都要请这位"大师"看风水、择吉日。1996年初，上海仟村百货本已定下了

这是挂"亚细亚"牌子的最后一家企业，2007年6月20日，亚细亚大酒店因无竞拍者而流拍

开业日期，请帖已发至政府官员、银行领导、新闻记者及当地名流手中。但"大师"说这个日子不吉利，要往后推，于是筹备人员赶忙收回请帖，托词解释。北京仟村百货开业前，"大师"说广场上旗杆的位置不对，要移，王遂舟马上下令把水泥旗墩扒掉，按"大师"指点方位挪移。

但是神灵显然没能给亚细亚额外的佑护。1996年6月14日，郑州亚细亚集团召开了有史以来最沉闷的一次董事会。王遂舟逐一介绍各地连锁店经营情况：北京一天只卖七八十万元，上海只有三四十万元；省内几个店每月亏损400万元，北京、上海、广州每月的亏损达2000万元。他检讨说，我们当时年轻，没有考虑到那么多困难。"但是既然走到了这一步，我的意见是还要继续发展——现在气势有了，经验有了，过了眼前这一段困难时期，说不定就能迎来一片光明。"

当时，各个分店的货款其实都已极度缺乏，根本无法达到使供货商满意的程度。以上海仟村百货总经理的话说，"商厦总经理学会了骗钱，配货总经理学会了骗货"。上海分店开业半年，拖欠货款3800万元。"当时怎么想的——先把货弄来再说！这些货的销售款大部分被我们自己花了，付款连45%都不能达到。"

这种不算高明的骗术一旦被供货商识破，其后果肯定不会太好。1年后，上海仟村百货关门，总经理被厂家软禁数日，脱身后久未露面；一位留守的郑州籍干部，被愤怒的供货商围殴，打至吐血、昏迷不醒，上海的同事将他送到医院。正当输液时，另一拨供货商闻讯赶来，到病床前拔掉针头，将他架到黄浦江边，再打至半死，方才弃下，骂骂咧咧而去。

1996年末，暴风雨终于倾盆而至。这年11月，天津亚细亚商厦倒闭，商品被哄抢一空。商厦负责人在向新闻界的谈话中，透露出"本地投资环境不够完善"之类牢骚。部分天津市政协委员十分不满，要求政府有关部门调查事实真相，以正视听。

到1997年初，西安亚细亚工贸中心已经筹备了将近4年，而开业的希望却日益渺茫。4年来贷款1亿多元，在西安市已经贷不到钱了。

1996年7月以后，王遂舟由对各连锁分店的插手过多，一转而为不管不顾了。集团的绝大多数干部，都不清楚他的行踪——他重新挑选了自己6年前的司机当贴身秘书，所有通信工具均由秘书掌管，任何人向他请示或汇报工作，都要通过这位秘书的传话。

其间唯一的一次公开露面，是在这年秋天，他被《中国商贸》杂志评选为"1995中国商界十大风云人物"。已经许久未尝到过荣誉滋味的王遂舟，怀着最后的欣慰心情，去北京领了奖。

在长期缺乏有力领导的情况下，亚细亚河南公司依靠着强大的惯性运行着：各分店礼仪队员每天按时升旗、上操，经理们仍然每天在门口列队迎接第一批入场的顾客，这一切从外表看来并无异样。执法队依然每天罚钱，但是他们无心统计违纪现象是否上升或下降，以及怎样才能全面改善商场的纪律和服务。郑州中心店每天都在闹市区的高音喇叭做广告："亚细亚，河南人的骄傲! 郑州人的荣光!"声调铿锵，异常刺耳。

10月18日，王遂舟回郑州，参加集团公司董事会会议。会上，王遂舟语气凝重地说："这次回来，看到商场大楼，就别有一番滋味在心头——主帅无能，累死三军。由于我的盲目、草率、想当然，带来大批的干部、员工累死累活，而且效果不好。自己在不惑之年，才真正知道社会的复杂、人世间的残酷，搞一个

亚细亚的末日

企业太不容易，心里非常惭愧。"

他说："没必要隐瞒我们的伤疤——现实非常严峻、非常恶劣、非常难以形容。河南几个店今年1月到9月实际亏损4200万元，正好亏掉一个郑州亚细亚商场。外面的连锁店，北京一个月亏1500万元。西安10日发工资，9日给我打电话说没钱，明天不发员工就要造反。财务处到北京用提兜提钱回去给员工发工资。"

他亦厉声指责了干部们的无能："每当我选定分店的总经理、配送中心的总经理时，每当我任命一位干部的时候，我在老板面前总是把你们吹得神乎其神、非常完美——这是我唯一可以自豪的资本。可是当我看到企业的经营现状，再去回忆当初对你们的评价，真是天壤之别！如果亚细亚垮台了，恐怕我的耻辱柱大些，你们的就在我旁边。"

10月26日，亚细亚五彩购物广场开业。当天的销售只有100多万元，以致购物广场不敢对外公布这个数字。王遂舟心情沉重地参加完五彩购物广场开业典礼后，离开了郑州。当地传媒记载，他走的那天，天阴沉沉的，深秋的郑州，凄风苦雨，寒意袭人。

1997年3月5日，王遂舟召集亚细亚部分高层干部，正式向他们宣布了自己的辞职决定。他说："我们遇到了一些暂时困难，但是为河南省乃至全国商业蹚出了路，没有白干。我也得到了很多很多的教训——我们每个人都得到了经验和教训。"

那一天是王遂舟的40岁生日。

10年前，"三十而立"的他如骏马出征，一鸣而为天下知；10年后，"四十不惑"的他茫然四顾，以悲剧的方式结束了一段灿烂。

王遂舟离职后，亚细亚先后有数位总经理上任企图挽救败局。然而，这些后任者尽管用不同的语言和事实对王遂舟进行了批判和声讨，可是在具体的战略上竟没有一个跳出王遂舟的扩张模式。最奇的是一名总经理曾提出过十几项规划，其中有"上天"（与空军合营

“亚细亚航空公司”）、“入地”（承包北邙陵园，做死人的生意）及“动员十几万营销大军，开展‘亚细亚网络营销’，年销售额可达十几亿元”等等。由此可见，扩张的狂想酵母并非仅仅在王遂舟一人身上发作着。

亚细亚覆灭后，经济圈不断有人从各个角度总结着王遂舟的种种失误。客观而言，亚细亚的没落除了以小搏大、扩张无度之外，也有宏观上的原因。

1997年，在经历了数年的持续增长之后，中国经济步入了一个新的平台期，产业经济寻找不到新的增长点，物价改革闯关未果，而在供求关系上则首次出现了由短缺到过剩的转型。据当时的国内贸易部商业信息中心统计，1997年，全国249家大型百货商场总计实现利润27.7亿元，比上年下降0.6%。其中133家负增长，占53.4%；亏损31家，占12.4%，比上年增长1倍。到1998年上半年，情况仍然在恶化，全国260家大型百货商场的利润总和又比上年下降7.5%，其中25%的商场出现亏损。

尤其让亚细亚决策者茫然失措的是，也是在这一年，亚细亚模式的模仿对象、20世纪80年代世界最杰出的零售巨头之一日本八佰伴公司也陷入了前所未有的经营困境。这年的9月18日，在全球拥有26家大型连锁百货商店的八佰伴日本公司因摊子铺得过大、负债不堪其重而向法院提出了公司更生法的申请，实际上也就是宣告了公司的破产。

八佰伴的破产及日后世界零售产业的发展趋势表明，在20世纪90年代前后的中国商业生态圈，王遂舟所设想的连锁零售百货商场根本上是一条无法走通的不归路。就如同恐龙之不见容于冰川纪后的地球一样，从王遂舟计划连锁百货商场的第一天起，他就走入了死亡谷，这已非能力、体制、资本、人才等等可以解决的，因为换了任何人，都行不通。王遂舟的所有失误加起来，也比不上一条战略选择的失误更为惨痛。中国古人有云，"识时务者为俊杰"。为企业家者，"识天时"是一项十分重要的素质。杰出的企业家与一般的企业家以及失败的企业家相比，其根本的差异仅仅在于，一个有预感未来的能力，一个有现实的把握能力，一个则是过去的临摹者，如此而已。

从40岁生日那天黯然辞职之后，王遂舟便不知所终，如同从人间蒸发。

在他离开亚细亚后，全国各地的仟村百货连锁店及河南境内的亚细亚连锁店如同多米诺骨牌一般，以平均每4个月一家的速度倒闭。

1997年4月，成都新时代仟村百货、开封、濮阳分店相继停业；

1997年5月21日，广州仟村百货停业；

1997年10月25日，上海仟村百货停业，当年度郑州亚细亚集团面对近百件诉讼官司束手无策；

1998年初，西安亚细亚工贸中心转由当地合作方控股，独立经营；

1998年5月，郑州亚细亚五彩购物广场关门；

1998年7月，成都儿眼桥仟村百货商厦停业；

1998年11月，北京仟村百货广场停业，郑州亚细亚集团首度对外宣布集团总负债6.15亿元，资产负债率为168%；

1999年1月，北京仟村超市停业；

2000年7月，五彩广场宣告破产，同时，已掉落到郑州各大商场销售额倒数第二的"大本营"郑州亚细亚商场宣布面向全国重新招商……

激情燃尽，一个神话从终点又回到了起点。

然而，历史的确已经在这样的轮回中悄然改变了。

亚细亚

大事记

　　1989年5月6日，营业面积达1.2万平方米的郑州亚细亚商场正式开业，王遂舟的特色经营使亚细亚初战告捷。

　　1990年，亚细亚的营业额达到1.86亿元，一跃而名列全国大型商场第35位。此后3年，亚细亚的营业额每年均以30%以上的速度递增。

　　1991年，王遂舟在海口市开办海南亚细亚大酒店。然而，酒店惨淡经营10个月，最终倒闭。

　　1992年1月，中央电视台到郑州以亚细亚为主线拍了一部长达6集的电视连续纪录片《商战》。节目一经播出，顿时引来巨大反响。

　　1992年前后，郑州亚细亚商场的名声达到了辉煌顶峰。10月，王遂舟当选为"第三届全国十大杰出青年"。稍后，王遂舟被选为第八届全国人大代表。

　　1993年9月，以郑州亚细亚商场为基础，扩股成立了"郑州亚细亚集团股份有限公司"，走上"连锁经营"之路。

　　1994年5月，南阳亚细亚商厦最早开业，而其销售额却呈日渐下滑趋势。同年，南阳分店亏损114万元，濮阳分店亏损593万元，漯河分店亏损990万元，开封分店12月开业，10个月便亏损1234万元。

　　1996年2月，广州仟村百货开业。一两个月后，上海店、北京店和成都店相继营业，但在经历了一段运营期后，都迅速地下滑到了警戒线。10月26日，当时自称为"国内目前规模最大、档次最高的大型零售商场"亚细亚五彩广场正式开业。开业当天，销售额只有100多万元。11月，天津亚细亚商厦倒闭，商品被哄抢一空。

　　1997年3月5日，王遂舟召集亚细亚部分高层干部，正式宣布辞职。4月，成都新时代仟村百货、开封、濮阳分店相继停业；5月，广州仟村百货停业；10月，上海仟村百货停业。

1998年初，西安亚细亚工贸中心转由当地合作方控股，独立经营；5月，郑州亚细亚五彩购物广场关门停业；7月，成都九眼桥仟村百货商厦停业；11月，北京仟村百货广场停业。郑州亚细亚集团首度对外宣布集团总负债6.15亿元，资产负债率为168%。

1999年1月，北京仟村超市停业；年初，亚细亚五彩广场"复业"仅1个多月便又草草收场。

2000年7月，亚细亚五彩广场宣告破产。同时，已掉落到郑州各大商场销售额倒数第二的"大本营"郑州亚细亚商场宣布面向全国重新招商。

2005年11月，河南拍卖行受委托拍卖亚细亚商场债权，因无人举牌而流拍。

2009年，曾经是郑州城市地标的亚细亚商场被正式拆除，取而代之的，是香港恒隆集团投资的郑州恒隆广场。

案例研究一

破产的八佰伴 /中国社会科学院工业经济研究所

1997年9月18日，日本零售业的巨头八佰伴日本公司，向公司所在地的日本静冈县地方法院提出公司更生法的申请。这一行动，实际上等于向社会宣布了该公司的破产。八佰伴日本公司主管八佰伴集团的日本国内事业以及在欧美、东南亚等地区的海外投资，拥有26家店铺，由八佰伴集团董事长、现任八佰伴国际流通集团总裁和田一夫的第四个儿子和田光正担任总裁。八佰伴日本公司宣布破产前的总负债额为1613亿日元（折合约13亿多美元）。在东京证券交易所第一市场上市的超级市场破产，这在战后的日本还是第一次。同时，它也是日本百货业界最大的一次破产事件，因而震撼了日本和亚洲。日本半月刊《经济界》1997年秋季增刊登了题为《八佰伴破产的教训——象征着淘汰超市时代的到来》的文章。关于八佰伴日本公司破产的原因，一般认为主要有以下几点。

1. 摊子铺得太大。八佰伴日本公司总经理和田光正在接受《经济界》杂志记者采访时表示，公司破产的原因是先行投资过多。和田光正说："当时我认为投资计划是绝对没有错误的。从结果来看，我想是因为公司对日本和海外的经济形势及对自己企业的能力过于乐观了。"然而，事实上，八佰伴在海外并没有详细周密的投资

和田一夫

计划。20世纪80年代后期和90年代初，"八佰伴日本"为了快速扩展国际事业，趁着日本泡沫经济的时机，在债券市场大量发行可转换公司债券。这种筹资方法，虽然摆脱了从银行取得资金的限制，却也失去有效的财务监督，极易陷入债务膨胀的危机。事实上，自1996年11月以来，八佰伴日本公司的经营状况就已经开始恶化。此外，八佰伴日本公司把公司利润以及通过发行公司债券这种"炼金术"聚集的大量资金投到了海外市场。然而这些资金的回收情况却不尽如人意。加之在此期间又出现了泡沫经济的破灭，业绩欠佳导致股价下跌。曾通过可转换公司债券筹资600亿日元的八佰伴，从1998年12月起到2001年，每年要偿还100亿日元。筹措不到偿还资金，公司的信誉自然就要面临危机。

2. 缺乏银行支持。"八佰伴日本"直接向金融市场发行没有银行担保的公司债券，直接在市场吸收资金。这一举动，虽然反映了日本企业从依赖银行贷款的间接资金来源，转变为直接从市场吸收资金的直接资金来源的时代潮流，但也得罪了长期交往的主力银行。因此，当"八佰伴日本"资金流通不畅，而发行的公司债券却到了必须偿还的时候，那些曾经担当"八佰伴日本"主力银行角色的往来银行——东海银行、住友信托银行、日本长期信用银行却采取了袖手旁观的姿态。总经理和田光正承认，银行不支持也是造成公司破产的一个因素。董事长和田一夫曾向身边的亲信说过："公司是被银行挤垮的。"八佰伴破产的事实从一个侧面表明了过于追求浪漫的垄断经营者

的专横的经营方式的失败。

3. 没有明确的定位。有人说，八佰伴"没有一个把什么货卖给什么人的明确的经营战略"。八佰伴原本是一个地方超市集团，但在向海外进军的过程中，一会儿以日侨为对象，一会儿又转向当地人。八佰伴不仅不断改变销售对象，而且还不断改变经营。虽然在海外经营的初期得到了侨居海外的日本人的大力支持，有一个好的开端，但由于在日本国内的积蓄不足，经营能力有限，因而被后发展起来的超市和百货商店抢走了客源。20世纪80年代以后，八佰伴在海外开设了40多家超市，但目前只剩下27家。有人批评说，八佰伴在经营上没有考虑消费者。在超市行业中，必须通过对细小事务的逐步积累，才能真正取得成功。八佰伴日本公司忽视服务对象而带来的教训是沉痛的。

4. 人才培育落后。在当今世界日趋国际化和多元化的过程中，"八佰伴日本"仍然维持着家庭企业的经营形态。在一个每一环节都必须以专业化参与竞争的环境里，个人力量终究是有限的。和田一夫也察觉到这个问题的重要性，他在20世纪90年代初所著的《八佰伴的世界战略》一书中，对此就有专门的论述，并已就培养国际企业人才采取一系列的措施。然而，人才的培育成长，不是一蹴而就的事，事业的发展却是一日千里，正如八佰伴集团内的一位老职员所说："和田一夫其实是一个很好的前锋，只是无人能替他把守住后方。"

八佰伴日本公司的破产是多种因素造成的，但最主要的还是其经营战略的失败。零售业之所以能站住脚，是因为它有明确的服务对象。综合性超市之所以经营不好，其原因在于眉毛胡子一把抓，对向哪些顾客销售什么商品心中无数。超市盛行的经营方式是以顾客资料为依据，销售适合于各个顾客需求的商品，而无法实施这种经营方式的超级市场将难以生存。

案例研究二

在中国近20年的商业史中，曾发生过两起轰动一时的商贸模式改革的大戏，而其主角竟十分巧合地都来自于中原河南的郑州，一个是本文已论及的亚细亚连锁百货模式，而另一个便是郑百文的大批发模式。

郑百文：如何成为第一家被申请破产的上市公司？

2000年3月29日上午，ST郑百文突然停牌，发布了一个让市场震惊的消息：其债权人中国信达资产管理公司已向郑州市中级人民法院提出申请，请求对ST郑百文实施破产清算，此次申请的债权共计2.1亿元人民币。郑百文1999年底的总资产14亿元，总负债22.28亿元，资不抵债。

这是中国证券市场首次出现上市公司被申请破产的事件。

1996年4月上市的郑百文，前身为郑州市百货文化用品公司，是1987年6月在郑州市百货公司和郑州市钟表文化用品公司合并的基础上组建成立的。

郑百文曾经以经销家电而闻名。长期以来，郑百文都是以厂商和零售商中间人的身份出现的。销售长虹彩电，对当年郑百文的快速崛起起到了相当重要的作用。1997年，郑百文、长虹、中国建设银行结成了"三角信用关系"，其"经营模式"深受各界瞩目。巅峰时期，郑百文一年销售收入达到76亿元，净利润为8100万元，春风得意的董事长曾经把郑百文比作一个高速旋转的大转盘。据称，郑百文控制着40多个全国性的家电营销网络，每个网络可带动50个以上的大中型批发网点，其强大的营销能力曾使四川长虹一度攻克了广东省这个云集着它最多也是最大的竞争对手的市场。郑百文一年销售的长虹彩电占长虹总销量的1/3，相当于一个中等以上规模厂家一年的产量。

然而，1998年这个大转盘突然停转了。表面上的原因，一是四川长虹"过河拆桥"。它将如此之大的市场份额交给郑百文独家经营，毕竟存在着巨大的市场风险。进入1998年没多久，四川长虹即对销售策略作出重大调整，放弃单纯依靠大批发商的营销体制。郑百文销售长虹彩电的数量急剧下降，以至于1998年全部销售收入总额只有33.55亿元，不足上年的1/2。二是中国建设银行釜底抽薪。说穿了，郑百文本属遗留问题股，1996年上市时并未募集到资金，它的大转盘完全是以银行贷款为轴心才得以高速运转起来的。从1996年开始，中国建设银行郑州分行和郑百文、四川长虹建立了三角信用关系，郑百文购进四川长虹产品，无须支付现金，而是银行开具6个月承兑汇票，由银行按汇票日期将款项划给四川长虹，而郑百文则在售出四川长虹产品以后，才还款于银行。1998年春节过后，中国建设银行郑州分行发现开给郑百文承兑汇票而形成的一笔巨额债权有一定的回收难度，于是开始停止发放新的汇票。郑百文的大转盘顷刻失衡。

其实，在这之前，郑百文已经受到资金短缺的严重制约。经营者不顾企业的基础和发展条件，在1996年到1998年间，冒着单一经营的风险，投入上亿元资金建立营销网络，把1998年配股资金几乎提前用完。当1998年3月11日郑百文董事会研究修订配股方案以及6月5日发表配股公告时，实际上当时公司与四川长虹的经销合作关系已经瓦解，利用配股资金组建异地配售中心已毫无必要。然而公司钱已花了，如果将真相和盘托出，那么这次配股就会鸡飞蛋打一场空。原来企业发展顺利的时候，一切问题都被充裕的资金和利润掩盖着，现在没有了期票结算这种形式，马达变小了，盘子转不动了。可是，由于惯性的作用，一切耗费却没有减少，有的开支还在增加。加上销售方面失去了大批发商的优势，有时不得不削价到亏本销售才能收回一些资金。因此，尽管1998年实施配股没多久，年底时郑百文手头可以调动的头寸已几乎为零。

在1998年年报中，郑百文破天荒地以每股亏损2.5元亮了相。净亏损总额达到5亿元，即使把上市头两年的净利润总额加起来，才不过1.3亿元，不足弥补亏额的1/3。郑百文理所当然地沦为ST股。但是，更为严重的是，1999年中期，仅仅半年时间，公司就又发生净亏损5.3亿元，比1998年全年还多，每股亏损达2.7元，成为第一家被注册会计师出具"拒绝表示意见"审计报告的上市公司。

郑百文从绩优股蜕变成ST股，原因是多方面的，除了宏观经济环境变化的影响外，内部管理不善是其致命伤。该公司在年报中也承认："重经营，轻管理；重商品销售，轻战略经营；重资本经营，轻金融风险防范；重网络硬件建设，轻网络软件完善；重人才引进，轻人员监管和培训。"为扩大销售额，郑百文大量采用赊销方式，因此其债务负担非常沉重。这一问题在以前显得并不很严重，可到了1998年，因为东南亚金融危机的影响，银行防范风险意识大大加强，郑百文仅因逾期承兑利息一项，财务费用较上一年上涨了1434%，对利润的直接影响达1.2亿元。

八方说词

在告别了激情年代之后，中国企业界似乎正步入一个"保守主义"的年代，跟企业的超常规发展、多元化经营、倍速级增长相比，风险的规避、企业可持续战略的拟定、产业结构的稳态化等等，成为经营者新的更为注重的课题。为了区别于传统的保守主义的概念，我们不妨将这些企业家称为"新保守主义者"。下面这篇文章并非专为企业家而作，却仍可以读出一些教益来。

为"保守主义"正名 /于伟

"保守"在《辞海》中的词义有二：一曰"保卫坚守，保持不使失去"；二曰"维持现状，不求进取"。而在中国现实语境中，"保守"一词却只剩下"守旧""反动"的后一种语义。因而"保守主义"也就被简单地解读为"反动、守旧之学说"。一切与贬义的"保守"相关联的东西——"保守党""反动派""守旧势力"，甚至改革开放中的不思进取、墨守成规，不管其实质为何，一律统统划到"保守主义"的户头。因此，保守主义在20世纪中国恶名大盛，以致不少人对其产生了心理障碍，甚至患有"保守主义恐惧症"。其实21世纪中国知识分子对于保守主义的解读，就像把奶粉直接地放在嘴巴里，生硬地咀嚼，结果不仅口味大打折扣，营养价值也有所损失。我们究竟能否更有味道、更有营养地来品味、消化保守主义？我们能否拥有一份真正意义上的保守主义呢？

自20世纪国门被打开后，随着内忧外患的不断加剧，主流精英分子逐渐地把目光投向西方，希望从那里学到富民强国之道。于是，西方思想纷纷入主中土。汲取异域思想并无不可，精英分子忧天下之忧的担当意识也着实令人敬仰。然而，也许来自现实的刺激过于强烈，他们似乎失去了思考者应有的冷静和耐心，不无盲目地向西方去拿、去抓。而拿来、抓来最多的便是以唯科学主义为学理基础的激进主义这类社会、政治思潮。这种思潮在20世纪的中国急速攀升，变本加厉，终成独领风骚、如日中天之势。于是乎，"历史车轮滚滚向前""砸碎旧世界"和"继续革命"成了不证自明的真理；愤激斗狠成了国人的第二天性。与此相应，传统则大遭其殃：儒学是"孔家店"，要打；一切政治构建尽皆"专制工具"，要破；礼教是"吃人者"，要除；汉字是落伍文种，要废。

举数千年来的文化传统一言以蔽之曰"封建"，必弃之而后快。

保守主义反的就是激进主义。保守主义者否定了尽善尽美的社会制度存在的可能性，强调通过传统伦理与规范约束，找到次优的、符合不完善的人性的社会制度；保守主义者否定了"合食通财"和所谓"社会正义"，强调经济自由的优先性和基础性；保守主义者否定了割裂传统、企图砸碎旧世界的乌托邦革命，主张敬天畏民、平性中正、切于人事……如果我们联想到20世纪80年代启动的中国渐进改革，联想到"市场经济""根本大法""依法治国""改革是社会主义制度的自我完善和发展"的各种提法，联想到市场与计划、国家与社会、政府与企业的诸多分野，可以说，保守主义的内核、精髓，与中国以民主法治和市场经济为导向的现代化进程实际暗合，而对于保守主义的学术关怀也势必由此成为中国改革开放发展的推动力。

保守主义绝对不是守旧、反动之学说，它的目标恰恰在于"保卫坚守传统，保持自由不使失去"。否则它根本不可能拥有源远流长的历史、出色智慧的传人，更不可能成就为当代西方的主流意识形态。相反，保守主义在我国却是先天不足，长期缺席。因此，有必要借世纪之交的契机，对百年来所走过的历程进行回味反刍，对进步与传统、人性与道德、自由与民主乃至现代化，都作一番冷静、深入的再思考。幸而，世纪之交激进主义的日益衰落而保守主义的逐渐升温，为我们的反思构建了必要的语境。

20世纪90年代以来的西方社会、政治思潮的教材中已独立出"保守主义"的章节，思想史中也给柏克、塞西尔诸人留出位置。可以断言，21世纪中国的现代化进程对于保守主义的需求将会激增。学术界如果能够对此作出良好的回应，这里就会产生出一种良性循环。而这一以保守主义为焦点的互动，对于中国社会的未来，注定大有裨益。

跋

闭门写作这本书的日日夜夜里，我的书桌前一直贴挂着北岛早年的一首诗《一切》：

一切都是命运

一切都是烟云

一切都是没有结局的开始

一切都是稍纵即逝的追寻

一切欢乐都没有微笑

一切苦难都没有泪痕

…………

我正在记录中的一切败局，可不可以不要这样凝重和惨烈，它们是否可能有另一种稍稍光亮一点的结局？

我想，对于这一疑惑的直视和回答，是每一个中国企业家和经理人都不应回避的。正如我在序言中已经说过的，这不是一本阐述原理和发现真理的书，它仅仅是记载了一些著名的灾难，希望后来的人们能够从这些崩塌了的"帝国"废墟中寻找到重新出发的起点、勇气和免蹈覆辙的启示。如弗·哈耶克在《通往奴役之路》中所言，"如果我们要建成一个更好的世界，我们必须有从头做起的勇气——即使这意味着欲进先退"。

这本书是在很多友人的惠助下才得以完成的。胡宏伟先生、杨忆华女士等在体例的设计和资料提供等方面给予了很多的帮助，邵冰冰、朱立毅承担了部分书稿的打印和整理工作，孙晓亮创意设计了本书的封面，王颂提供了他多年追踪亚细亚所拍摄的独家照片，在此一并深表谢意。书内引用了很多记者和当事人的观点、言论以及一些企业的内部资料，对容易引起误解或较敏感的部分，我都尽可能地注明了出处。书内所附的"案例研究""新新观察"除署名外均由我撰写或摘编。

本书从酝酿到出版，自始至终得到了杨仁山先生、楼贤俊先生的悉心指点，个中教益铭记于心。

要感谢的还有许智慧律师，作为本书的法律顾问，他通读书稿，提出了很多规避法律纠纷的意见。尽管文责自负，可是倘若真为此惹上了官司或有盗版，还难免要借许律师的唇枪舌剑一用。

吴晓波

2000 年岁末

声　明

　　由于本书所用图片涉及范围广，部分图片的版权所有者无法一一与其取得联系，请相关版权所有者看到本声明后，与杭州蓝狮子文化创意股份有限公司联系，以便敬付稿酬。

地址：杭州市西湖区北山街道白沙泉55号
邮编：310004
电话：0571-86535601

杭州蓝狮子文化创意股份有限公司

2019年4月

图书在版编目(CIP)数据

大败局 1(纪念版) / 吴晓波著. —杭州:浙江大学
出版社,2019.5(2024.11重印)
ISBN 978-7-308-18739-8

Ⅰ.①大… Ⅱ.①吴… Ⅲ.①企业管理–案例–中国
Ⅳ.①F279.23

中国版本图书馆 CIP 数据核字(2018)第 264691 号

大败局 1(纪念版)

吴晓波 著

策　　划	杭州蓝狮子文化创意股份有限公司	
责任编辑	徐　婵	
责任校对	杨利军　夏斯斯	
出版发行	浙江大学出版社	
	(杭州天目山路 148 号　邮编 310007)	
	(网址:http://www.zjupress.com)	
排　　版	杭州天一图文制作有限公司	
印　　刷	浙江新华数码印务有限公司	
开　　本	880mm×1230mm　1/32	
印　　张	11	
字　　数	315 千	
版 印 次	2019 年 5 月第 1 版　2024 年 11 月第 30 次印刷	
书　　号	ISBN 978-7-308-18739-8	
定　　价	68.00 元	
